2013

# Matemáticas cotidianas

## PARA
# DUMMIES™

# Matemáticas cotidianas
## PARA DUMMIES™

**Charles Seiter**

**Adaptación de Marc Meléndez**

Obra editada en colaboración con Centro Libros PAPF, S.L.U. – España

Edición publicada mediante acuerdo con Wiley Publishing, Inc.
© ...For Dummies y los logos de Wiley Publishing, Inc. son marcas registradas utilizadas bajo licencia exclusiva de Wiley Publishing, Inc.

Título original: *Everyday Math For Dummies*

© 2006, Charles Seiter
© 2012, Diane Shofield y Marc Meléndez, de la traducción
© captura de pantalla del programa Mathematica, página 273, Wolfram Research
Mathematica es una marca registrada de Wolfram Research

© captura de pantalla del programa Maple, página 274, Waterloo Maple Inc.
Maple es una marca registrada de Waterloo Maple Inc.

La editorial ha intentado localizar a los propietarios de todas las marcas de programas informáticos que aparecen reseñadas en libro, para poderlos mencionar adecuadamente. Cualquier enmienda que sea necesaria en este sentido será incorporada en posteriores ediciones del libro.

© 2012, Centro Libros PAPF, S.L.U.
Grupo Planeta
Avda. Diagonal, 662-664
08034 – Barcelona, España

Reservados todos los derechos

© 2013, Editorial Planeta Mexicana, S.A. de C.V.
Bajo el sello editorial CEAC M.R.
Avenida Presidente Masarik núm. 111, 2o. piso
Colonia Chapultepec Morales
C.P. 11570 México, D. F.
www.editorialplaneta.com.mx

Primera edición impresa en España: septiembre de 2012
ISBN: 978-84-329-0075-4

Primera edición impresa en México: marzo de 2013
ISBN: 978-607-07-1357-6

Impreso en los talleres de Litográfica Ingramex, S.A. de C.V.
Centeno núm. 162, colonia Granjas Esmeralda, México, D.F.
Impreso en México – *Printed in Mexico*

# ¡La fórmula del éxito!

*Tomamos un tema de actualidad y de interés general, añadimos el nombre de un autor reconocido, montones de contenido útil y un formato fácil para el lector y a la vez divertido, y ahí tenemos un libro clásico de la colección Para Dummies.*

*Millones de lectores satisfechos en todo el mundo coinciden en afirmar que la colección Para Dummies ha revolucionado la forma de aproximarse al conocimiento mediante libros que ofrecen contenido serio y profundo con un toque de informalidad y en lenguaje sencillo.*

Los libros de la colección *Para Dummies* están dirigidos a los lectores de todas las edades y niveles del conocimiento interesados en encontrar una manera profesional, directa y a la vez entretenida de aproximarse a la información que necesitan.

## www.paradummies.com.mx

# ¡Entra a formar parte de la comunidad Dummies!

El sitio web de la colección ...*para Dummies* está pensado para que tengas a mano toda la información que puedas necesitar sobre los libros publicados. También te permite conocer las últimas novedades antes de que se publiquen.

Desde nuestra página web, también, puedes ponerte en contacto con nosotros para resolver las dudas o consultas que te puedan surgir.

Asimismo, en la página web encontrarás muchos contenidos extra, como por ejemplo los audios de los libros de idiomas.

También puedes seguirnos en Facebook (facebook.com/dummiesmx), un espacio donde intercambiar tus impresiones con otros lectores de la colección ...*para Dummies*.

## 10 cosas divertidas que puedes hacer en www.paradummies.com.mx y en nuestra página de Facebook:

1. Consultar la lista completa de libros ...*para Dummies*.
2. Descubrir las novedades que vayan publicándose.
3. Ponerte en contacto con la editorial.
4. Recibir noticias acerca de las novedades editoriales.
5. Trabajar con los contenidos extra, como los audios de los libros de idiomas.
6. Ponerte en contacto con otros lectores para intercambiar opiniones.
7. Comprar otros libros de la colección en línea.
8. ¡Publicar tus propias fotos! en la página de Facebook.
9. Conocer otros libros publicados por Grupo Planeta.
10. Informarte sobre promociones, presentaciones de libros, etcétera.

# El autor

**Charles Seiter** escribió su primer libro de matemáticas a los diez años. Era una guía de cálculo en viñetas que se usó como parte de un curso de matemáticas de bachillerato. A lo largo de su vida escribió más de veinte libros sobre computadoras, matemáticas y estadística.

Por el camino, obtuvo un doctorado en Caltech pero después —con la ayuda del dinero de un concurso televisivo— abandonó la vida académica, y pasó varios años diseñando y enseñando cursos de matemáticas de los negocios, estadística y cálculo para adultos poco corrientes. Su mensaje es sencillo: cualquiera puede aprender matemáticas cotidianas si están bien planteadas. ¡Incluso si te extirparon quirúrgicamente la confianza matemática en el instituto, *Matemáticas cotidianas para Dummies* puede restaurarla!

# Agradecimientos del autor

Me gustaría dar las gracias a John Kilcullenn, por decirme que hiciera este libro y, de hecho, sugerirme una gran parte del contenido. ¡Lo que más te guste probablemente fue idea suya!

Kathy Welton ha hecho un sinfín de sugerencias útiles y nos animó constantemente con los plazos; Stacy Collins hizo más soportable la pelea con todo tipo de detalles de última hora. En la oficina de Wiley en Indianápolis, Pam Mourouzis, con la hábil asistencia de Suzanne Packer, trabajó noches y fines de semana para que este libro pasara todas sus revisiones de manera puntual. Gracias también a Beth Jenkins y su equipo de producción.

K. Calderwood proporcionó documentación útil sobre el material del capítulo referente a tendencias. El trasfondo del material sobre impuestos lo suministró Dennis Gary, de Ledger Domaine, en el condado de Sonoma. L. Lewand y D. Underwood hicieron sugerencias en sus propias áreas de especialización: propinas y apuestas.

Me gustaría proponer también, tras mis experiencias al escribir este libro, que si alguna vez coincides con Loretta Toth, simplemente caigas de rodillas y la adores. Es lo mínimo que podemos hacer.

Por último, me gustaría dar las gracias a todos los profesores de matemáticas, que siguen librando con bastante éxito una batalla con sus estudiantes en un mundo en el que la capacidad de atención cada vez dura menos.

# Índice

*Introducción* ............................................................. *1*

    *Dummies*, una palabra tendenciosa ........................................ 1

    La educación en matemáticas y el problema que tiene ......................... 2

    Unas palabras sobre calculadoras ......................................... 3

    Cómo usar este libro ..................................................... 4

    Cómo está organizado este libro .......................................... 4

        Primera parte: El dinero personal ................................... 4

        Segunda parte: Las matemáticas de los negocios ..................... 4

        Tercera parte: Las matemáticas de la escuela ....................... 4

        Cuarta parte: Librando ............................................ 5

        Quinta parte: Los decálogos ....................................... 5

    Los iconos que se utilizan en este libro .................................. 5

    Consejo ................................................................. 5

    Advertencia ............................................................. 5

    Cuestiones técnicas ..................................................... 5

    Recuerda ................................................................ 6

    Historias reales ........................................................ 6

    Ejemplo ................................................................. 6

*Parte I: El dinero personal* .............................. *7*

    **Capítulo 1: Plazos e intereses** .......................................... **9**

        Anualidades de inversión ............................................ 10

        ¡La lotería! Un tipo de anualidad ................................... 11

        Calcular el interés tú mismo ....................................... 11

        Pagar el interés de créditos al consumo ............................. 14

        ¿Pagos fáciles? .................................................... 16

        La fórmula de pago ................................................. 17

        Utilizar la fórmula para calcular los pagos ......................... 19

        Un plan de compra sencillo ......................................... 20

        La posibilidad del *leasing* ....................................... 22

        Una tabla para los pagos de un coche ................................ 23

    **Capítulo 2: Tarjetas de crédito y pagos aplazados** ....................... **25**

        La letra pequeña ................................................... 26

        Los pagos mensuales ................................................ 26

La liquidación.......................................................................... 27
Una liquidación más rápida ................................................... 30
Realizar los pagos mínimos ................................................... 32
Al principio........................................................................ 32
Cerca del final (?)............................................................. 33
¡Explícate, por favor! ....................................................... 34

**Capítulo 3: Matemáticas sencillas para las inversiones ....... 37**
Ante todo, seguridad .............................................................. 38
Números negativos: tarjetas de crédito ...................... 38
Números positivos: depósitos bancarios...................... 38
Acciones .................................................................................... 39
Caracterizar los valores individuales ................................... 40
El PER (relación entre el precio y los beneficios)................ 41
Variabilidad y volatilidad ....................................................... 42
Describir el lote completo....................................................... 43
Fondos de inversión índice ............................................ 43
Fondos mutuos de inversión.......................................... 44

**Parte II: *Las matemáticas de los negocios* ....................... 47**

**Capítulo 4: Porcentajes ...................................................... 49**
Porcentajes y fracciones ......................................................... 50
Ir de compras............................................................................ 51
Todo con un descuento del 20 %.................................... 51
Un descuento añadido del 25 % aplicado en caja ........ 53
El margen de beneficios .......................................................... 54
Calculadoras y la tecla de porcentaje ................................... 54
Subidas y bajadas..................................................................... 55
Subidas y bajadas en las noticias.......................................... 56

**Capítulo 5: Ventas y tendencias.......................................... 59**
El análisis de las tendencias ................................................... 60
Una tendencia real............................................................ 60
Una tendencia no real ...................................................... 64
Las ventas del mundo real .............................................. 68
Cómo funciona la realidad matemática ........................ 69
Cómo funciona la realidad humana ............................... 70
Suavizar los datos en el tiempo............................................. 71
El tiempo está de tu lado................................................. 71
El tiempo en pequeños intervalos.................................. 73

**Capítulo 6: Las matemáticas de los seguros**..........................................**75**

¡El dinero o la vida!.................................................................. 75
    Primas de seguros ............................................................ 76
    Cambios de primas y pólizas ........................................... 77
    Otros tipos de seguros de vida......................................... 78
Negocios arriesgados ............................................................ 78
    Seguros de coche............................................................. 79
    Seguro de terremotos ...................................................... 79
    Seguro de inundaciones .................................................. 79
Las franquicias del seguro .................................................... 80
    Los extras y la certidumbre ............................................. 80
    Un ejemplo ....................................................................... 81

*Parte III: Las matemáticas de la escuela*..........................**83**

**Capítulo 7: Lo que intentaban contarte en álgebra**...................................**85**

Los números ........................................................................... 86
    Números enteros.............................................................. 86
    Números racionales ......................................................... 88
    Números irracionales....................................................... 90
Las reglas del álgebra ........................................................... 91
    Trabajar con símbolos numéricos ................................... 92
Problemas, problemas............................................................ 94
    Problema 1: Llegar........................................................... 94
    Problema 2: El absurdo problema de las edades ........... 96
    Problema 3: El problema casi absurdo de las mezclas.... 97
Sistemas de ecuaciones......................................................... 99
Logaritmos ........................................................................... 101
Matemáticas superiores ...................................................... 103

**Capítulo 8: Lo que intentaban contarte en geometría** ..........................**107**

A. E. (antes de Euclides)...................................................... 108
    Área de un rectángulo..................................................... 108
    Área de un rectángulo torcido........................................ 111
    Área de un triángulo....................................................... 112
    Área de un círculo .......................................................... 115
    Y ahora, sube el volumen .............................................. 118
La filosofía entra en escena................................................ 120
    Pitágoras ........................................................................ 120
    Zenón .............................................................................. 123
    Euclides........................................................................... 124
El nuevo mundo de la geometría......................................... 127
    Distancia en un plano..................................................... 128

Una línea o dos ........................................................ 130
Un argumento circular............................................... 132
Gráficas ..................................................................... 133

**Capítulo 9: Lo que intentaban contarte en trigonometría ..................... 135**

En el país de los senos y los cosenos.................................... 136
Hace mucho tiempo en un lugar lejano: las medidas en el
antiguo Egipto .................................................................. 136
Triángulos en un círculo............................................. 138
Seno, coseno y agrimensura ...................................... 140
Ángulos sobre la Tierra.................................................... 142
Arriba, abajo............................................................... 143
...y alrededor............................................................... 144
Estrellas hechas por el hombre................................. 145
Senos y ondas..................................................................... 145
Ondas simples............................................................. 145
Pinggg: ondas sonoras .............................................. 146
A la velocidad de la luz: ondas sinusoidales electromagnéticas 148

**Capítulo 10: Lo que intentaban contarte en probabilidad
y estadística .......................................................................... 151**

¿Cuántas posibilidades hay?............................................. 152
Coincidencias y alternativas ..................................... 152
El problema de Monty Hall........................................ 154
La ley de los grandes números ................................. 154
Datos y más datos.............................................................. 155
Cómo resumir muchos números en uno solo............ 156
Medias verdades......................................................... 157
Las relaciones entre dos conjuntos de datos................... 158

**Capítulo 11: La relación entre las matemáticas de la escuela
y las de los negocios .......................................................... 161**

Los negocios se encuentran con la ciencia en la calculadora............ 162
Lo comido por lo servido ......................................... 162
Saldar deudas............................................................. 163
Geometría y realidad ......................................................... 165
Los detalles descarnados .......................................... 165
Un mundo de cosas imposibles................................. 167
Pensar en el riesgo............................................................. 168

*Parte IV: Librando.................................................... 171*

**Capítulo 12: Apuestas y deportes ......................................... 173**

Los principios básicos........................................................ 173

¿Rascar para hacerse rico? ...................................................... 175
Premios reducidos en las apuestas más improbables:
   cómo ganan los casinos ..................................................... 177
La ruleta: otra clase de juego ................................................. 178
   Bienvenido, Sr. Bond ....................................................... 178
   Bienvenido, Bobby Ray ................................................... 180
Lo dicen las cartas .................................................................. 182
   El caso especial del *blackjack* ...................................... 183
   Las reglas más sencillas del *blackjack* ....................... 184
   Un argumento para no complicarse .............................. 184
El caso muy especial del póquer ............................................ 185
   Póquer con cuatro jugadores .......................................... 185
   Póquer con seis jugadores .............................................. 186
Date un respiro: el principio de Wilcox ................................ 186
La lotería .................................................................................. 189
Deportes ................................................................................... 190
   Estadísticas deportivas ................................................... 190
   Numerología interpretativa ............................................ 191
   La verdad sobre ganar y perder ..................................... 192
   Apostar ............................................................................. 193

## Capítulo 13: Las estadísticas en las noticias .............. 195

¡Aviso! Lea la etiqueta con atención ..................................... 196
   Una muestra pequeña ...................................................... 197
   Sin controles .................................................................... 197
Los efectos de la escala .......................................................... 198
   Bienes lineales ................................................................. 198
   Curvas de dosis-efecto .................................................... 199
Leer con ojo crítico ................................................................. 201
   Crímenes del siglo .......................................................... 201

## Capítulo 14: ¡Pasatiempos! ........................................... 205

Cuestión de lógica .................................................................. 206
¿Sumar letras? ........................................................................ 207
Problemas geométricos ........................................................... 209
Series numéricas ..................................................................... 211
Problemas de álgebra .............................................................. 213

# Parte V: Los decálogos ........................................ 217

## Capítulo 15: Diez trucos rápidos y útiles .................... 219

Matemáticas en la tienda, primera parte: redondear ............ 220
Matemáticas en la tienda, segunda parte: agrupar ............... 221
Jugar a dobles: tasas de interés y tiempo de duplicación ..... 222
Duplicar para multiplicar ....................................................... 223

Utilizar nueves para comprobar tu respuesta ..................................... 224
Elevar al cuadrado ............................................................................ 226
Multiplicar casi cuadrados ............................................................... 226
Diversión métrica.............................................................................. 227
Redondear números .......................................................................... 228
Multiplicar por 9, o 99, o 999 ........................................................... 229

**Capítulo 16: Diez trucos numéricos rápidos y absurdos....................... 231**

El truco de las edades ...................................................................... 232
El problema de los cumpleaños ........................................................ 232
Lluvia de céntimos ............................................................................ 233
Lo último del 1600 a. C. ................................................................... 233
Intercambiar dígitos ......................................................................... 233
*Money, money* .................................................................................. 234
El truco de los dados ........................................................................ 234
Aritmética veloz ............................................................................... 236
La fecha de nacimiento ..................................................................... 237
La mente que todo lo ve.................................................................... 237

**Capítulo 17: Diez (más o menos) números que recordar....................... 239**

Pi ($\pi$) .............................................................................................. 239
El número de Avogadro...................................................................... 241
1/1.000 .............................................................................................. 242
MCMLXXIV ....................................................................................... 243
9/5, 32 y 5/9 ..................................................................................... 244
De Celsius a Fahrenheit ................................................................... 245
De Fahrenheit a Celsius.................................................................... 245
Megabytes ......................................................................................... 246
666...................................................................................................... 247
1.729 .................................................................................................. 248
La proporción áurea .......................................................................... 248
$10^{14}$ ................................................................................................. 250

**Capítulo 18: Diez consejos de calculadora ............................................. 251**

¿Qué tan bueno es suficientemente bueno? ..................................... 252
Más sobre la precisión ...................................................................... 253
¡Cuidado, estudiantes de ciencias! ¿Tienen sentido sus
    respuestas?................................................................................... 254
        ¿Es posible?............................................................................. 254
        ¿Es medible?............................................................................ 255
Raíces cuadradas .............................................................................. 256
        La regla .................................................................................... 256
        Un ejemplo ............................................................................... 256
Comida, gloriosa comida.................................................................... 258
El alfabeto de la calculadora............................................................. 259
Adaptar recetas para más o menos personas ................................... 260

Encontrar senos ........................................................................ 260
Tontería numérica......................................................................... 261
Notación polaca inversa............................................................... 261

**Capítulo 19: Diez temas de matemáticas avanzadas**............................ **263**

Números complejos...................................................................... 264
Tipos de infinito ........................................................................... 266
Lo que hace el cálculo ................................................................. 268
    Cálculo integral............................................................. 268
    Cálculo diferencial........................................................ 270
Programas de matemática simbólica ....................................... 272
Un poco de estadística ................................................................ 275
    Cocientes intelectuales normales y cosas así.................... 275
    Aros de pistón normales y calidad.................................. 276
Teoría de juegos .......................................................................... 277
Caos .............................................................................................. 279
Fractales ....................................................................................... 280
El teorema de Fermat................................................................... 282
    Fermat presenta el caso ................................................. 282
    Trescientos años más tarde............................................. 282
Demostraciones y computadoras ............................................... 283

*Índice*............................................................................... *285*

# Introducción

● ● ● ● ● ● ● ● ● ● ● ● ● ● ● ● ● ● ● ● ● ● ● ● ● ● ● ● ● ● ● ● ● ●

*L*a colección *Para Dummies* intenta dar respuesta a las principales necesidades de información moderna, desde cómo hacer presentaciones en PowerPoint 2010 hasta los principios que mueven la economía moderna. Este título concreto, sin embargo, es un poco especial. Probablemente podrías tener una vida larga y feliz sin aprender nunca, por ejemplo, Word 2007, aunque sólo sea porque Word 2010 lo habrá sustituido. Incluso puedes ignorar mi magnífico *The Internet For Macs For Dummies*. Cierto que estarás "fuera del mundillo" del ciberespacio durante el resto de tu vida, pero quizá prefieras aprender a tocar la guitarra que navegar por internet, y yo no podría culparte por ello en absoluto.

Pero no puedes ir por la vida sin el material que hay en este libro, por lo menos no sin sufrir consecuencias amargas. Si no puedes cuadrar tus cuentas, no entiendes de porcentajes y desconoces las verdaderas probabilidades en las loterías, vas a perder dinero. Necesitas esta información, sí o sí. Con *Matemáticas cotidianas para Dummies*, intento darte las herramientas para que te enfrentes a casi todas las situaciones de la vida cotidiana relacionadas con los números.

Leer este libro no va a ser como aprender matemáticas en la escuela. Aquí lo importante está en unos pocos ejemplos, repetidos con algunas variaciones para que puedas encontrar el que te resulte más fácil de comprender. No hay exámenes. Quiero que entiendas todo lo que hay en el libro, así que tampoco habrá preguntas trampa.

## Dummies, *una palabra tendenciosa*

Muchas personas sienten que son un poco lentas, o *dummies*, en matemáticas. Acumulados desde su infancia y juventud les acechan todo tipo de problemas con las matemáticas, problemas que con frecuencia acabaron en humillaciones, decepciones, profesores enfadados y temidos exámenes. A muchas mujeres les han dicho en algún momento, de forma intencionada, que no se espera de ellas que sean buenas en matemáticas. No hace muchos años, un bien documentado estudio sobre las prácticas de clase arrojó el decepcionante resultado de que, de hecho, los profesores tienden a ignorar a las chicas en los niveles elementales de matemáticas, incluso aunque ellas estén sacando las mejores notas de la clase. Además, las profesoras tampoco son mejores que los profesores varones en este aspecto.

El resultado es una fobia a las matemáticas o una deserción a gran escala. Y mi modesta ambición es arreglar esta situación con *Matemáticas cotidianas para Dummies*. La intención es que este libro sea un curso para adultos rápido y ameno sobre los aspectos de las matemáticas que necesitas todo el tiempo. No encontrarás aquí los pequeños y curiosos detalles sobre funciones complejas trascendentes y otras cosas por el estilo, que pueden ser útiles para un curso de cálculo, pero no para éste.

# La educación en matemáticas y el problema que tiene

Parece bastante claro que la educación en matemáticas alrededor del mundo, a pesar de décadas de esfuerzo sincero de pelotones de entusiastas profesores, es un fracaso. Cada año recibimos estadísticas desalentadoras que muestran que los alumnos se ubican en los niveles suficiente y elemental en matemáticas, lo que significa que sólo saben hacer operaciones básicas, como sumar o restar, pero no pueden resolver problemas que impliquen procesamiento de la información.

Hay gente que culpa de esta tendencia a las "nuevas matemáticas" y otros experimentos educativos. Probablemente es verdad que nadie sabe más aritmética al aprender el sistema binario, pero una revisión cuidadosa de muchos años de resultados en los exámenes muestra que las cosas iban mejor en los viejos y gloriosos tiempos de los ejercicios estrictos de aritmética.

Creo que el problema es que ni la aritmética a la vieja usanza ni la teoría de conjuntos son particularmente interesantes para la mayoría de los estudiantes jóvenes. De hecho, a algunos niños les gusta memorizar las tablas de multiplicar, pero a la mayoría no. Si los pequeños supieran que la teoría de conjuntos está poniendo sus diminutos pies en el camino que lleva a una verdadera apreciación de la "teoría de la integral" de Lebesgue en una clase de matemáticas universitaria de primera división, quizá latirían más de prisa sus corazones.

Quizá no. En este libro me propongo remediar los problemas de motivación de la clase tradicional de aritmética concentrándome, sobre todo, en cuestiones que casi seguro que te han causado problemas en la vida real.

Además, también voy a contarte lo que intentaban conseguir los profesores de matemáticas en la escuela. Puedo escoger de entre todo el material que te han presentado en trece años de educación (desde la enseñanza infantil hasta la educación secundaria obligatoria) y sacar las 300 páginas que de verdad son fundamentales. Probablemente no has tenido que hacer una demostración euclidiana en los últimos años, pero es muy posible que hayas tenido que pagar las letras de un coche.

# Unas palabras sobre calculadoras

Las calculadoras son geniales. Se supone que la gente no debería resolver problemas de interés compuesto usando una pizarra y una tiza, y mucho menos sólo la cabeza.

Sí, por supuesto, es un poco vergonzoso encontrarte multiplicando 2 × 10 en una calculadora. Pero no hay por qué sentirse avergonzado por usarla para multiplicar 17 × 395. Yo no me crié con calculadoras; de pequeño, aprendí a dominar el ábaco chino y japonés por diversión (era un niño raro), y en cuarto hice un curso con créditos universitarios sobre el uso de la regla de cálculo. En mi etapa como profesor en la universidad, mis colegas solían lamentarse de que la sustitución de la regla de cálculo por la calculadora iba a ser la ruina de la mente estudiantil, desde aquella época hasta hoy he oído todos los argumentos posibles en contra del uso de las calculadoras en clase.

No sólo están confundidos en términos generales estos argumentos, sino que además no se aplican aquí. Si estás leyendo este libro, probablemente eres un adulto y tus días de exámenes de aritmética ya han quedado atrás. Tienes derecho a utilizar cualquier medio que te sea útil para obtener las respuestas que necesites. Lo importante es conseguir la respuesta correcta, y no la pureza del método. Si usar la calculadora es hacer trampas, entonces ¡adelante!, te doy permiso para que las hagas.

# Cómo usar este libro

Los capítulos de este libro son independientes, de manera que en cada uno se desarrollan contenidos que empiezan y acaban en él, incluso los capítulos estrechamente relacionados sobre pagos con tarjetas de crédito e intereses. Sólo tienes que encontrar el capítulo que necesitas y empezar a leer. Si tienes cierta tendencia a comprar cosas a crédito, lee el capítulo 1. Si no haces más que perder dinero en décimos de lotería, lee el capítulo 16. He anticipado todas tus necesidades, y estoy aquí para ayudarte.

# Cómo está organizado este libro

En realidad, no está organizado, porque los capítulos se pueden leer en cualquier orden. Pero los libros *Para Dummies* están construidos con una estructura estricta de partes, y éste no es diferente.

## Primera parte: el dinero personal

Esta parte introduce unas cuantas variaciones sobre las formas en las que se calculan el interés, los pagos y cosas así. También habla sobre cuadrar y controlar las cuentas domésticas, que, vamos a ser claros, es más cuestión de "simplemente hacerlo" que un reto aritmético.

## Segunda parte: las matemáticas de los negocios

En vez de las finanzas personales, esta sección trata sobre economía, mercado y seguros.

## Tercera parte: las matemáticas de la escuela

El problema con los cursos de matemáticas de la escuela es que en realidad están diseñados como preparación para la selectividad y para los cursos de matemáticas de la universidad. Si estás leyendo este libro, supongo que no eres matemático. Si lo eres, ve a estudiar los derivados financieros del mercado en lugar de este libro. En esta tercera parte, hablo de cuestiones de álgebra, geometría, trigonometría, probabilidad y estadística que de hecho aparecen en la vida cotidiana. Puedes disfrutar de estos temas cuando no estás agobiado por la amenaza de un examen de matemáticas vital cada viernes.

## Cuarta parte: librando

Míralo de esta manera: si puedo convencerte de jugar al *blackjack* una vez al año en lugar de comprar un décimo de lotería cada semana, habrá merecido la pena comprar este libro, incluso aunque hubieras pagado 300 pesos por él. Además, espero cambiar tu perspectiva sobre los deportes profesionales, tanto tu comprensión del juego como las razones para apostar o no hacerlo. Con el dinero que ahorres, podrás recorrer los mejores restaurantes.

## Quinta parte: los decálogos

En esta parte recojo información tanto útil como divertida en pequeñas listas. Y, fíjate, este libro es de matemáticas, es ideal para las listas.

# Los iconos que se utilizan en este libro

Una gran tradición *Para Dummies* es el uso de pequeños iconos para marcar las secciones (de hecho, ésta es mi gran tradición, ya que escribí el primer libro de computadoras que usó iconos en 1984). Esto es lo que significan los iconos de este libro:

Este icono indica un atajo o una manera más sencilla de hacer un cálculo.

Si una leve distracción puede llevar a una respuesta incorrecta, o si es probable que pierdas dinero con facilidad, lo marcaré con una advertencia.

No se pueden evitar. De vez en cuando, tendré que explicar la base de alguna operación (normalmente financiera), y aparece un poco de álgebra. Si quieres, puedes saltarte casi todo lo que está marcado con este icono.

Si es importante que recuerdes algún elemento, adjuntaré al lado uno de estos iconos.

Lo creas o no, las matemáticas tienen bastante valor como entretenimiento, y muchos números tienen historias familiares extrañas. Este icono señala algunas de esas cosas divertidas.

Encontrarás ejemplos prácticos de conceptos matemáticos marcados con estos iconos.

# Parte I

# El dinero personal

—LA RESPUESTA CORTA A SU PETICIÓN DE UN AUMENTO DE SUELDO ES "NO". LA LARGA ES "NO, Y ¡SALGA DE MI OFICINA!".

# En esta parte...

**L**os últimos informes —en cualquier país occidental— sobre la deuda de los consumidores muestran que nuestros sistemas educativos fallan en la enseñanza de una parte de las matemáticas que tiene un gran impacto en la vida diaria: el interés compuesto. A no ser que sólo utilices dinero en efectivo, como adulto te verás involucrado en el mundo del interés de las tarjetas de crédito, las hipotecas y los cálculos. Por lo tanto, he pospuesto nuestro paseo por la senda de los recuerdos matemáticos a la tercera parte del libro y ahora nos ensuciaremos las manos con el duro trabajo práctico.

El hecho es que, a no ser que te graduaras en administración, es poco probable que aprenderas algo de esto en la universidad. No es como si hubieras hecho un examen de créditos al consumo en la universidad y hubieras suspendido —aquí, te dan tu primera oportunidad de suspender todos los exámenes sobre créditos en la vida real—. El material de estudio está impreso en el dorso del extracto de tu tarjeta de crédito en diminutas letras en gris pálido. El tipo de acuerdos de créditos que encuentras en la vida son famosos por lo difíciles que resultan de leer. Casi resulta divertido ver cuánto énfasis se da en las matemáticas de la escuela a la fórmula para hallar el volumen de un cono o una tangente hiperbólica mientras que se ignoran casi por completo los temas de dinero e interés. Bueno, tampoco enseñan mucho francés de verdad en la clase de francés.

Lee los capítulos de esta parte (o de cualquier otra) en el orden que desees, según tu curiosidad. Verás que las matemáticas más difíciles que hacen falta aquí son sólo la habilidad de multiplicar números utilizando una calculadora. Empieza, si quieres, con algún tema que te afecte personalmente. Lee lo que quieras, incluso si es sólo el capítulo sobre pasatiempos.

# Capítulo 1

# Plazos e intereses

*En este capítulo:*

▶ Comprenderás el interés compuesto

▶ Trucos en los pagos

▶ La fórmula de pago

▶ Situarte en el lado correcto del proceso

Mete la mano en el bolsillo y saca un billete de $200 (si no lo tienes, cualquier cantidad de dinero valdrá). Ponlo sobre la mesa delante de ti y míralo. Puede que parezca que está descansando apaciblemente, pero en realidad está sufriendo un montón de cambios bruscos. Puedes leer una descripción más larga de estos procesos en el libro *Finanzas personales para Dummies,* de Vicente Hernández, un superventas de esta misma colección.

Primero, el dinero está encogiéndose ante tus ojos, porque la mayoría de las economías modernas tienen una pequeña pero no despreciable tasa de inflación. Esta tasa estable de inflación es un fenómeno bastante reciente. Durante muchos períodos de la historia de los países capitalistas, la desinflación (o deflación) fue la tendencia dominante. Los precios de los cultivos y de la tierra, por ejemplo, caían en picado, mientras los agricultores y los especuladores también se arruinaban. En esas circunstancias el dinero contante y sonante se revaloriza.

Segundo, el billete de $200 está depreciándose, si se compara con la misma cantidad en un depósito a plazos. Los $200 en forma de trozo de papel en el bolsillo no están generando intereses. Sin embargo, los mismos $200 en una cuenta de ahorros o en un bono bancario están generando algún interés. De hecho, $200 en el banco te darán una fracción de 1 céntimo de interés durante la noche, mientras que el billete de $200 en tu cartera se quedará ahí tal cual.

Cuando compras un coche o una nevera a plazos, la persona que ofrece el crédito tiene que tener en cuenta el valor "tiempo" del dinero. Además de la alegría inmensa de venderte un coche, el acreedor puede decidir lo que el dinero vale a lo largo del tiempo. Si el acreedor está mandándote a casa con un refrigerador que en ese momento costaría $9,000 en efectivo, tiene que tener en cuenta cuánto tiene que cobrarte de más porque no va a recibir los $9,000 ese mismo día.

Curiosamente, las matemáticas para calcular el interés compuesto resultan ser bastante complicadas. Siempre me sorprende, en las numerosas ocasiones en que pienso en el programa de estudios estándar de la escuela y la universidad, que puede que te hagan pasar meses rompiéndote la cabeza con la teoría de conjuntos y casi un año elaborando pruebas geométricas (al parecer, para que los griegos de la antigua Alejandría no sintieran vergüenza de ti), y que, sin embargo, casi no haya tiempo para estudiar el único tema de matemáticas que realmente impacta en la vida diaria: el interés compuesto. Estoy seguro de que probablemente hay alguien por ahí que recuerda que:

$$\cos^2 \alpha + \text{sen}^2 \alpha = 1$$

pero esa misma persona casi seguro que no comprende por qué contraer deudas con un pago mensual menor y un tipo de interés más alto no es una idea tan brillante. Como el propósito de este libro es tapar algún agujero en tu educación, abordaré también la trigonometría. No obstante, ahora mismo voy a hablar sobre el interés compuesto y luego a desarrollar este tema a lo largo de los próximos capítulos.

# Anualidades de inversión

Con las anualidades estás en el lado del ganador. Una *anualidad* es una situación en la que alguien te paga a ti.

Si eres lector de novelas de la época victoriana tardía, probablemente hayas leído alguna en la que alguien recibe una anualidad. La situación se desarrolla más o menos así: una persona joven recibe una herencia, digamos de 10.000 £, y como entonces la gente era más lista, esta fortuna victoriana bastante grande se depositaba en un banco para que generara anualidades. Según los términos del depósito bancario, el dinero va generando interés y el pago se realiza en una fecha fija cada año. Con un tipo de interés de unos pocos puntos porcentuales y un pago anual correspondientemente modesto, la anualidad proporciona unos ingresos para toda la vida.

Esto es lo opuesto de un plan de pagos a plazos, en el que tú le pagas a un banco o prestamista porque te dejaron algún dinero o bienes. Aunque esta situación es la contraria en términos del flujo de dinero (hacia adentro en lugar de hacia afuera), las matemáticas son las mismas.

## Un apartado literario

Para leer aventuras victorianas tardías con un grado irritante de atención a los detalles dinerarios, recomiendo las obras de George Gissing y George Meredith. A principios del siglo XX, Meredith obtuvo reconocimiento universal y fue uno de los novelistas ingleses realmente importantes de su época. Me encantaría tener noticias de lectores que hayan leído una sola obra suya fuera de los cursos escolares. Por supuesto, en todo esto existe la sugerencia terrorífica de que algunos de los reputados novelistas actuales serán totalmente olvidados dentro de unos cincuenta años. En cuanto a la intensidad de referencias al dinero en la literatura, nadie gana a Balzac. Lee *Papá Goriot* y empezarás a enterrar céntimos en frascos en el jardín.

# ¡La lotería! Un tipo de anualidad

De hecho, en Estados Unidos, obtienes una anualidad (entregada en pagos mensuales) en lugar de un enorme fajo de billetes cuando ganas un premio de la lotería. Por ejemplo, supongamos que ganas $2,000,000. El Estado divide esta cifra en veinte años de pagos y te da $100,000 cada año.

Como el Estado tiene los 2 millones depositados en algún lugar, puede conseguir por lo menos el 5% de interés y así pagar tu premio de la lotería sin utilizar en realidad nada del dinero del premio original. En otras palabras, el Estado normalmente puede hacer los pagos de la lotería utilizando sólo el interés. Para cuando te hayan quitado los impuestos estatales y federales, deberías estar recibiendo pagos de unos $5,200 mensuales. No está mal, pero si empiezas a pagar la hipoteca de una casa en Beverly Hills o te compras un Rolls Royce vas a necesitar trabajar, con la lotería o sin ella. Por cierto, lee el capítulo 16 sobre los juegos de azar antes de empezar a soñar con tu Rolls Royce.

# Calcular el interés tú mismo

Aquí hay un ejemplo en el que puedes pensar como punto de partida en el tema de los intereses. Voy a escoger primero una versión invertida de un plan de crédito, porque las matemáticas son un poco más fáciles de seguir. Aquí ingresas $100 el último día de cada mes en una cuenta que además te da intereses. La pregunta es ésta: ¿cuánto valdrá el total de tus ingresos el último día de este plan anual? Para que tengas un marco preciso en el que pensar, vamos a suponer que el primer mes de este plan es enero y el último diciembre.

Si no hubiera intereses, el problema sería sencillo. Haces 12 ingresos de $100 así que al final del año (el 31 de diciembre) tienes:

suma total en el plan = 12 × $100 = $1,200

Pero en este caso, todos los ingresos están generando intereses. Y están produciendo diferentes cantidades porque cada ingreso ha estado depositado en el banco durante un número diferente de meses.

Analiza la situación mes a mes.

El ingreso de diciembre consiste sólo en los $100 que depositaste al final del mes. Cuando lo depositas el 31 de diciembre, sigue valiendo $100.

El depósito de noviembre ha acumulado un mes de interés. Vamos a suponer que encuentras un banco que te paga el 8% anual (es casi el triple de lo que actualmente se paga). Sin embargo, puedes encontrar muchos bancos que te cobran el doble de estos intereses (12- 24 % nominal anual) en la tarjeta de crédito con pagos aplazados. Si el interés se paga mensualmente, consigues:

interés mensual = interés anual/12

o

0.67 % = 8 % / 12

El interés mensual de este plan es el 0.67 %.

¿Cuánto vale el ingreso de noviembre el 31 diciembre? Como ha estado descansando en el banco durante un mes ha obtenido un mes de interés. Esto significa que vale $100 más otro 0.67 % de $100, que es:

0.67 % de $100 = (0.67/100) × $100 = $0.67

Esta fórmula sólo utiliza la definición de porcentaje. Un porcentaje es una fracción del número 100. Sólo por poner dos ejemplos, el 5 % es el número

5/100 = 0.05

y 12.5 % es el número

12.5/100 = 0.125

Ahora, el ingreso de noviembre vale en total

noviembre = $100 + $0.67 = $100.67 = $100 × 1.0067

Así que el ingreso de noviembre vale $100.67, que es sólo $100 más el 0.67% de interés.

Esto no ha sido demasiado duro, pero ¿qué pasa con el depósito de octubre? Ha acumulado interés durante dos períodos. Como estás calculando el interés compuesto aquí, tienes que la tasa de interés del 1,0067 se aplica dos veces.

El pago de octubre, después de estar en el banco durante un mes vale:

valor en noviembre = $100 × 1.0067 = $100.67

cuando aplicas los resultados de la fórmula anterior. Como ese es el valor a final de noviembre, el valor a final de diciembre será igual que si hubieras ingresado $100.67 a final de noviembre y luego hubieras aplicado el interés a esta misma cantidad. Te deja un valor para diciembre (para el ingreso original de octubre) de:

valor de diciembre = $100.67 × 1.0067 = $101.34

Así que el 31 de diciembre el valor de tus $100 de finales de octubre es $101.34 redondeado al céntimo.

Y se sigue el mismo procedimiento para cada mes, aplicando el interés encima del interés, utilizando sólo el factor de interés mensual. El valor más grande es el del ingreso de enero, al que se aplica el factor de interés once veces, acumulando un poquito más cada mes.

¿Qué suma esto después de un año? Puedes ver los resultados en la figura 1-1, una tabla que resume los cálculos anteriores.

La tabla se ordena desde el ingreso más reciente (arriba) hasta el ingreso más antiguo (abajo). También hay un total que muestra que, en lugar de tener $1,200 en el banco el 31 de diciembre, tienes $1,245.21. El interés te da un poco más de $45.

**Ingresar cantidades iguales durante un año**

|  |  |  | Interés anual en % = | 8 |
|---|---|---|---|---|
|  |  |  | Interés mensual | 0.0067 |
|  |  | Tasa | Saldo |  |
| Último ingreso | $100.00 | $1.0000 | $100.00 |  |
|  | $100.00 | $1.0067 | $100.67 |  |
|  | $100.00 | $1.0134 | $101.34 |  |
|  | $100.00 | $1.0200 | $102.02 |  |
|  | $100.00 | $1.0270 | $102.68 |  |
|  | $100.00 | $1.0340 | $103.40 |  |
|  | $100.00 | $1.0410 | $104.10 |  |
|  | $100.00 | $1.0480 | $104.80 |  |
|  | $100.00 | $1.0550 | $105.50 |  |
|  | $100.00 | $1.0620 | $106.20 |  |
|  | $100.00 | $1.0690 | $106.90 |  |
| Primer ingreso | $100.00 | $1.0760 | $107.60 | total  $1,245,21 |

**Figura 1-1:**
Interés
compuesto
sobre
pagos
regulares

# *Pagar el interés de créditos al consumo*

Si ingresas el dinero a un tipo de interés razonable, el dinero estará ahí trabajando para ti, incluso mientras duermes. Sin embargo, si debes dinero, tu deuda está trabajando en tu contra. Cuando los tipos reales de interés (mira el siguiente apartado) son suficientemente altos, los acreedores tienen una ventaja inmensa sobre los deudores.

Te presentaré un ejemplo en detalle. Supongamos que pides prestados $1,000 a un interés anual del 20% y empiezas a devolverlo ingresando $100 cada mes. ¿Cuál será tu total de pagos cuando termines?

Fíjate que no hay nada inusual en este acuerdo. Muchas empresas están dispuestas a cobrarte el 20% de interés anual ($1,000 te dará opción a un equipo de cine, televisión y sonido no muy espectacular) y lo único raro es que vas a realizar pagos mensuales de $100 (el pago mínimo normalmente sería mucho más bajo).

La historia se esquematiza en la figura 1-2. Al final del primer mes pagas tus $100. El problema es que no debes $1,000 al final del primer mes: debes $1,000 más un mes de intereses. El tipo de interés mensual es:

tipo mensual de interés = tipo anual/12

así que es:

tipo mensual de interés = 20 %/12 = 1.667 %

Para el primer mes, la cantidad de interés es $16.67. Después de hacer tu primer pago de $100, el interés empieza a cobrarse sobre la cantidad de $916.67 en preparación para el pago del próximo mes.

Por supuesto ya te has dado cuenta de que estarás pagando más de $1,000 por tu crédito de $1,000. ¿Cuánto más? Bueno, mirando la tabla de la figura 1-2, verás que estás realizando once pagos de $100 cada uno, que son $1,100 con un pico final de $3.04.

---

**Realizar pagos para saldar una deuda de $1,000**

| Interés anual = | 20 | Interés mensual = | 0.0166667 |
|---|---|---|---|
| Pago = | $100.00 | | |
| | | Tasa | Deuda |
| | $1,000.00 | 1.0166667 | $1,016.67 |
| | $916.67 | 1.0166667 | $931.94 |
| | $831.94 | 1.0166667 | $845.81 |
| | $745.81 | 1.0166667 | $758.24 |
| | $658.24 | 1.0166667 | $669.21 |
| | $569.21 | 1.0166667 | $578.70 |
| | $478.70 | 1.0166667 | $486.68 |
| | $386.68 | 1.0166667 | $393.12 |
| | $293.12 | 1.0166667 | $298.01 |
| | $198.01 | 1.0166667 | $201.31 |
| | $101.31 | 1.0166667 | $102.99 |
| | $2.99 | 1.0166667 | $3.04 |

**Figura 1-2:** Intereses cobrados sobre pagos regulares

---

A pesar de ser extremadamente sencillo, este ejemplo ilustra lo que necesitas saber sobre realizar pagos. Efectúas los pagos, y el acreedor te cobra intereses sobre el saldo que has de pagar. Dos pequeñas modificaciones hacen que los créditos al consumo en la vida real sean un poco menos atractivos que en este ejemplo.

Primero, los créditos reales tienen una disposición legal que permite dividir tus pagos en una parte de *interés* y una parte de *capital*. Los créditos están configurados para proporcionar al acreedor más intereses en los primeros pagos y menos intereses en los pagos finales.

Segundo, cuando las tasas de inflación son bajas, el acreedor no tiene prisa por cobrar y te ofrece pagos mensuales más bajos. Los pagos más bajos duran más tiempo, el acreedor recoge más intereses, y realizar los pagos mensuales es "más fácil" para ti. Los pagos son más bajos pero realizas muchos más para llegar a un total mucho más alto al final.

## El interés real y el gran juego de la vida

El interés no es el único factor en el valor tiempo del dinero. Por ejemplo, si el interés que ganas con una cuenta de ahorros es del 5 % pero la tasa de inflación es también del 5 %, el valor real del dinero en la cuenta no cambia en cuanto al poder adquisitivo.

En las décadas de los setenta y ochenta, la tasa de inflación en Estados Unidos pasó por primera vez del 10 % desde la segunda guerra mundial. Para que los bancos no quebrasen totalmente les permitieron subir los tipos de interés rápidamente y conceder muchos créditos nuevos con los nuevos tipos más altos. Por supuesto, los tipos de interés para los consumidores (tarjetas de crédito y similares) subieron aún más que los tipos para los préstamos hipotecarios.

Ahora los tipos de inflación han vuelto a bajar a unos pocos puntos porcentuales al año, pero los tipos de interés de las tarjetas de crédito están todavía en muchos casos en unos niveles vertiginosos (entre el 12 y el 24 % nominal anual). Esto representa el tipo de interés real más alto jamás visto fuera de la extorsión mafiosa. Por ejemplo, si tienes una tarjeta de compra de unos grandes almacenes que te permite aplazar y financiar las operaciones, debes empezar a pensar cómo puedes huir de este acuerdo típicamente desfavorable. Como pequeño ejercicio matemático, mira el así llamado tipo preferencial, el último tipo de interés publicado, y los tipos en tus estados de cuenta de cualquier pago a plazos.

## ¿Pagos fáciles?

Permíteme que deje este último argumento un poco más claro. La figura 1-3 te muestra el mismo crédito, al mismo tipo de interés, sólo que esta vez haces unos pagos muy asequibles, sólo $16.50 al mes, en lugar de $100. ¡Sólo $16.50 al mes por un maravilloso equipo de cine, televisión y música! Pero ¡si es menos de lo que cuesta el servicio básico de televisión por cable en la mayoría de los sitios!

**Realizar pagos para saldar una deuda de $1,000**

| Interés anual = | 20 | | Interés mensual = | 0,0166667 |
|---|---|---|---|---|
| Pago = | $16.50 | | | |
| | | | Tasa | Deuda |
| | $1,000.00 | | 1.0166667 | $1,016.67 |
| | $1,000.17 | | 1.0166667 | $1,016.84 |
| | $1,000.34 | | 1.0166667 | $1,017.01 |
| | $1,000.51 | | 1.0166667 | $1,017.18 |
| | $1,000.68 | | 1.0166667 | $1,017.36 |
| | $1,000.86 | | 1.0166667 | $1,017.54 |
| | $1,001.04 | | 1.0166667 | $1,017.73 |
| | $1,001.23 | | 1.0166667 | $1,017.91 |
| | $1,001.41 | | 1.0166667 | $1,018.10 |
| | $1,001.60 | | 1.0166667 | $1,018.30 |
| | $1,001.80 | | 1.0166667 | $1,018.49 |
| | $1,001.99 | | 1.0166667 | $1,018.69 |

**Figura 1-3:** Comparación de los pagos "fáciles" con pagos más grandes

Puedes convencerte de la trampa en este acuerdo de pago con una breve ojeada a la tabla. Los pagos no terminan nunca. Y eso significa nunca, como en la eternidad, la edad del universo. Les legas la deuda a tus hijos. El interés del primer mes es $16.67; tú pagas sólo $16.50, así que empiezas el siguiente mes debiendo un poquito más de $1,000. Y por lo tanto nunca te pones al día.

Los planes de pagos del mundo real suelen escoger un punto intermedio entre un plan relativamente agresivo ($100, pagado en un año) y el plan de la tierra de Nunca Jamás ($16.5, pago final en el cielo). Si el acreedor quiere el dinero entre tres y cinco años, evidentemente pagarás una cantidad que estará entre $100 y $16.5 al mes sobre este crédito de $1,000 al 20%. ¿Cómo se calcula esta cifra en la vida real?

# La fórmula de pago

Creé las pequeñas tablas en las primeras tres figuras con una hoja de cálculo informática que te permite realizar todo tipo de cálculos en formato de tabla. Todos los programas de hoja de cálculo incorporan una función para calcular pagos. (Para ver una introducción indolora a la hoja de cálculo más popular, recomiendo el libro *Excel 2010 para Dummies*.)

Como la fórmula para calcular pagos es el eje de la civilización moderna —el enlace que nos ata a todos en una gran mancomunidad de calificaciones de crédito como medida del valor humano—, evidentemente se descubrió hace mucho tiempo.

Las siguientes líneas muestran la principal fuente matemática de la fórmula de pagos. Vienen del programa matemático "Mathematica", que puede hacer no sólo álgebra sino todo lo que alguna vez viste en las matemáticas escolares (encontrarás más sobre esto en la tercera parte).

En el proceso de calcular los resultados de una de las columnas de la hoja de cálculo, multiplico alguna cantidad por el tipo de interés dos, tres, cuatro, cinco veces y así sucesivamente durante un año. El interés en el saldo por pagar se está *componiendo*, lo que significa que se cobra interés sobre los intereses. Si tienes una larga serie de números con multiplicaciones repetidas del mismo factor, puedes sumarlas todas con un truco algebraico (doy los detalles precisos en el capítulo 11. Este truco funciona para los valores de la variable $a$ que aparece en problemas de interés). La suma sería:

$$S = 1 + a + a^2 + a^3 + a^4 + a^5 + a^6 + a^7 + a^8$$

(el factor que multiplica es $a$). Ahora multiplico $S$ por $(1 - a)$

$$(1 - a) \times S = (1 - a)(1 + a + a^2 + a^3 + a^4 + a^5 + a^6 + a^7 + a^8)$$

Haciendo los cálculos,

$$(1 - a) \times S = 1 - a^9$$

y despejando $S$ consigo el resultado que quiero:

$$S = \frac{(1 - a^9)}{(1 - a)}$$

La fórmula general para un número cualquiera de términos es:

$$S = 1 + a + a^2 + a^3 + \ldots + a^n = \frac{(1 - a^{n+1})}{(1 - a)}$$

En realidad no necesitas saber esto, excepto que explica dónde encuentran las compañías de calculadoras la siguiente fórmula, de aspecto tan extraño. Si ojeas libros sobre finanzas verás esta fórmula, que en realidad no es más que un resumen de una línea de las tablas presentadas en las figuras 2-1, 2-2 y 2-3. El hecho es que la fórmula parece complicada porque tiene que tener en cuenta el efecto de muchas pequeñas multiplicaciones repetidas, y esto hace que sea difícil simplificarla más. Afortunadamente, vista esta fórmula, puedes más o menos olvidarla y prestar atención a los resultados en lugar de a la maquinaria del cálculo.

$$\text{Pago} = \frac{i \times cantidad}{1 - \dfrac{1}{(1 + i)^{\text{n}}}}$$

# Utilizar la fórmula para calcular los pagos

Si tu calculadora tiene una tecla en la que pone $yx$, puedes utilizar la fórmula metiendo números. En la fórmula, $i$ es el interés por período de pago. Si el período de pago es de un mes y el tipo de interés $r$ es del 9.5 %, por ejemplo, primero tienes que darte cuenta de que el 9.5 % es el número 0.095 y luego dividir este número entre 12 para obtener el interés mensual. *Cantidad* en este contexto representa la cantidad del préstamo, y $n$ es el número total de pagos.

Pero si tienes el más ligero interés en pensar en los pagos, puedes utilizar una calculadora financiera que tiene todas las variantes de la fórmula de pago. Puedes calcular los pagos, dados la cantidad del préstamo, el tipo de interés y el número de pagos. O puedes calcular el número de pagos dados la cantidad del préstamo, la cantidad del pago y el tipo de interés. Aquí hay realmente cuatro números en juego, y si tienes tres puedes resolver para hallar el cuarto.

Las calculadoras financieras (o de negocios) más baratas cuestan unos $600. Sin dudar de tu buen juicio como consumidor, apuesto a que has despilfarrado mucho más dinero en cosas que te aportaron beneficios mucho menores.

Si tienes una computadora, una alternativa es utilizar la función PMT en una hoja de cálculo. Incluso esto es exagerado en la mayoría de las circunstancias. Además, hay un montón de programas calculadores de acceso gratuito en internet.

## Un plan de compra sencillo

Aquí hay un plan de pagos ortodoxo que ha salido de un periódico dominical. Voy a comprobarlo con un pequeño programa informático, escogido porque parece una calculadora de bolsillo en la pantalla (es gcalctool de Pixel City, pero podría ser otro). El programa, al igual que la calculadora, simplemente utiliza la fórmula de pago del apartado anterior.

Un concesionario Toyota especialmente desesperado está ofreciendo las camionetas a precio de ganga. Está desesperado por tres razones: 1) El yen ha aumentado tanto de valor comparado con el dólar que los precios de Toyota están flotando inexorablemente hacia arriba. 2) Después de haber sido apaleados en las evaluaciones de calidad durante décadas, General Motors y Ford están acertando mucho más. 3) Los salvajes vaqueros del condado de Sonoma, con náuticos y suéteres de cachemira que pasan las horas en el Bar del Cerdo Peludo y el Escupitajo en el Suelo ya no se meterían en una camioneta japonesa ni locos (oye, un hombre tiene que hacer lo que tiene que hacer).

El anuncio dice:

Camioneta 4×4 Toyota

$339 al mes más impuestos

Financiación 3.9 % TAE, 48 meses

Precio de venta $14,077.50

Total de pagos $16,272

¿Qué está pasando en realidad? El anuncio da un tipo de interés anual, un precio de venta y un número de pagos (48). En el caso de que no puedas hacerlo tú mismo, el anuncio también multiplica $339 por 48 para dar un total de pagos de $16,272. A causa del tipo de financiación bastante modesto (3.9 %) estarías pagando sólo $2,200 de interés a lo largo de los cuatro años. Si metes los números del anuncio en una calculadora (mira la figura 1-4) obtienes casi los mismos pagos, pero no exactamente...

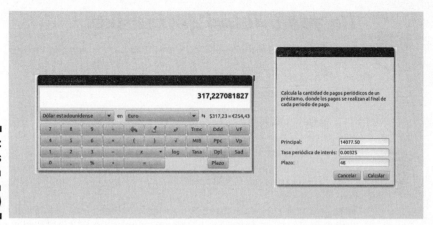

**Figura 1-4:**
Los pagos
de la
camioneta
(casi)

La diferencia entre los pagos citados en el anuncio y los pagos calculados con la calculadora es interesante. Al principio supuse que los $339 en el periódico serían una cantidad que incluía el impuesto sobre el pago mensual (un impuesto del 7% convierte $317 en $339). Cuando llamé al concesionario, descubrí que los $14,077.50 no incluían, al parecer, algunos pellizcos adicionales. La cantidad verdadera que se está financiando es

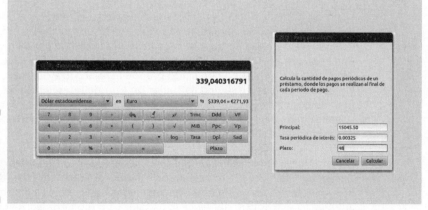

**Figura 1-5:**
Los pagos
de la
camioneta
(de verdad)

Es curioso que, en esta época en la que es obligatorio revelar toda la información sobre financiaciones y en la que hay toneladas de líneas de letra pequeña en los anuncios de coches, uno siga sin tener todos los datos a su disposición si sólo se lee un anuncio impreso en un periódico. De hecho, el próximo apartado te muestra otro ejemplo del mismo concesionario.

# La posibilidad del leasing

En el mismo periódico está este anuncio para el *leasing* de un Toyota Corolla:

$239 al mes

$256.93 impuestos incluidos durante 36 meses

Pagos totales de $9,249.48

Precio residual $7,135.96

Este anuncio dice que puedes conducir este Toyota por $239 al mes, y después de pagar unos $9,000 por un coche de $12,000 tienes que pagar unos $7,000 más si quieres comprarlo. ¡Vaya!

La forma en que funcionan la mayoría de los planes de *leasing* es bastante sencilla, aunque la información presentada aquí no es suficiente para permitirte calcularlo. Tienes alguna información (el número de pagos que realizas y la cantidad del pago), pero no sabes el precio real de venta del coche, no sabes el tipo de interés de este plan de pago y no te dan mucha información sobre el pago final para comprarlo.

Leyendo anuncios más detallados con respecto al *leasing* de coches (Saab y BMW de verdad lo revelan todo), puedes descubrir varias cosas. Por ejemplo, la mayoría de los *leasing* son sólo un plan de pagos que dura unos cinco o seis años. La diferencia principal es que sólo haces tres años de pagos; por eso queda un saldo grande al final. Otra diferencia es que los planes de *leasing* suelen estipular un tipo de interés más alto que un plan de compra directo. Tienes pagos mensuales más bajos pero estás pagando más en intereses y, por consiguiente, al final te pertenece una parte más pequeña del coche.

Las circunstancias reales al final del *leasing* (cuando financias el resto o devuelves el coche al concesionario y empiezas otro contrato de *leasing* con un coche nuevo) sugieren que si juegas con el tipo de interés puedes adivinar la estructura del *leasing*. La figura 1-6 muestra los resultados de algunas suposiciones. Parece que el precio real del coche es de alrededor de $12,000, el tipo de interés es del 12% y el *leasing* está basado en un plan de compra de 72 meses.

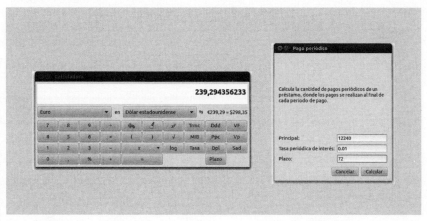

**Figura 1-6:**
Los pagos
de un
*leasing*
como una
variación
de los
pagos
habituales

Los pagos del *leasing* están calculados como si fuera una compra directa con un plazo de seis años. Dado que el tipo de interés es relativamente alto y los pagos por mes relativamente bajos, pagas $9,000 por un coche de $12,000 durante tres años y ¡luego te faltan otros $7,000 por pagar! El *leasing* tiene ventajas fiscales si utilizas el coche para trabajar, y tiene sentido si por alguna razón necesitas tener siempre un coche relativamente nuevo, pero no es el método más barato de conseguir un automóvil.

Sin embargo, hay muchas variaciones en este tipo de acuerdo de *leasing*. En algunos casos, el tipo de interés es bastante modesto, y el vendedor no está tratando de recuperar gran parte del precio real porque la depreciación a lo largo del plazo del *leasing* es pequeña (por eso hay buenos acuerdos de *leasing* para los mejores coches de lujo). Los aspectos principales que debes tener en cuenta son sencillos: averigua qué parte del precio del coche pagarás durante el período del *leasing*. Si es una fracción bastante pequeña, entonces la mayor parte de lo que estás pagando son intereses.

# Una tabla para los pagos de un coche

Para que puedas calcular los pagos con una calculadora sencilla de cuatro funciones, aquí tienes una pequeña tabla de pagos mensuales de un crédito de $1,000 (mira la tabla 1-1). Si estás financiando $12,000, multiplica el pago por 12. Fíjate en que los tipos de interés figuran a menudo en cifras como 7.9%. Cuando usas la tabla sólo tienes que redondear este número a 8%. Como uno de los temas centrales de este libro es que redondear en cantidades pequeñas te da unos resultados "aceptables", ¡sin duda esto es mucho mejor que no tener ni idea!

### Tabla 1-1: Pagos mensuales de un crédito de $ 1,000

|         | 4%    | 6%    | 8%    | 10%   | 12%   |
|---------|-------|-------|-------|-------|-------|
| 2 años  | 43.42 | 44.32 | 45.23 | 46.14 | 47.04 |
| 3 años  | 29.52 | 30.42 | 31.34 | 32.27 | 33.21 |
| 4 años  | 22.58 | 23.49 | 24.41 | 25.36 | 26.33 |
| 5 años  | 18.42 | 19.33 | 20.28 | 21.25 | 22.24 |
| 6 años  | 15.65 | 16.57 | 17.53 | 18.53 | 19.55 |

Observa algunos aspectos interesantes de esta tabla:

✔ Para reiterar la idea, si tienes un crédito de $13,000 sólo tienes que escoger el plazo en años y el tipo de interés y multiplicarlo por 13 para saber la cantidad que tienes que pagar por mes.

✔ Cada dos puntos de interés (por ejemplo pasar del 6 al 8%) sube el pago en alrededor de $1. Si estás calculando un crédito del 9%, entonces escoges un número a medio camino entre el pago al 8% y el pago al 10%, que, de hecho, es unos 50 céntimos más alto que el pago al 8%. Si tratara de impresionarte llamaría a esto *interpolación*, pero es una cosa tan de sentido común que no creo que necesite un latinismo.

✔ Un aumento pequeño en la cantidad del pago causa un gran efecto en el total final. Mirando la cifra para un crédito a seis años, la diferencia entre el 8 y el 10% es, como dije, sólo de $1. Pero es $1 multiplicado por 72 pagos, multiplicado por el número de miles de euros del crédito. Para un crédito de $12,000, esto es 72 × 12 = $864. Todos estos créditos son a corto plazo. Este efecto se magnifica de verdad cuando empiezas a calcular las hipotecas.

# Capítulo 2

# Tarjetas de crédito y pagos aplazados

*En este capítulo*

▶ Las matemáticas básicas de las tarjetas de crédito

▶ Los planes de pago y el infinito

▶ ¿Ahorrar pidiendo créditos?

▶ Un plan para gestionar los créditos

L as tarjetas de crédito son asombrosas. Por un lado, ofrecen comodidad y seguridad (parece que entraña más riesgo de robo andar con dinero en metálico), pero, por otro lado, a menudo representan el equivalente a un trozo de cuerda financiera gratuita con un vídeo de cómo hacer el nudo para ahorcarnos incluido en el paquete. La familia normal de clase media puede meterse en unos líos económicos muy serios con las tarjetas de crédito en un tiempo récord. Las tarjetas de crédito son el equivalente financiero de los analgésicos: a veces son exactamente lo que necesitas, pero si no prestas mucha atención, puedes caer paulatinamente en una adicción que realmente te complique la vida.

Este capítulo, por supuesto, revisa las matemáticas básicas relacionadas con el uso de las tarjetas de crédito. Sin embargo, mi verdadero objetivo es hacer que mires toda la información de los extractos de tus tarjetas, que revises las tablas de este capítulo y que luego caigas al suelo con sudores fríos y atenazado por el miedo. Señoras y señores, no estoy bromeando. Es terrorífico. No creas que después voy a proponer una manera fácil de solucionar los problemas de las tarjetas de crédito, tal como pagar las deudas generadas por ellas refinanciando tu casa. Este cálculo está en el siguiente capítulo, pero antes de que llegues puedo decirte que la "solución" de la refinanciación no es tan prometedora como parece.

A propósito, puedes consultar el libro *Finanzas personales para Dummies*, de Vicente Hernández, para ver cómo puedes gestionar tus créditos de forma estratégica y coherente. Aquí, mi tarea es repasar los números contigo. Sin embargo, al final de los cálculos podrás tomar tus propias decisiones. La moraleja de este capítulo resulta tan complicada como ésta: "No metas el tenedor en el enchufe... por segunda y tercera vez".

# La letra pequeña

Voy a revisar un extracto de una tarjeta de crédito que he confeccionado combinando los extractos de una VISA y una MasterCard. El extracto estándar de American Express brilla por su ausencia. Todas las tarjetas te permiten pagar o bien el total del saldo deudor a final de mes o aplazarlo. Las tarjetas que estoy tratando aquí pertenecen a esta última modalidad, son tarjetas de crédito *de verdad*, las que están diseñadas para dejarte comprar cosas que quizá realmente no puedes permitirte.

## Los pagos mensuales

Si quieres dejarte la vista con una letra diminuta, el dorso del extracto de tu tarjeta de crédito puede tener afirmaciones fascinantes que hay que interpretar. Veámoslas.

### Afirmación n.º 1: Calcular el pago mensual mínimo

El pago mensual mínimo (aunque depende de cada entidad) es o bien el 5 % del saldo que tienes que pagar, o bien $15, lo que sea mayor.

Evidentemente eso significa que si debes $635.1 en la tarjeta, tu pago mínimo es:

$$\text{pago} = \$635.1 \times 0.05 = \$31.75$$

Si debes menos de $300 tu pago mínimo es $15.

### Afirmación n.º 2: Calcular las comisiones por financiación

Para calcular por tu cuenta las comisiones periódicas por financiación, mira el resumen de las comisiones y utiliza la siguiente ecuación para cada saldo medio diario que se muestra allí:

saldo deudor medio diario

× número de días en el período de cobro

× el tipo periódico diario

= comisión periódica por financiación

Puede que no sepas que el interés sobre el saldo deudor en las tarjetas de crédito es un interés compuesto pero calculado por día. Los sistemas de contabilidad de algunas compañías de tarjetas de crédito son más puntillosos que otros, y el cálculo tiene en cuenta el día de la compra y calcula todas esas microvariaciones diarias de la tasa de interés compuesto.

También puedes estar pagando tres tipos de interés diferentes por distintas partes de tu saldo deudor general. Si la tarjeta permite adelantar dinero en efectivo, por lo general se aplica el tipo de interés más alto. También suele haber una diferencia entre el interés cobrado sobre saldos deudores antiguos comparados con el que se cobra por las compras del mes actual.

Para simplificar las cosas, parto del tipo sobre los saldos deudores antiguos. En el extracto que estoy utilizando, el tipo diario periódico es el 0.05425 %. Eso hace un interés medio mensual de

interés mensual = 30 × 0.05425 % = 1.6275 %

Esto corresponde a una tasa anual efectiva de casi el 21.4 % si empiezas el año con un saldo deudor (aunque las compañías que emiten las tarjetas utilizan los mismos números para llegar a un tipo de 19.8 % utilizando un método un poco diferente para calcular el interés compuesto).

## *La liquidación*

Como primer ejemplo, imagina que tienes un saldo deudor de $2,000 (calculado con un pago mensual mínimo del 2 %, aunque actualmente se acerca más al 5 %) en esta tarjeta de crédito y que pagas $60 al mes. Es un poco más que el pago mínimo de $40 que le gustaría a la compañía de crédito. Luego examinaré este caso particular.

La tabla de la figura 2-1 muestra los resultados del primer conjunto de pagos. Es bastante sencillo. La tarjeta está cobrándote unos $30 al mes en intereses, y tú estás pagando $60. Tu pago cubre los intereses y liquida unos $30 del saldo deudor.

**Realizar los pagos de la tarjeta de crédito: pagos de $ 60 sobre un saldo deudor de $ 2,000**

|  | tipo diario | = | 0.0005425 |
|---|---|---|---|
|  | n.º de días | = | 30 |
|  | tasa | = | 0.016275 |
|  | pago | = | 60 |

| Mes | Saldo deudor | Intereses |
|---|---|---|
| 2.000 | 32.55 | |
| 1 | 1,972.55 | 32.10 |
| 2 | 1,944.65 | 31.65 |
| 3 | 1,916.30 | 31.19 |
| 4 | 1,887.49 | 30.72 |
| 5 | 1,858.21 | 30.24 |
| 6 | 1,828.45 | 29.76 |
| 7 | 1,798.21 | 29.27 |
| 8 | 1,767.48 | 28.77 |
| 9 | 1,736.25 | 28.26 |
| 10 | 1,704.51 | 27.74 |
| 11 | 1,672.25 | 27.22 |
| 12 | 1,639.47 | 26.68 |

**Figura 2-1:**
Pagar
el saldo
deudor de
una tarjeta
a $ 60
al mes

Tu saldo deudor se reduce bastante despacio. ¿Qué tan despacio? Bueno, pues aquí está el final de la tabla (mira la figura 2-2). Cuatro años más tarde realizas tu último pago de sólo unos $ 25 (el último pico del pago del último mes es demasiado pequeño para pagar los $ 60). Ahora, para entonces habrás pagado también unos $ 900 en intereses.

**Realizar los pagos de la tarjeta de crédito: pagos de $ 60 sobre un saldo deudor de $ 2,000**

|  | tipo diario | = | 0.0005425 |
|---|---|---|---|
|  | n.º de días | = | 30 |
|  | factor | = | 0.016275 |
|  | pago | = | 60 |

| Mes | Saldo deudor | Intereses |
|---|---|---|
| 2,000 | 32.55 | |
| 1 | 1,972.55 | 32.10 |
| 2 | 1,944.65 | 31.65 |
| 3 | 1,916.30 | 31.19 |
| 4 | 1,887.49 | 30.72 |

*(continúa)*

| | | |
|---|---|---|
| 5 | 1,858.21 | 30.24 |
| 6 | 1,828.45 | 29.76 |
| 7 | 1,798.21 | 29.27 |
| 8 | 1,767.48 | 28.77 |
| 9 | 1,736.25 | 28.26 |
| 10 | 1,704.51 | 27.74 |
| 11 | 1,672.25 | 27.22 |
| 12 | 1,639.47 | 26.68 |
| 13 | 1,606.15 | 26.14 |
| 14 | 1,572.29 | 25.59 |
| 15 | 1,537.88 | 25.03 |
| 16 | 1,502.91 | 24.46 |
| 17 | 1,467.37 | 23.88 |
| 18 | 1,431.25 | 23.29 |
| 19 | 1,394.54 | 22.70 |
| 20 | 1,357.24 | 22.09 |
| 21 | 1,319.33 | 21.47 |
| 22 | 1,280.80 | 20.85 |
| 23 | 1,241.65 | 20.21 |
| 24 | 1,201.86 | 19.56 |
| 25 | 1,161.42 | 18.90 |
| 26 | 1,120.32 | 18.23 |
| 27 | 1,078.55 | 17.55 |
| 28 | 1,036.10 | 16.86 |
| 29 | 992.96 | 16.16 |
| 30 | 949.12 | 15.45 |
| 31 | 904.57 | 14.72 |
| 32 | 859.29 | 13.98 |
| 33 | 813.27 | 13.24 |
| 34 | 766.51 | 12.47 |
| 35 | 718.98 | 11.70 |
| 36 | 670.68 | 10.92 |
| 37 | 621.60 | 10.12 |
| 38 | 571.72 | 9.30 |
| 39 | 521.02 | 8.48 |
| 40 | 469.50 | 7.64 |
| 41 | 417.14 | 6.79 |
| 42 | 363.93 | 5.92 |
| 43 | 309.85 | 5.04 |
| 44 | 254.89 | 4.15 |
| 45 | 199.04 | 3.24 |
| 46 | 142.28 | 2.32 |
| 47 | 84.60 | 1.38 |
| 48 | 25.98 | 0.42 |

**Figura 2-2:**
El final de
los pagos
de $ 60
mensuales

Aquí hay un pequeño algoritmo (*algoritmo* es el nombre matemático para un truco). Recuerda esto la próxima vez que veas una cámara de vídeo sin la cual no puedes vivir. No estoy diciendo que no puedas comprarte la cámara de vídeo, sólo digo que deberías saber lo que cuesta. Y, para que no pienses que estoy regañándote como un sabelotodo que nunca ha hecho nada impulsivo, puedes adivinar con relativa certeza que mi morboso interés por las matemáticas de las tarjetas de crédito es el resultado de algunas experiencias personales bastante dolorosas. Aquí está el truco.

Si compras algo con una tarjeta de crédito con intereses altos y no pagas el saldo deudor al final del mes, el precio real sube el 50 %.

Es decir, si compras algo con una tarjeta de crédito con un tipo de interés del 18 % o más, y realizas pagos que están alrededor del doble del pago mensual mínimo, la compra te habrá costado alrededor del 50 % más que el precio original para cuando el humo se haya disipado. Voy a concretar más para que no haya confusiones:

- ✔ El espectacular aparato de *home cinema* de $5,000 en realidad costó $7,500.
- ✔ Los zapatos de $800 costaron $1,200.
- ✔ La cena de $1,650 para celebrar el aniversario costó $2,470.
- ✔ La moto de segunda mano de $15,000 costó $22,500.
- ✔ La chaqueta de $2,000 rebajada a $1,400 (tenía el 30 % de descuento) realmente costó $2,100.

La regla anterior no discrimina tres decimales, pero es sorprendentemente precisa, y desde luego es lo bastante buena para merecer que la recuerdes como directriz.

# *Una liquidación más rápida*

Después de haberte dado este cálculo tan tétrico, ahora veremos la perspectiva más alegre de una liquidación más rápida. Si realizas pagos de $120 al mes, habrás liquidado la deuda en diecinueve meses y habrás pagado sólo $351 en intereses.

Con pagos de $180 al mes estarás fuera de peligro en un año, y habrás pagado $223 en intereses. La tabla de la figura 2-3 muestra los resultados financieros de los diferentes planes de pago de las tarjetas de crédito, y el recuadro titulado "Interesante" explica cómo puedes hacer tú este tipo de cálculo. La lección que hay que llevarse a casa, sin embargo, es bastante contundente y no requiere más aritmética.

**Pagar $ 2,000 al 1.67 % de interés mensual**

| | |
|---:|:---|
| tipo diario = | 0.0005425 |
| n.º de días = | 30 |
| tasa = | 0.016275 |
| pago = | 60 |

| Pago | Meses | Total de pagos |
|---|---|---|
| $ 60 | 48 | $ 2,905.96 |
| $ 120 | 19 | $ 2,351.09 |
| $ 180 | 12 | $ 2,223.30 |
| $ 240 | 9 | $ 2,166.67 |

**Figura 2-3:**
Pagar más
rápida-
mente

En algunos momentos de la historia (en las décadas de los setenta y ochenta), pagar el saldo deudor despacio era casi una estrategia viable. La inflación estaba fuera de control y todo el mundo creía que haría los últimos pagos en billetes como los del *Monopoly*, que no valdrían casi nada. Mientras tanto, se habrían sucedido cuatro años de aumentos salariales.

Digo "casi" porque incluso en aquellos lejanos años no era una estrategia brillante. Ahora, evidentemente, es un desastre total. La tasa de inflación es baja, el tipo de interés "real" (la diferencia entre la tasa de inflación y los tipos actuales de interés) está a niveles de 1996, y hace tiempo que los aumentos salariales, si los hay, no son significativos. Compras algo por $ 2,000, y si devuelves el dinero lentamente, tienes que encontrar 3,000 €. Si no tenías los $ 2,000 que necesitabas para comprarlo directamente, no es más probable que tengas más tarde los $ 3,000. Puedes cavarte un agujero muy profundo de esta forma, y los bordes del agujero están hechos de un barro asquerosamente resbaladizo. Por cierto, todo este cálculo supone que no has añadido ninguna otra compra en la tarjeta de crédito mientras tanto. Si sueles deambular por los centros comerciales dándote algún capricho con la tarjeta cada fin de semana, la situación está lejos de ser tan optimista como la pinto aquí.

## Interesante

Por comodidad, hice estas operaciones con una hoja de cálculo, aunque seguramente puedes hacerte la misma idea utilizando una sencilla calculadora. Tomas el saldo deudor, aplicas el tipo de interés mensual y luego utilizas la fórmula:

Saldo deudor = saldo anterior + intereses – pagos

Este método de averiguar durante cuánto tiempo tienes que hacer los pagos es bastante aburrido; sin embargo, si tienes una calculadora financiera (si no la tienes, en internet la encuentras virtual y de uso gratuito) puedes hacerlo de esta forma. Recuerda que los elementos del cálculo estándar de pagos son: pagos, tipo de interés, valor actual (lo mismo que "cantidad" en este contexto) y número de pagos. Si metes las otras tres cantidades, la calculadora puede resolver cuántos pagos tendrás que hacer. Probablemente la forma más sencilla de calcular cuánto tienes que pagar cada vez una vez establecido el número de plazos es meter la cantidad, el pago y el tipo de interés. Multiplica el número de pagos por el valor del pago que has hecho y verás lo que te has gastado durante todo el plan.

# Realizar los pagos mínimos

Quizá hayas pasado por mucho, seas tan resistente como una roca y no te asustes fácilmente. Esto significa que puedes enfrentarte al equivalente numérico de la famosa escena de la ducha en la película *Psicosis*. Se llama "realizar los pagos mínimos". Tu tarjeta de crédito requiere al menos un pago del 5 % del saldo deudor.

Tú que estás leyendo este libro, quizá tomes algún fármaco para controlar la hipertensión y puede que tengas tendencia a sufrir ataques de ansiedad o que padezcas de insomnio, qué sé yo. Por estas y otras razones técnicas, presentaré el plan de pagos mínimos en dos tablas distintas. "Empezar" (en la figura 2-4) y "Terminar" (en la figura 2-5).

## Al principio

Siéntate en algún lugar, prepárate una taza de té y echa un vistazo a la figura 2-4; muestra el primer año de pagos y es bastante sencilla. Realizas los pagos mínimos, que suman $477.92, y después de pagar esa cantidad, has liquidado $81.2 de la cantidad original del crédito. Eso es más de

$380 de interés y $81 para pagar el saldo deudor. Lo digo sólo por darte en la cabeza con el concepto. ¿Bastante brutal, verdad?

**Realizar pagos sobre la deuda de una tarjeta de crédito: pagos del 5 % por un crédito de $ 2,000**

| Mes | Saldo deudor | Intereses | Pago |
|-----|-------------|-----------|------|
| 1 | 2,000 | 32.55 | 40.65 |
| 2 | 1,991,90 | 33.07 | 40.50 |
| 3 | 1,984,47 | 32.94 | 40.35 |
| 4 | 1,977,06 | 32.82 | 40.20 |
| 5 | 1,969,68 | 32.70 | 40.05 |
| 6 | 1,962,33 | 32.57 | 39.90 |
| 7 | 1,955,01 | 32.45 | 39.75 |
| 8 | 1,947,71 | 32.33 | 39.60 |
| 9 | 1,940,44 | 32.21 | 39.45 |
| 10 | 1,933,19 | 32.09 | 39.30 |
| 11 | 1,925,99 | 31.97 | 39.16 |
| 12 | 1,918,80 | 31.85 | 39.01 |

**Figura 2-4:**
Un año de
pagos
mínimos

# Cerca del final (?)

Probablemente se te haya ocurrido que esta tasa de pagos contra ese saldo deudor no te lleva a ninguna parte. Así que miremos hacia abajo en este enorme cálculo hasta... bueno, treinta o cuarenta años después. Allá lejos, al final de la tabla, después de casi cuarenta años, las cosas se han relajado un poco (mira la figura 2-5). Cada mes, haces un pago mínimo de alrededor de $ 10, pero el interés del saldo deudor es de unos $8.5. Al ritmo de unos pocos euros al mes no estás exactamente acelerando hacia la meta. Pero no te preocupes, dentro de poco estarás haciendo pagos mínimos de $ 10 e irás poniéndote al día un poco más de prisa. De hecho, cuarenta años después de la compra, sólo unos $9,242.17 más tarde, abres el sobre del extracto y ves que sólo te quedan por pagar 53 centavos.

| Realizar pagos sobre la deuda de una tarjeta de crédito: pagos finales de $10 por un crédito de $2,000 | | | |
|---|---|---|---|
| **Mes** | **Saldo deudor** | **Intereses** | **Pago** |
| 468 | 100.23 | 1.66 | 10 |
| 469 | 91.90 | 1.53 | 10 |
| 470 | 83.42 | 1.38 | 10 |
| 471 | 74.81 | 1.24 | 10 |
| 472 | 66.05 | 1.10 | 10 |
| 473 | 57.15 | 0.95 | 10 |
| 474 | 48.09 | 0.80 | 10 |
| 475 | 38.89 | 0.65 | 10 |
| 476 | 29.54 | 0.49 | 10 |
| 477 | 20.03 | 0.33 | 10 |
| 478 | 10.36 | 0.17 | 10 |
| 479 | 0.53 | 0.01 | |

**Figura 2-5:**
Los pagos mínimos mucho más tarde

Si pagas a este ritmo, este libro se habrá convertido en un pedazo amarillento de carbono semejante a un rollo de servilletas de papel machacadas y momificadas antes de que termines de pagar la compra. Tus descendientes tendrán que vender la compra original como antigüedad para saldar la deuda con este ritmo de pagos. Por eso en el contrato que firmaste al recoger la tarjeta de crédito hay, escritas con letras muy pequeñas, unas disposiciones legales cuidadosamente redactadas que reclaman el pago inmediato en el caso de fallecimiento.

## ¡Explícate, por favor!

¿Qué está pasando aquí? En realidad es bastante sencillo. La situación se parece al nefasto acuerdo de crédito descrito en el capítulo 1, en el que los pagos son unos pocos céntimos menos que el interés total por mes. En ese caso los pagos nunca modifican sustancialmente el capital.

En los salvajes días de la inflación al 12 %, la situación era lo bastante inestable como para que la mayoría de las tarjetas de crédito estuviesen orientadas hacia una liquidación completa en tres años, aunque las compañías de crédito estaban afilándose los colmillos con la perspectiva de cobrarte cantidades inmensas de interés. Actualmente, con la inflación mejor controlada, los tipos en intereses de las tarjetas de crédito son (en su mayoría) bastante estratosféricos, las compañías se quedan satisfechas dejando la deuda apuntada en los libros y cobrando los intereses. Tú, como deudor con tarjeta de crédito, eres la mejor inversión con la que se han tropezado. Si tuvieras unos $10,000 extra no habría ningún sitio donde pudieras colocarlos para ganar unos intereses del 15 o el 18% sobre tu inversión, a no ser que tuvieras una bola de cristal y un agente de bolsa excepcional. Pero las compañías de las tarjetas de crédito, parafraseando al cantante Marc Anthony, están entonando el tema "Para qué buscar si te tengo aquí, todo mi dinero puedo malgastar" y alegremente te están dejando los pagos más fáciles que jamás se han visto, excepto que siguen hasta la eternidad.

# Capítulo 3

# Matemáticas sencillas para las inversiones

*En este capítulo*

▶ Opciones básicas y seguras: cuentas de ahorro y similares

▶ La bolsa

▶ Algunos números relacionados con acciones

▶ Fondos de diferentes tipos

*H*ay dos formas de hacerse con una cantidad razonable de dinero. Una es conseguir un trabajo relativamente bien pagado que puedes hacer para siempre y luego trabajar todo lo que puedas. La otra forma es conseguir dinero y dejar que el dinero trabaje para ti.

El dinero nunca se cansa. Trabaja veinticuatro horas al día. No tiene vacaciones. Dado que las leyes fiscales de todos los países están escritas en beneficio de las personas que tienen grandes depósitos de dinero en lugar de pequeños créditos, gran parte del dinero que gana tu dinero tiene ventajas fiscales. La cuestión fundamental es qué parte de tus perspectivas de jubilarte algún día están basadas en conseguir algo de dinero y ponerlo a trabajar en tu lugar, en el caso de que no tengas una buena jubilación garantizada. De nuevo, en el superventas de Vicente Hernández *Finanzas personales para Dummies* se ofrecen muchos consejos sobre los planes de pensiones y de ahorro.

# Ante todo, seguridad

La inversión más sencilla es cualquier tipo de cuenta de ahorros con un interés fijo. Esta fórmula tiene el rendimiento más bajo de cualquier inversión posible porque comporta el menor riesgo. En un año en el que podrías conseguir alrededor del 3% con una cuenta de ahorros normal, puede que consiguieras el 45% de tu capital invirtiendo en acciones de una compañía de alta tecnología que tiene precisamente los mejores videojuegos del mercado. Existen dos tipos de inversiones de renta fija que hay que considerar aquí y que se tratarán en las siguientes secciones.

## Números negativos: tarjetas de crédito

De esas "inversiones" la primera en la que debes pensar es la que quizá estás haciendo ahora mismo para hacer rica a otra persona: las tarjetas de crédito. No tendrás ahorros hasta que hayas pagado el saldo deudor de tus tarjetas de crédito. También tienes que decidir si puedes conseguir una inversión que te pague un interés más alto del que estás pagando por tu hipoteca. Para empezar, mira el tipo de interés de tus créditos y compáralo con el tipo de interés que ganas con tu dinero en diferentes cuentas de ahorros.

Puede que en alguna ocasión tengas la oportunidad de ganar mucho con dinero prestado. Sin embargo, en la mayoría de los casos no es verdad, y además es un planteamiento muy peligroso.

## Números positivos: depósitos bancarios

Los depósitos bancarios (DB) están asegurados por el Gobierno. No sólo recuperas tu dinero sino que también consigues el interés que te prometieron. Como regla general, los DB pagan un interés mucho mejor que las cuentas de ahorro normales, pero suelen pagar un poco menos que los bonos del Tesoro.

Es difícil saber si deberías tratar de conseguir un tipo más alto escogiendo un DB a un plazo mayor (cinco años) en lugar de uno más corto (un año o menos). A veces, si las tasas suben después en el plazo mayor, lo que has hecho es limitarte a un tipo más bajo. En lugar de tratar de calcularlo, quizá querrás hojear las revistas financieras populares (*Actualidad Económica, Capital e Inversión, Finanzas,* etc.) y encontrar un banco que esté pagando medio punto de interés más alto que el resto de los bancos cercanos. No todos los bancos pagan el mismo tipo, por razones misteriosas que sólo ellos conocen. La estrategia más sencilla para los DB es encontrar el DB disponible con el mayor interés.

# *Acciones*

Sólo trato las inversiones aquí porque de la bolsa en sí emergen muchas cuestiones matemáticas. Aquí tenemos una de las preguntas fundamentales: ¿puedes ingeniar una manera de probar que alguien ha inventado una forma perfecta de seleccionar las acciones?

La experiencia hasta ahora muestra que no existe tal sistema, ya que ningún individuo (ni programa informático) se ha hecho con todo el dinero del mundo. Si fuera posible predecir las evoluciones del precio de los valores individuales, la persona que lo hiciera podría hacerse con cualquier cantidad de dinero que quisiera. Esto claramente no refleja lo que ha ocurrido en la realidad.

No obstante, mientras que los precios de valores individuales saltan en todas direcciones a lo largo del tiempo (mira la figura 5-1) en función de acontecimientos, a veces aleatorios, relacionados con las empresas privadas, la bolsa tomada en conjunto ha sido predecible, por lo menos en una escala de tiempo bastante larga. Como los agentes de bolsa nunca se cansan de señalar, alguien que tuviera una gran cantidad de acciones en el momento del Crac de 1929 habría tenido grandes beneficios si hubiera conservado las acciones durante seis o siete años. Los inversores que aguantaron durante el crac de finales de la década de los ochenta se recuperaron al año más o menos.

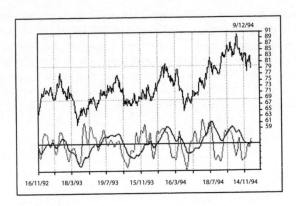

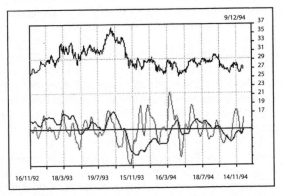

**Figura 5-1:**
La conducta casi aleatoria de las acciones individuales

La razón por la que puedes esperar un aumento gradual, a lo largo de décadas, de los precios de las acciones es que son un índice de una economía en expansión y tienden a ajustarse debido a la valoración creciente del valor neto de las empresas junto con la inflación. Todo el país aumenta en valor y la bolsa también. Siempre que la economía muestre algún crecimiento neto, es razonable suponer que los precios de las acciones aumentan. Supermercados Micompra puede desaparecer y Confecciones La Elegancia puede saltar al escenario, pero el conjunto sigue creciendo.

## Caracterizar los valores individuales

El gancho es que si pudieras predecir correctamente la dirección de los valores individuales, podrías hacer fortuna de inmediato. Por lo tanto, a pesar de unas evidencias estadísticas maravillosas de que no se puede hacer eso, por lo menos no para las oscilaciones cotidianas del precio, el nivel de interés investigador en este tema es intenso. Existen por lo menos tres números interesantes para caracterizar el comportamiento de los valores individuales, y si los tomas como punto de partida para la reflexión, en lugar de como oráculos económicos, no va a hacerte daño comprender cómo se calculan.

Como forma de considerar cuánto crecimiento verás en tu inversión a lo largo de diferentes períodos de tiempo para distintos tipos de interés, piensa en cuánto tiempo tarda el dinero en duplicarse. Supón que tienes un horizonte de inversión de veinte años. En veinte años verías los siguientes resultados:

✔ El 6.5 % de rendimiento anual produce 3.52 veces la inversión original.

✔ El 7.8 % de rendimiento anual produce 4.49 veces la inversión original.

✔ El 8.6 % de rendimiento anual produce 5.21 veces la inversión original.

Ir rebuscando año tras año para ganar unos porcentajes de rendimiento mejores que el interés de los depósitos bancarios puede significar la diferencia entre jubilarse con unos ahorrillos adecuados y limitarse a "existir" en el ocaso de tu vida.

# El PER (relación entre el precio y los beneficios)

Una línea en las listas de la bolsa suele tener este aspecto:

| Acciones | Div. | PER | Últ. | Var. | Anual |
|----------|------|-----|------|------|-------|
| XYZ, S.A. | 2.08 | 22 | 65.37 | + 0.06 | + 9.3 |

Es bastante sencillo. *Div.* significa *dividendo*. Esta entrada significa que si tuvieras una acción en este capital, la compañía te daría $2.08 por semestre (en enero y julio). Algunas empresas entregan los dividendos una vez al año (en el primer semestre) y los bancos los entregan cuatro veces (una cada trimestre). Suponiendo que el dividendo siga siendo el mismo, esto supone 2 × $2.08 = $4.16 al año por una inversión de $65, un poco más de un rendimiento del 6, así que el precio de estas acciones ha subido en $0.06 desde el día anterior.

*Anual* significa *anual hasta la fecha*. Es el cambio en el precio de las acciones desde el principio del año. En este caso las acciones han subido el 9 % en lo que va de año, así que los inversores están contentos.

Más interesante es la cifra del PER, que es la relación entre el precio y los beneficios (*price to earnings ratio*, en inglés). Es el precio de las acciones dividido por el beneficio por acción. Cada sector de la economía tiende a tener un PER diferente, pero dentro de esta distinción, un PER más bajo (5-9) indica un valor con un fuerte rendimiento comparado con su precio, y un PER más alto (más de 30) indica un valor cuyo precio refleja el optimismo inversor en lugar de una historia de rendimiento real. Algunos inversores compran acciones cuyo PER es menor que el promedio para el sector; de hecho es probable que este método funcione, pero todo el mundo lo sabe, lo que suele reducir su eficacia.

# Variabilidad y volatilidad

La *variabilidad* es un índice que muestra la horquilla de precios del valor durante un solo año. La figura 5-2 muestra una acción altamente variable contrastada con una de baja variabilidad. Con una acción de baja variabilidad tienes la certeza de que el precio se quedará bastante estable, combinada con la seguridad deprimente de que la estabilidad significa un limitado potencial para las ganancias.

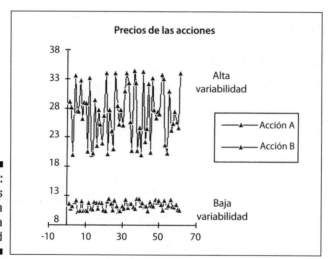

**Figura 5-2:**
Acciones
de alta
y baja
variabilidad

Normalmente tienes que acudir a un agente de bolsa para conseguir la cifra de variabilidad de un valor particular. Uno de los usos de este número es que sugiere si el valor es de interés entre los especuladores (una baja variabilidad significa que no están abusando de la acción los grandes inversores). Necesitas saberlo porque las acciones de baja variabilidad en sectores tradicionales a menudo son inversiones relativamente seguras.

La *volatilidad* es otro número sofisticado, datos calculados sobre el mercado de valores en su conjunto y la acción individual. Mide la inclinación de un valor a seguir la tendencia general del mercado. Como no tienes muchos de los números que necesitas para calcular esta cifra, consigues el índice fluctuante de la volatilidad de una acción particular (llamado *beta* por los entendidos) preguntando a un agente de bolsa.

Si una acción tiene una beta de 2.1 entonces es muy vivaz, y su precio sube (o baja) a un poco más de dos veces la velocidad del resto del mercado. Si tiene una beta de 0.3 se mueve con sólo el 30 % de la velocidad de los otros valores en conjunto. Una acción con una volatilidad de 0 nunca cambia de precio, haga lo que haga el mercado.

# Describir el lote completo

Dado que los valores individuales comportan importantes riesgos, los inversores y las empresas de inversiones buscan la seguridad comprando valores en grupos. En lugar de correr el riesgo de elegir acciones de sólo una compañía, que podría ser víctima de un juicio y empezar a sangrar dinero, los inversores compran colecciones de valores con la presunción de que no todos pueden ser un fracaso. Cuando inviertes en muchos valores a la vez en lugar de sólo uno, reduces el riesgo de la inversión. De ahí que existan varios tipos de *fondos*, o colecciones de valores. A continuación se explican dos de ellos.

## Fondos de inversión índice

Los paquetes de valores de grupos de inversión normalmente se llaman *fondos*, aunque existen fondos de otras inversiones (bonos del Tesoro, por ejemplo). Uno de los fondos más sencillos, aunque es una invención relativamente reciente, es el *fondo de inversión índice*. Los gestores de estos fondos reúnen una cartera de valores que conforman un índice muy conocido, el Ibex 35. Si compras acciones en un fondo así y oyes en la radio que "el mercado" ha subido o bajado, significa que tus inversiones han subido o bajado. En cuanto a la idea, este fondo es lo más sencillo que puede haber.

Una de las ventajas de este tipo de fondo en comparación con los *fondos mutuos* estándares, que son carteras de valores cuidadosamente seleccionados, es que nadie tiene que escoger. En lugar de tener una sala llena de analistas siguiendo pistas día y noche, los gestores compran los mismos valores que conforman el índice. Es una colección de grandes compañías importantes, así que tienes seguridad financiera adicional. Si la bolsa cae, tú también caes, pero desde el punto de vista histórico esta apuesta es bastante segura.

## Fondos mutuos de inversión

Naturalmente, tiene lógica que haya personas muy inteligentes que estudian a fondo las condiciones de industrias individuales, y que pueden reunir una cartera de valores que tenga mejor rendimiento que un promedio escogido al azar. Muchas cosas "tienen lógica" pero esta proposición es un poco más complicada de establecer. Voy a hacer un pequeño experimento.

### Subidas y bajadas

La figura 5-3 muestra los resultados de mi modesto experimento. He inventado unos pequeños fondos de diferentes valores, seleccionados al azar de un período de unos pocos meses cuando el mercado en general no era particularmente alcista o bajista. Tomé una muestra de este mercado porque los resultados de los fondos se comparan sólo con el rendimiento general del mercado en todo caso. Ves cinco carteras de seis valores cada una. Uno por uno, los valores estaban subiendo y bajando durante el período de la prueba.

| | Cartera 1 | Cartera 2 | Cartera 3 | Cartera 4 | Cartera 5 |
|---|---|---|---|---|---|
| Precio inicial | Precio final de los valores en la cartera | | | | |
| $20 | $16.25 | $19.38 | $22.65 | $17.96 | $17.3 |
| $30 | $29.88 | $31.37 | $31.15 | $30.79 | $34.69 |
| $40 | $46.13 | $47.03 | $37.69 | $42.24 | $37.84 |
| $50 | $41 | $46.88 | $54.11 | $56.7 | $52.4 |
| $60 | $66.29 | $55.83 | $71.6 | $61.3 | $69.82 |
| $70 | $81.46 | $64.77 | $67.2 | $67.67 | $71.79 |
| $270 | $281 | $265.26 | $284.41 | $276.65 | $283.85 |
| Porcentaje de cambio | 3.91% | −1.79% | 5.07% | 2.4% | 4.88% |

**Figura 5-3:**
Fondos escogidos al azar

La pregunta que debemos plantear es la siguiente: ¿qué significa que un fondo se comporte mejor que el mercado en general a corto plazo?

Recuerda, no hay ningún gestor para ninguno de estos fondos: los números fueron generados al azar por un programa de computadora. En modelos más complicados y sofisticados, puedes simular el rendimiento de fondos mutuos reales en el mercado real. ¿Qué significa que esta selección aleatoria de fondos imite el mundo real con tanta fidelidad?

La respuesta parece ser que pocos fondos han podido alguna vez rendir mejor que el mercado a muy largo plazo (décadas). Si te interesa este tema (y el tema de cómo escoger un fondo en general), consulta *La bolsa*, de Oriol Amat (Deusto) o *Todo lo que siempre quiso saber sobre bolsa y nadie le supo explicar,* de Vicente Hernández (Gestión 2000).

### *La cartera de la orangután*

Esta pregunta ha sido contestada por *Joleen*, una orangután hembra en Marine World/África. La sección de negocios del *San Francisco Chronicle* patrocinó hace años un concurso de selección de carteras que incorporó nueve gestores de fondos profesionales con una buena reputación y el simio.

¿El resultado? *Joleen* obtuvo el cuarto puesto de los diez que concursaron.

Saca tus propias conclusiones. Realmente, algunas de las ventajas de tener una hembra de orangután como gestor de fondos serían los pocos gastos (plátanos, por ejemplo) y una menor tendencia a cambiar el contenido de la cartera. Además, la orangután probablemente nunca te telefonearía para plantearte unas "maravillosas sugerencias" que, en realidad, no son más que un intento de la empresa de inversiones de descargar sobre ti su propia compra de valores inferiores.

Hay una explicación "científica" para el éxito relativo de *Joleen*. Según una teoría del comportamiento del mercado, es imposible conseguir información que no haya sido tenida en cuenta en el precio del valor. No importa que *Joleen* no tenga teléfono, pues en todo caso no podría conseguir ninguna sugerencia que valiese la pena. Algo que apoya esta teoría es la perspectiva histórica de que sólo el uso ilegal de información privilegiada de la forma más escandalosa puede producir un rendimiento continuo garantizado mejor que el mercado.

# Parte II

# Las matemáticas de los negocios

**The 5th Wave**                    **Rich Tennant**

ES MUY SENCILLO, DE VERDAD. CON LA POLÍTICA REVISADA DE LOS PRECIOS PARA LA COMPUTADORA CENTRAL, TE COBRARÁN UN CUARTO DEL PRECIO ANTERIOR POR CADA TERMINAL, BASADO EN UN ACUERDO DE LICENCIA DE TRES NIVELES PARA EL LUGAR DE TRABAJO PARA HASTA DOCE USUARIOS, DESPUÉS DE LO CUAL SE EMPLEA UN SISTEMA DE CINCO NIVELES PARA HASTA SESENTA Y CUATRO USUARIOS DENTRO DEL SISTEMA ORIGINAL DE CUATRO NIVELES PARA NUEVOS CLIENTES QUE USAN LOS PROGRAMAS MÁS ANTIGUOS O VIEJOS CLIENTES QUE USAN LOS PROGRAMAS NUEVOS EN CADA UNA DE LOS TRES TERMINALES QUE FUNCIONAN EN UN NUEVO LUGAR DE TRABAJO CON SISTEMAS OPERATIVOS ANTIGUOS CON LICENCIAS BAJO EL ACUERDO VIEJO, PERO SÓLO LOS JUEVES CON MENOS DE DIEZ PERSONAS EN EL DESPACHO...

## En esta parte...

**E**sta parte está dedicada a las matemáticas de los negocios, pero en realidad trata más sobre cómo interactúas tú con las empresas. Empieza con el tema de interpretar el torbellino de números que se te presentan todos los días (verás más números más adelante). Puedes obtener una imagen bastante precisa de la realidad de la información en las revistas, los periódicos e incluso las noticias de la tele, pero lo más habitual es que tengas que procesarla antes con un poco de matemáticas para darle sentido.

# Capítulo 4

# Porcentajes

. . . . . . . . . . . . . . . . . . . . . . . . . .

*En este capítulo*

▶ Porcentajes y fracciones

▶ Márgenes de beneficios y descuentos

▶ Trucos útiles con los porcentajes

▶ La tontería de los porcentajes en las noticias

. . . . . . . . . . . . . . . . . . . . . . . . . .

**M**e temo que los porcentajes están siempre por ahí. Proporcionan una manera conveniente de fabricar un drama a partir de estadísticas aburridas, y hacer que las gangas en las rebajas parezcan mejores de lo que son. Es costumbre expresar los tipos de interés en porcentajes, con lo cual introducen un poquito más de confusión a las operaciones con calculadoras complejas. Los propios números pueden contar historias bastante elocuentes, pero a veces los porcentajes asoman sus feas cabezotas cuando hay un incentivo para hacer que la historia sea más grande, más pequeña o más confusa.

Podría haber ocurrido que hace mucho tiempo se hubiera acordado usar sólo números en cualquier expresión que tenga que ver con cantidades.

✔ Entras en una tienda de ropa y tienen rebajas de camisas. En el cartel pondría: "Camisas de $650 ahora cuestan $325. No te preocupes por lo que figure en la etiqueta, nuestras cajas están programadas con el nuevo precio".

✔ Al final del año, el jefe de policía de Ningunaparte informa que hubo robos en tres casas durante el último año en lugar de dos. El periódico *El Mundo de Ningunaparte* podría publicar entonces en grandes titulares "Tres robos en casas durante el año pasado".

✔ Lees un informe sobre psicología en el periódico. Afirma que se ha estudiado una muestra de veinte personas, formada por diez que beben café y diez que no beben café; seis de las que sí lo beben mordían el lápiz, mientras que sólo cinco de las que no bebían café lo hacían.

Estos pequeños ejemplos contienen en los números toda la información que necesitas para cada historia. Ahora lee las afirmaciones equivalentes en porcentajes y decide tú si las afirmaciones se han vuelto más claras:

✔ "Camisas al 50 % de descuento. El descuento se aplica en caja".

✔ "Los robos en casas han subido el 50 % en Ningunaparte".

✔ "Se culpa al café por el aumento del 17 % en el hábito de morder los lápices".

# *Porcentajes y fracciones*

Un porcentaje es sólo una fracción. Pero es una fracción del número 100. Las explicaciones de porcentajes dan lugar a cosas extrañísimas en los libros de matemáticas. Voy a explicarte lo que quiero decir con *extrañísimas*.

En casi todos los libros de matemáticas ofrecen como truco o sugerencia el hecho de que puedes encontrar el 25 % de alguna cantidad sólo dividiendo esta cantidad entre cuatro. Por ejemplo, el 25 % del número 32 es 8 porque 32/4 es 8.

Esto no es una sugerencia ni un truco. El 25 % *es* un cuarto.

El 25 % es sólo una manera un poco más confusa de expresar esto: ¼. Antiguamente, como la gente no tenía calculadoras, tenían una clara preferencia por expresar las fracciones de la forma (1/número) porque utilizaban fracciones como instrucciones para dividir objetos físicos reales (cereales, ladrillos o latas de aceitunas, por ejemplo). Si tienes un montón de ladrillos, es bastante fácil conseguir ⅓ del montón, ordenando los ladrillos en tres filas. Si quieres encontrar el 33 % de un montón de ladrillos, tienes que convertir el porcentaje en fracción en todo caso.

La tabla 6-1 muestra fracciones comunes y su porcentaje equivalente. En un mundo de calculadoras que valen $ 30, sólo necesitas conocer algunos de estos números. Deberías saber que el 50 % es lo mismo que la mitad. Vaya, probablemente sabes que 50 % es una mitad. Pero, para el resto de los problemas de porcentajes de este capítulo, te recomiendo que hagas lo que sea para conseguir la respuesta correcta (te diré cómo), y en la mayoría de los casos significa convertir cada pregunta en un problema de calculadora en el que no puedes fallar.

| Tabla 6-1: Valores expresados como fracciones y porcentajes | | |
|---|---|---|
| *Fracción* | *Porcentaje* | *Fracción decimal* |
| 1/100 | 1 % | 0.01 |
| 1/8 | 12.5 % | 0.125 |
| 1/4 | 25 % | 0.25 |
| 1/3 | 33.3 % | 0.333 |
| 1/2 | 50 % | 0.5 |
| 2/3 | 66.7 % | 0.667 |
| 3/4 | 75 % | 0.75 |
| 5/6 | 83.3 % | 0.833 |

Si tienes que recordar una regla fija (de nuevo, es una definición, no un truco), recuerda que para convertir un porcentaje en una fracción decimal, tienes que mover el punto decimal dos puestos hacia la izquierda.

Así:

$18\% = 0.18$

$37,5\% = 0.375$

$100\% = 1.00$

# Ir de compras

Basta de este rollo abstracto. Este libro espera mantener tu atención centrándose en el dinero. Vayamos a la tienda y descifremos algunas de las situaciones comunes.

## Todo con un descuento del 20 %

Cuando todo en la tienda está marcado con el 20 % de descuento, significa dos cosas, y ambas son lo mismo, desde el punto de vista matemático:

✔ Todo tiene un descuento de 1/5 del precio original.

✔ Todo cuesta ahora 4/5 del valor de antes.

Ahora prueba un poco de aritmética. Vas a una tienda de repuestos para automóviles en la que un pequeño juego de llaves de carraca de tamaño pequeño costaba $2,991 antes de las rebajas. Ahora tiene un descuento del 20%. El 20% no es sólo 1/5 por definición, sino que es 0.2 expresado utilizando el punto decimal.

Primero multiplica 2,991 por 0.20:

299 × 0.20 = 59.8

¿Qué significa 5.98? Significa $601, porque las tiendas no tienen una manera de cobrarte 8/10 de un céntimo. Así que el precio nuevo es:

299 – 60 = 239

Ahora, para ilustrar la segunda afirmación, fíjate en que algo entero es el 100%. Si quitas el 20%, lo que queda es el 80%. Es lo mismo que decir que 4/5 son lo que queda cuando quitas 1/5 (observa la tabla 6-2). Utilizando este cómodo método de un paso, consigues un nuevo precio de:

299 × 0.80 = 239.2

Otra vez, no existen fracciones de céntimos, por lo menos en las tiendas, así que el precio es $239.

Realmente es curioso que nunca haya existido la costumbre de decir "todo en la tienda está ahora al 80% del precio antiguo". Supongo que la idea es que el cartel debería sugerirte el montón de dinero que ahorras y no el montón que pagas.

## Tabla 6-2: Fracciones y porcentajes en la tienda

| Precio original | Descuento % | Descuento en € | Precio final |
|---|---|---|---|
| $17.99 | 30% | $5.4 | $12.59 |
| $24.99 | 35% | $8.75 | $16.24 |
| $100.00 | 20% | $20.00 | $80.00 |
| $219.00 | 15% | $32.85 | $186.15 |
| $499.00 | 18% | $89.82 | $409.18 |
| $7.99 | 25% | $2.00 | $5.99 |
| $139.99 | 50% | $70.00 | $70.00 |
| $59.99 | 20% | $12.00 | $47.99 |
| $199.99 | 25% | $50.00 | 149.99 |

# Un descuento añadido del 25 % aplicado en caja

Supón que estás en unos grandes almacenes mirando una chaqueta que costaba originalmente $1,299. En la pequeña etiqueta impresa por computadora ahora están tachados los $1,299 con bolígrafo rojo y el precio en la etiqueta dice $649. Esto significa que la chaqueta ya lleva un descuento del 50 %.

¿Puedes entender por qué? Sigue estos pasos:

1. **Redondea** el precio original a la decena más próxima.

   Piensa en $1,299 como $1,300. Total, es más o menos lo que vale.

2. **Redondea** el precio de venta a la decena más próxima.

   $649   igualmente está muy cerca de los $650  .

3. **Compara** el precio inicial con el precio de venta.

   El precio bajó desde $1,380 a $650. En otras palabras, lo dejaron en la mitad.

   La fracción ½ y el porcentaje 50 % son lo mismo. Cortar el precio a la mitad significa un descuento del 50 %.

Pero ahora te ofrecen un descuento añadido del 25 % del precio marcado cuando compras la chaqueta. ¿Cuánto suma? Calcúlalo de una de estas dos maneras:

✔ Una manera consiste en que tienes un descuento de 0.25 veces el nuevo precio de $649. Puedes hacer este cálculo bastante fácilmente en la cabeza si reconoces que $649   son $650 y que un descuento del 25 % significa ¼ menos. Un cuarto de $650 es 162.5 es justo 10  , así que el nuevo precio va a ser $487.5.

✔ La otra manera es considerar que un descuento del 25 % significa que sigue estando allí el 75 % del precio.

   $649 × 0.75 = $486.75

Consigues exactamente el mismo resultado, como era de esperar.

# El margen de beneficios

Las tiendas, por supuesto, compran todas sus mercancías con descuento comparado con el precio que figura en la etiqueta. En las tiendas de alimentación este *margen*, como lo llaman, es relativamente modesto. En las joyerías es relativamente escandaloso, a veces de hasta el 300 %.

¿Qué significa un margen del 300 %? La tienda compra la sortija a un precio de $1,500. Un margen del 100 % sería $1,500 añadidos a los $1,500 originales, lo que daría un precio de venta al público para la sortija de $3,000. Un margen del 200 % costaría el doble, o dos veces $1,500 añadidos al precio original, lo que daría un precio de $4,500. Y un margen del 300 % significa un precio final de $6,000.

Puede resultarte un poco confuso, que es lo que ocurre a menudo con los porcentajes. En este caso, es realmente más sencillo decir que el precio de la mercancía se multiplica por un factor de 4, en lugar de referirse a la misma operación como un margen del 300 %. Una fórmula para este margen será:

Precio final = [1 + (porcentaje de margen/100)] × el precio original

Introduciendo los números para este ejemplo de la joyería, nos da

Precio final = [1 + (300/100)] × 1,500

= (1 + 3) × 1,500

= 4 × 1,500 = 6,000

Por supuesto, ésta es una de las razones por las que algunas joyerías ponen carteles que dicen: "¡Rebajas antes de Navidad! ¡Perlas y diamantes con un descuento del 50 %!" Si la tienda multiplica el precio de las mercancías por un factor de 4 cuando entran por la puerta, puede bajarlas en un factor de 2 y seguir ganando dinero.

# Calculadoras y la tecla de porcentaje

Sorprendentemente, no hay mucha similitud en la forma en que utilizas la tecla de % en diferentes calculadoras. Algunas calculadoras, por ejemplo, utilizan el siguiente estilo: si quieres aplicar un descuento del 25 % a $65, tecleas esta secuencia:

65

−

25

%

=

Y te da la respuesta 48.75. Me gusta este estilo porque sigue la forma en que enunciarías el problema en voz alta.

Pero existen otras calculadoras que resuelven el mismo problema con otra secuencia de tecleado:

65

×

25

%

−

Este orden me parece un poco extraño, pero funciona. Por supuesto, la idea de que en realidad tendrías que leer el folleto de instrucciones que venía con la calculadora es terrorífica, pero a veces no tienes más remedio que pasar por el aro.

# Subidas y bajadas

Una de las características extrañas de los cálculos en términos de porcentajes es que un cambio descrito como "bajada de precio del 25 %" seguido de un cambio de "subida de precio del 25 %" no te devuelve al número original.

Supón que hubo 150 accidentes mortales de tráfico en tu ciudad el año pasado (espero que sea porque es una ciudad muy grande y no porque sea especialmente peligrosa). Ahora, ¿cuál es el número de accidentes mortales si el número baja en un 20 %?

150

– (20 % de 150, que es 0.20 × 150 = 30)

= 120

Así que un descenso del 20 % en los accidentes mortales te lleva a 120 desde 150.

¿Qué pasa si al año siguiente el número de accidentes mortales sube en un 20 %? Recuerda que ahora estás empezando con una cifra de 120 como base de la comparación. Te da:

120

+ (20% de 120, que es 0.20 × 120 = 24)

= 144

# Subidas y bajadas en las noticias

Este asunto de los márgenes está estrechamente relacionado con uno de los usos principales de los porcentajes: el anuncio cotidiano de cambios en los porcentajes de cualquier cantidad.

Aquí se presenta un ejemplo de cómo funciona el cálculo. El año pasado hubo 15 denuncias de coches robados en Villatortilla, una ciudad de 100,000 personas. Durante el año anterior, hubo 12 denuncias de coches robados. Hay dos formas de calcular el porcentaje de cambio en los robos de coche:

### ✔ Utilizando una diferencia

El cambio neto en los robos de coche es 15 – 12 = 3, y la base del cálculo es la cifra del primer año: 12. Así que el cambio es:

cambio = 3/12 = 0.25 = 25 %

✔ **Trabajo directo de calculadora**

Divide el número del año nuevo entre el número del año anterior. Esto es 15 dividido entre 12:

$$15/12 = 1.25$$

El año anterior era el 100 %, equivalente a 1. Para comparar los dos años, resta el año pasado (1.25 – 1 = 0.25) y guarda el 0,25. Esto es el 25%. Puedes mirar el número 1.25 y decir que los robos de este año son el 125 % de los del año pasado, o puedes decir que los robos de este año han subido un 25 % desde el año pasado.

El problema de este estilo de reportaje comparado con la información original es que empiezas a acostumbrarte a considerar como significativos los cambios, mientras que lo verdaderamente significativo son los números reales. En este caso, un cambio de 15 a 12 denuncias de robos de coche en una ciudad de este tamaño de hecho no representa una tendencia real; se esperaría una variación de este tamaño. Este reportaje tampoco señala el hecho principal, que es que los robos de coche no representan un gran problema para esta comunidad.

Todos los números en las estadísticas que se citan fluctúan en una cierta cantidad. Una buena estimación de una cantidad natural de variación de un período de muestra a otro es:

$$\text{variación} = \sqrt{\text{cantidad}}$$

Si en una zona se producen 10 robos de coche por año, se esperaría más o menos que este número subiera o bajara naturalmente en 3 coches de un año al siguiente. Si tu zona registra alrededor de 20 desfalcos por año, puedes suponer que el número no será exactamente 20 cada año sino 20 más o menos 4 o 5.

En otras palabras, 18 desfalcos en un año y 21 el siguiente no significa que ha empezado una oleada de crímenes financieros, sino que significa sólo que el número cambiará de año en año, a veces aumentando y a veces disminuyendo en una cantidad predecible. Si en este caso hay un incremento de más de 5 casos durante dos años seguidos, entonces es el momento de mirar para ver si está pasando algo raro.

Trato este problema en detalle en el capítulo 17, un pequeño estudio de cómo interpretar los números en las noticias. Parte del problema es que van a imprimir el periódico todos los días, haya o no algo de lo que informar. Por eso, los deportes, el tiempo y la bolsa son segmentos de la información tan apreciados. Existe la garantía de que proporcionarán algún tipo de números fluctuantes pase lo que pase.

# Capítulo 5

# Ventas y tendencias

· · · · · · · · · · · · · · · · · · · · · · · · · · · · · · · · · ·

*En este capítulo*

▶ Tendencias reales y tendencias falsas

▶ Los peligros de pronosticar tendencias

▶ Cómo funcionan las ventas en el mundo de las matemáticas y en el mundo real

▶ Suavizar los datos y previsiones aproximadas

· · · · · · · · · · · · · · · · · · · · · · · · · · · · · · · · · ·

*N*o puedes pasar un día entero sin leer u oír la predicción de una tendencia. Vale, lo retiro. Si no llevas radio y te has perdido haciendo senderismo por la sierra, no oirás nada sobre tendencias. En lugar de eso estarás proyectando las tuyas propias: "Al ritmo al que estoy gastando mis provisiones y al ritmo al que está empeorando el tiempo, voy a estar metido en un buen lío dentro de tres días". Incluso si estás en un monasterio zen, sin contacto con el resto del mundo, los pronósticos internos campan a sus anchas: "Si me guío por lo que he hecho los últimos días, dentro de una hora realmente no voy a poder salir de esta posición del loto sin ayuda".

El motivo de estos comentarios es que la tendencia a pronosticar el futuro a partir del pasado parece estar implantada en el cerebro humano. El bombardeo diario de tales tendencias pronosticadas como las que se presentan a continuación es sencillamente el resultado amplificado por los medios de comunicación de la predilección natural humana de hacer pronósticos personales:

✔ Las ventas al por menor subirán un 2 % estas Navidades.

✔ El Atleti la pifiará este año y cada año hasta que el Sol se apague y se convierta en una enana marrón.

✔ Éste podría ser el invierno más lluvioso registrado en Galicia.

✔ El comercio con China aumentará el 30 % a lo largo de la próxima década.

Por eso he incluido un capítulo sobre pronósticos en *Matemáticas cotidianas para Dummies.* De hecho, los pronósticos son un asunto de todos los días y utilizan las matemáticas. El gran problema, tanto para los consumidores como para los productores de pronósticos, es que las matemáticas implicadas están a menudo totalmente equivocadas o son una mala aplicación de una técnica que sería válida en algún otro contexto. Y como la enorme fuerza impulsora de las estadísticas en los negocios es la búsqueda de pronósticos de ventas de un trimestre del año al siguiente, este capítulo tratará con algún detalle el espinoso asunto de pronosticar las ventas.

# El análisis de las tendencias

No todas las tendencias se crearon iguales. Algunas tienen un fundamento real mientras que otras son sólo una fluctuación aleatoria. Por ejemplo, el aumento de la población de Barcelona y la disminución en Teruel fue una tendencia constante durante cuarenta años (o más), y cualquier observador puede dar razones económicas, sociales, e incluso meteorológicas, que la expliquen.

En cambio, a menudo oyes a los comentaristas económicos decir en tono circunspecto, "Pues el mercado está a la baja desde hace tres días", cuando la disminución en el IBEX 35 a lo largo de los tres días ha sido de unos pocos puntos por encima de 7,000, un cambio de quizá 0.1 % que podría invertirse en un minuto. Este tipo de tendencia sencillamente no es lo mismo que un cambio de población desde una zona fría a otra más cálida, o desde una agrícola a otra industrial. En esta sección propongo examinar bastantes ejemplos, con gráficos y un poco de matemáticas verdaderas, para ayudarte a identificar las tendencias reales sin ayuda.

## Una tendencia real

Supón que te han nombrado concejal de Suministros Públicos Básicos en la pequeña localidad de Villaldea, un pueblo idílico situado en el extremo norte de la comarca de Las Cacerolas. A diferencia de la mayoría de las ciudades de Las Cacerolas, Villaldea, por oscuras razones históricas, no sólo tiene su propio servicio de agua gestionado por la misma ciudad, sino también su propio servicio eléctrico.

Tu trabajo (al menos para este ejemplo) es pronosticar la demanda de potencia eléctrica para los próximos diez años. Para ayudarte a realizar este pronóstico, tienes todo tipo de datos de los últimos cuarenta años, sobre todo, fundamental, el número de viviendas que existían en todo ese tiempo y la cantidad de electricidad que utilizaba cada una. También tienes, del Departamento de Construcción del ayuntamiento, una lista de todas las nuevas estructuras que la ciudad permitirá construir en los próximos diez años.

## *Buscar un patrón*

¿Qué haces? La primera cosa podría ser tomar los datos históricos año por año, representarlos en un gráfico y ver si encuentras algún tipo de tendencia. La figura 8-1 te muestra un ejemplo de esta estrategia de representar año por año. De hecho, probablemente podrías ver dos tendencias cuando lo haces. Primero, el doble del número de familias significa aproximadamente el doble de demanda de potencia eléctrica. Además, hay una ligera tendencia reciente a que la demanda de potencia eléctrica caiga un poco, ya que la mayoría de los electrodomésticos que usan energía, como los frigoríficos, se han modificado según programas obligatorios de ahorro de energía.

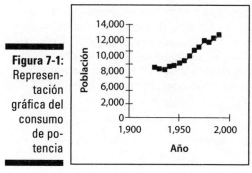
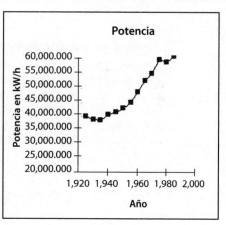

**Figura 7-1:** Representación gráfica del consumo de potencia

Puedes analizar esta información de dos maneras. En una, tratas de encontrar una regla sencilla, quizá del tipo:

demanda de electricidad = número de viviendas × factor

Una manera de hacerlo sería escoger un año, mirar el número de viviendas y la demanda de electricidad en ese año, y encontrar el factor dividiendo. Entonces podrías observar una pequeña muestra, quizá otros cuatro o cinco años, para ver si la regla pronostica la demanda de electricidad, por lo menos con una aproximación del 10 %. Luego podrías realizar un pequeño pronóstico con un nivel razonable de confianza, como se ilustra en la figura 7-2.

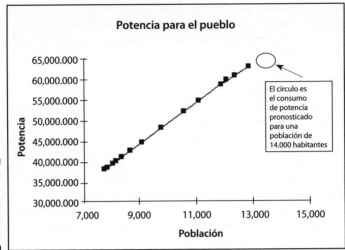

**Figura 7-2:**
El pronóstico para Villaldea

### ¿Alguien quiere una regresión?

La manera matemática correcta (por lo menos lo que muchas personas creen que es la manera matemática correcta) de encontrar una tendencia es aplicar un *análisis de regresión* a los datos de vivienda frente a electricidad. Esta técnica estadística dibuja una línea que representa el mejor ajuste a través de algunos puntos en el gráfico que relaciona la potencia eléctrica con el número de viviendas, como se muestra en la figura 7-3.

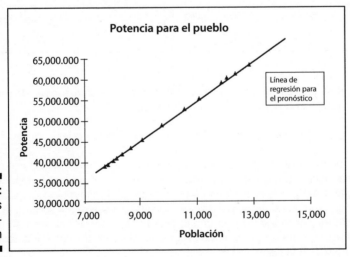

**Figura 7-3:**
Un análisis de regresión

El análisis de regresión está incorporado en las calculadoras científicas y de negocios y, por supuesto, también puede hacerse en todos los programas informáticos de hojas de cálculo. Por lo tanto, el cálculo real de la regresión, que puede ser bastante tedioso, se realiza ahora automáticamente. Pero el problema no radica en el cálculo.

### Regresión y realidad

El problema es encontrar situaciones reales relacionadas con la economía para las que la regresión sea la técnica de análisis apropiada. Durante más de diez años fui consultor para varias docenas de empresas relacionadas con la biotecnología y la informática, en California y en otros lugares. De mi experiencia adquirida en cientos de reuniones en salas de conferencia modernas y bien equipadas, lamento informar de que, al parecer, en las escuelas de negocios de Estados Unidos cada año se gradúan miles de estudiantes que piensan que deberías aplicar el análisis de regresión a datos de una secuencia temporal.

Te explico lo que quiero decir. En el caso de Villaldea, puedes mirar datos históricos y encontrar alguna relación entre el número de viviendas y la demanda de electricidad. Total, cualquier vivienda probablemente tenga una nevera, unas cuantas bombillas, un televisor, algunos pequeños aparatos y quizá estufas eléctricas. Esto significa que, como mínimo, cuantas más casas mayor consumo de electricidad, y una gran muestra de casas da un promedio por casa que puede utilizarse.

Ahora también puedes hacer un gráfico del consumo de electricidad por año. Si la ciudad estuviera creciendo constantemente a lo largo de los años, parecería que hay una conexión entre el paso del tiempo y el uso de electricidad. Pero la conexión real se establece entre el número de viviendas y el consumo eléctrico, y este otro gráfico sólo contiene esta información combinada con la tasa de crecimiento de la ciudad.

Pero, en general, nunca hay una conexión directa entre el tiempo y otra cantidad excepto, por definición, tu edad. El tiempo no está conectado automáticamente con el consumo de electricidad, el desempleo, las ventas de ositos de peluche o vídeos o tomates, la meteorología, el porcentaje de trabajadores que están afiliados a los sindicatos o la altura del ciudadano japonés medio. Todas estas cantidades están relacionadas con otra cosa, que está cambiando con el tiempo, no con el tiempo en sí. Para llegar al fondo de la cuestión y encontrar un pronóstico válido, necesitas realizar un análisis de regresión sobre la cantidad original (digamos, la altura) y la otra cosa que realmente le afecta (en este caso, el consumo de proteínas durante la niñez).

## *Una tendencia no real*

Para ver cómo se crean problemas por no discriminar entre, por ejemplo, la relación entre tiempo y las ventas, y los factores reales que influyen en las ventas, vamos a pensar en el caso de Proyecto X, una compañía de *software* informático. Los inversores están llevando a juicio a los antiguos directivos de Proyecto X, pero pronostico que perderán. Los directivos no estaban cometiendo activamente una estafa. Ellos creían en sus propios números tanto como cualquiera. Sólo que se equivocaron, se equivocaron porque aplicaron mal algo del análisis de tendencias.

### *¿Los números no mienten?*

Esto es lo que pasó. Los programadores de Proyecto X diseñaron una herramienta de análisis semirrevolucionaria para los negocios. Tardaron dos años, lo que era alrededor de nueve meses más de lo que se había planificado en el presupuesto original enviado a los inversores. Bueno, estas cosas pasan. Desde un punto de vista más optimista, cuando los responsables de relaciones públicas llevaron las primeras versiones de Proyecto X a las revistas de informática, la prensa se mostraba muy entusiasta.

Las primeras demostraciones dieron lugar a muchos artículos favorables durante varios meses. Cuando se lanzó el producto, las ventas crecieron a buen ritmo, como muestra la figura 7-4. Normalmente, las empresas tienden a comunicar sus ventas por trimestre, pero en un negocio de ritmo acelerado como el *software* es común comunicarlas cada mes.

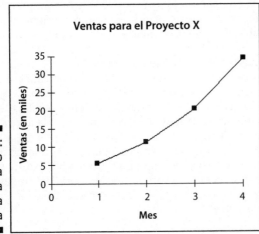

**Figura 7-4:** El Proyecto X, una salida rápida de la parrilla

## Y más datos...

Hasta aquí todo bien. El problema apareció después de que el producto llevara en el mercado unos cuatro meses. El primer auge de demanda latente se había relajado, las primeras críticas reales (incluyendo unas pruebas serias del producto) no eran totalmente favorables, y lo que se oía de los primeros usuarios del producto era que resultaba un poco más difícil de utilizar de lo que se esperaba. Los críticos y los usuarios solían estar de acuerdo en que el programa de *software* era pesado y lento y que, si bien tenía muchas prestaciones fabulosas, se requerían muchas horas de formación para utilizarlo eficazmente.

Entre el cuarto y el octavo mes, las ventas no crecieron al ritmo pronosticado a partir de los primeros cuatro meses. Ahora el gráfico de ventas mensuales era como el de la figura 7-5.

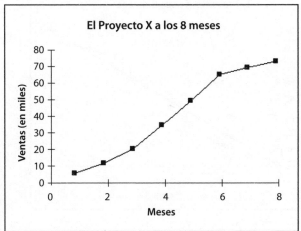

**Figura 7-5:**
El Proyecto
X: la saga
continúa

## La hora de las previsiones

Los directivos de la compañía se vieron obligados a convocar una reunión con los inversores para decirles cómo serían probablemente las ventas y los beneficios futuros, y para pedir más dinero.

En ese momento, los directivos tenían tres opciones.

1. Podían presentar una estimación muy cauta de las ventas. Si era lo suficientemente cauta, la estimación tenía que decir que el proyecto no cubría los costes durante años. Esto significaba que era hora de encender la vieja impresora láser, sacar las tarjetas comerciales y

empezar a mandar el currículum a todas partes, porque los inversores iban a largarse.

2. Podían mirar los datos presentados en la figura 7-5 e intentar adivinar las ventas futuras. Al hacerlo, parecerían muy poco profesionales, y no merecedores de su máster en Gestión Empresarial, sus innumerables corbatas Yves Saint Laurent, sus zapatos italianos y sus sueldos de cinco cifras. Esto significa que no iban a intentar adivinar, por lo menos no conscientemente.

3. Podrían invocar el análisis de regresión en una hoja de cálculo informática de datos de ventas. A primera vista, esto parece una manera científico-matemática, oficial, sin trampas ni manipulaciones. La figura 7-6 muestra lo que previeron.

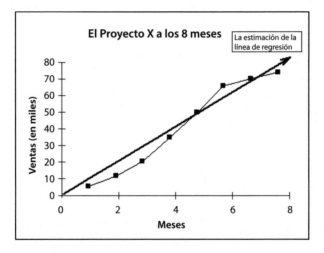

**Figura 7-6:**
La regresión aplicada a las ventas del Proyecto X

Y así los directivos de Proyecto X, creyeron que las ventas se duplicarían en un año.

## Consecuencias

*"Sweet dreams are made of this... Who am I to disagree?"* [*Los sueños dulces están hechos de esto... ¿quién soy yo para discrepar?*] cantaron los Eurythmics. Bueno, pues estoy aquí para eso: para discrepar. Para proporcionarte otra tanda de información importante. La figura 7-7 muestra el historial real de las ventas, hasta el momento en que explotó todo el tinglado.

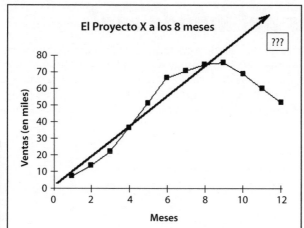

**Figura 7-7:**
La realidad
invade las
matemá-
ticas

¿Qué pasó? Muchas cosas, y las detallaré aquí:

✔ Establecer un estudio de regresión de ventas en relación con el tiempo no es hacer un modelo. En las ventas de programas de *software*
influyen muchos factores, que sería posible determinar, al igual que
sería posible determinar la influencia del número de viviendas sobre
el consumo eléctrico.

✔ Incluso con un modelo que tenga en cuenta muchos factores, una
recta es un constructo matemático bastante pobre para resumir los
resultados de ventas. Prácticamente ningún ejemplo en la historia
muestra que las ventas siguen una recta durante un largo período de
tiempo. Nunca le pasó a IBM, nunca le pasó a General Motors y tampoco al mercadillo de San Miguel. Aquí tampoco fue el caso.

✔ Lo más peligroso fue que ese modelo de regresión lineal no tiene en
cuenta la información más reciente: que el incremento de las ventas
claramente está mostrando una desaceleración en los últimos meses.
Tal y como funcionan las cosas, este tipo de desaceleración es la
manera que tienen las ventas de decir que van a aplanarse y luego
caer.

De hecho, las ventas se estancaron, luego empezaron a bajar y luego se
secaron del todo. La gente perdió mucho dinero. Los inversores sintieron
que los directivos les habían engañado en la gran reunión. Estaban muy
enfadados. De ahí la demanda judicial.

# *Las ventas del mundo real*

A pesar de la conveniencia matemática de la regresión y su capacidad milagrosa para convertir pequeños inicios en grandes acontecimientos más tarde, las ventas de productos nuevos suelen seguir una variedad limitada de curvas en el tiempo, ninguna de las cuales se parece a una recta. Las figuras 7-8, 7-9 y 7-10 muestran un conjunto de tres curvas representativas.

**Figura 7-8:**
Un nuevo producto super-ventas

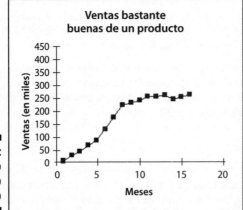

**Figura 7-9:**
Un nuevo producto de éxito

**Ventas de un producto
que no es un éxito**

**Figura 7-10:**
Un nuevo
producto
que falló
por poco

# Cómo funciona la realidad matemática

Si piensas vender productos en el mercado, en seguida te enfrentas a dos números diferentes: el tamaño del mercado y la cuota del mercado a largo plazo. La lógica básica es ésta:

Cada mercado es finito. Incluso si tuvieras un producto que captase todo el dinero del mundo, esta cantidad de dinero es finita. Así que en algún momento, incluso después de un tiempo bastante largo, las ventas de lo que sea se estancan. En algún momento, todo el que quiere una "piedra mascota", la tiene, y las "piedras mascota" no se desgastan. (Pero ¿qué es esto de las "piedras mascota"? Por si no conoces la anécdota, creo que vale la pena que te la explique. Aunque cueste de creer, en los setenta, en California, un ejecutivo de ventas llamado Gary Dahl, bromeando con sus amigos, realizó una apuesta y les dijo que era capaz de vender "piedras" como si fueran mascotas, y así evitar los dolores de cabeza que suponen algunos animales domésticos. Resultó ser una gran idea, ya que logró vender un millón de piedras a 3.95 dólares cada una, y Gary Dahl se convirtió en un millonario de la noche a la mañana.)

✔ **La cuota del mercado a largo plazo.** El porcentaje del mercado que poseerá tu producto a menudo va a ser menos de lo que supones. En las nuevas tecnologías con frecuencia tienes competidores de los que no sabes nada, aparecen como por arte de magia justo la semana en la que lanzas tu producto. También, si tienes mucho éxito, encuentras que otras compañías pueden hacer un trabajo sorprendentemente eficaz compitiendo contigo en cuanto a precio, accesorios, distribución o publicidad.

A no ser que tu producto sea un fracaso total, las ventas aumentarán cuando el boca a boca, la publicidad y la cobertura de la prensa preparen tu mercado; y más tarde, cuando todo el mundo que necesita un producto como el tuyo haya tenido la oportunidad de comprarlo, las ventas empezarán a desacelerarse. Por ejemplo, las compañías de *software* tienen que tener una versión 4.0 lista para seguir a la versión 3.0 porque, tarde o temprano, la versión 3.0 saturará el mercado natural. En el caso del Proyecto X, el mercado natural resultó ser demasiado pequeño para justificar una segunda versión.

Por lo tanto, la forma real de una curva de ventas subirá desde cero, llegará finalmente a un nivel máximo y luego se estabilizará en un equilibrio final, o nivel a largo plazo. La única pregunta a la que se enfrenta la empresa es si el nivel a largo plazo, no el pico anterior, es lo bastante bueno como para justificar el apoyo al producto.

## *Cómo funciona la realidad humana*

A veces, las personas se empapan de sus propias curvas de ventas, previsiones y todo, y aplican su propia inventiva para equivocarse. Chrysler (una empresa que ha producido en las últimas décadas bastantes ejemplos comerciales de decisiones, tanto buenas como malas, para constituir por sí sola un curso avanzado en Administración de Empresas) me proporciona aquí un ejemplo fascinante, ocurrido hace ya unos cuantos años, de este fenómeno.

Este ejemplo se refiere al Plymouth Neon, la respuesta de Chrysler no sólo al Saturn de General Motors sino a toda una gama de competidores japoneses. El Neon no era sólo un fabuloso coche pequeño, sino que se diseñó en un tiempo récord y se lanzó con un precio fantástico. Como resultado de diversas crisis económicas, la clase media estadounidense pasó a interesarse por coches con precios inferiores a $10,000, y la primera tanda de Neon se vendió en un visto y no visto en los concesionarios.

Los analistas financieros de Chrysler consideraron que esta situación era una catástrofe. Todos estos coches estaban saliendo a montones de los concesionarios, pero en su gran mayoría eran Neon básicos, sin el paquete de lujo (casi $3,000 más), que añadía una maravillosa variedad de accesorios con un alto margen de beneficios, que en conjunto equivalían casi al del coche básico en sí. Así que mandaron que la línea de producción pasara a fabricar los Neon "sofisticados" y sacaron 200,000 como churros para mandarlos a los concesionarios.

Chrysler es una empresa grande y tiene recursos para realizar modelos de proyecciones de ventas muy sofisticados, no sólo esto de las rectas de regresión. Sus modelos pueden estimar cambios en las ventas basados en un cambio del 0.25 % en la prima de riesgo, el tiempo invernal en la Costa Este, e incluso de cambios en los precios de los competidores. Lo que no pronosticaron fue que los clientes no percibían el Neon básico y el Neon de lujo como el mismo producto.

Había un enorme interés por coches menos caros, como el Neon. No había un interés equivalente para el mismo vehículo con rayas diplomáticas demasiado caras y accesorios prescindibles. Chrysler, que había hecho un buen trabajo estimando la demanda de su producto, cambió el producto a algo diferente, por lo menos a ojos de sus consumidores. En ese momento, los pronósticos estaban totalmente equivocados. Después de una lección muy cara, Chrysler terminó ofreciendo descuentos para los Neon de lujo y reorientaron la producción hacia los modelos básicos.

# Suavizar los datos en el tiempo

Lo que realmente querrías, en casi todos los intentos de previsión, es un método que no realice ninguna suposición sobre la tendencia que puede estar ocurriendo. Por ejemplo, la suposición de que estás mirando una tendencia lineal a menudo puede estar equivocada. Una técnica que puede ayudarte a ver un poco más de información sobre los datos basados en el tiempo sin introducir ninguna parcialidad en los resultados es la de *suavizar* los datos. En su forma más sencilla, esto se reduce a dividir los intervalos temporales en trozos más grandes.

## El tiempo está de tu lado

Puedes ver, por ejemplo, que si estuvieras gestionando una cadena nacional de restaurantes de pollo frito, los datos individuales día a día de una sola franquicia no te darían la información apropiada para ver cómo ibas a escala nacional. Podrías querer el número de ventas para una región particular del país, probablemente a intervalos de un mes, pero más probablemente a intervalos de un trimestre. Como regla general, los datos de períodos cortos de tiempo son demasiado erráticos para ser útiles en la detección de tendencias.

Mira los datos de Villaldea en la figura 7-11 y los datos del Proyecto X en la figura 7-12. En estas figuras, un programa informático con una función de suavizado en el tiempo (saca el promedio de los números a lo largo de varios meses) se utiliza para prever la tendencia de la empresa para el próximo mes. En ambos casos la previsión es bastante realista, y lo es porque la escala de tiempo es apropiada. Por ejemplo, en el caso del Proyecto X tratar de trazar una línea recta por los datos de ventas significa considerar todos los datos de ventas en el tiempo como igualmente informativos. De hecho los últimos dos meses están reclamando tu atención a gritos, están señalando una caída potencialmente peligrosa. Indican que puede estar ocurriendo un cambio en la tendencia ahora mismo.

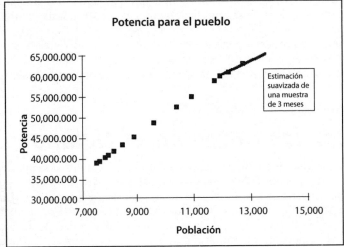

**Figura 7-11:**
El gráfico
suavizado
de Villaldea

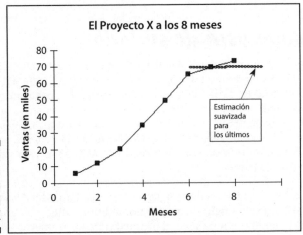

**Figura 7-12:**
El gráfico
suavizado
del
Proyecto X

# El tiempo en pequeños intervalos

Una conclusión que puede surgir de un estudio profundo de los datos, o de unos diez minutos pensando sobre casos individuales, es que siempre hay una escala de tiempo apropiada para mirar los acontecimientos. Fíjate en estos ejemplos:

✔ Si te informaran de la temperatura de la calle cada quince segundos no podrías decir nada sensato sobre el calentamiento global.

✔ A no ser que compres y vendas acciones en la bolsa cada quince minutos, los informes estándares de las noticias financieras no te van a ayudar mucho. De hecho, la mayoría de los estudios de pequeños inversores con éxito muestra que invierten su dinero en los valores de empresas fuertes, basándose en factores fundamentales, y lo dejan allí durante años. No existen muchos pequeños "operadores diarios" que se jubilen como ganadores.

✔ La tradición estadística gubernamental de informar sobre los datos económicos de un mes para otro es casi disparatadamente contraproducente. Cada diciembre oímos que el empleo ha subido comparado con el mes anterior, y los datos se amplían informando de que esto se debe al crecimiento del empleo a causa de los trabajos temporales relacionados con las Navidades. ¡Vaya por Dios! Supongo que es parte de las noticias como registro fiel de acontecimientos aleatorios (temperaturas, resultados deportivos, atascos de tráfico, los números de la lotería, etc.), pero provoca todo tipo de preocupaciones cuando no son necesarias. La escala de tiempo apropiada para noticias sobre el empleo y la inflación es probablemente seis meses, si no un año, en lugar de un mes.

Como lo que eres sobre todo es un consumidor (y no un productor) de estimaciones y análisis de tendencias, podrías evitarte disgustos si pensaras un poco en la escala de tiempo correcta para los informes de datos en cada categoría de información cotidiana. Es especialmente apropiado porque la mayoría de los informadores están convencidos de que quieres datos cada diez minutos incluso cuando una década es un intervalo de tiempo más pertinente.

El otro factor que hay que considerar es qué números entran en los modelos de tendencias. Hace tiempo, en la década de los sesenta, los fabricantes de televisores proyectaron sus ventas futuras partiendo del crecimiento de la población y del aumento del número de televisores por vivienda. Casi acertaron el número de televisores, pero ignoraron la interesante novedad de que los televisores iban a ser fabricados en Japón y Taiwán en lugar de en Estados Unidos o Europa.

De la misma manera, los principales indicadores estándares que aparecen en las noticias, desde el consumo de pulpa de celulosa hasta bienes duraderos, se han vuelto cada vez más ajenos a la cuestión en un mundo en el que la economía global, en lugar de factores internos del país, es la fuente de la mayoría de las tendencias a largo plazo. Quizá sea esto una observación un poco extraña en un libro que principalmente trata de aspectos de las matemáticas, pero para una gran variedad de temas en el análisis de tendencias, el sentido común te ayudará mejor que un buen dominio del cálculo.

# Capítulo 6

# Las matemáticas de los seguros

*En este capítulo*

▶ Reflexionar sobre los seguros

▶ Los engorrosos trámites del seguro de vida

▶ Los seguros de riesgos

▶ Matemáticas y deducibles

*L*os seguros representan un tema un tanto confuso. Uno de los problemas es que las propias compañías de seguros crean una cierta cantidad de confusión como herramienta de marketing. Pero los principios comerciales fundamentales de los seguros son más sencillos que las reglas para llevar una tienda de chucherías.

Piénsalo de esta forma: una verdadera póliza de seguro es como un billete de lotería. Si realmente ocurre un acontecimiento de poca probabilidad, consigues una cierta cantidad de dinero. Esto equivale a ganar la lotería, excepto que en este caso tendrías que morir, enfermar o destrozar tu coche para cobrar. El elemento clave aquí es que compras el seguro porque el siniestro (un siniestro de baja probabilidad) te costaría más dinero de lo que probablemente tendrías. No tienes que asegurarte contra cosas que no cuestan mucho.

## ¡El dinero o la vida!

¡La vida! ¡Vaya pregunta! Espero que no sea ahora y aquí cuando oyes hablar de esto por primera vez, pero no vas a vivir para siempre, al menos no en tu forma actual o en la misma dirección de correo. Por otro lado, tienes una excelente probabilidad de sobrevivir para poder leer al menos los próximos capítulos.

¿Cuáles son tus posibilidades de sobrevivir el resto del año? No están nada mal. Por favor, inspecciona la tabla 9-1, calibrada para este segmento de adultos, que son, de hecho, un objetivo primordial para las ventas de seguros. Las estadísticas para la mayoría de los grupos de minorías son, lamento decirlo, peores que éstas. En algunos casos del 10 al 20 % peor en todas las categorías. También son más difíciles de encontrar en la prensa.

### Tabla 9-1: La tasa de mortalidad para adultos en España

| Edad | Muertes en tanto por mil (‰) | |
| --- | --- | --- |
| | Hombres | Mujeres |
| 30-34 | 1.4 | 0.4 |
| 35-39 | 1.5 | 0.4 |
| 40-44 | 2 | 0.6 |
| 45-49 | 2.7 | 1 |
| 50-54 | 4.7 | 1.7 |
| 55-59 | 7.1 | 2.8 |

Esta tabla no tiene en cuenta los factores de riesgo en el trabajo. No importa. Te sorprendería mucho lo poco que hay que ajustar las cifras para profesiones que varían desde dentistas a ayudantes de los TEDAX, que por si tienes curiosidad son las siglas de Técnico Especialista en Desactivación de Artefactos Explosivos.

## Primas de seguros

Ahora bien, ¿cómo se relaciona esta información con los seguros? Tomaré el tipo más sencillo, el seguro de vida temporal. Se trata de una pequeña apuesta entre tú y la compañía de seguros. La compañía de seguros piensa que sobrevivirás al plazo. Probablemente tú también preferirías esto, pero quieres dejar algo de dinero a tu gente en el caso de que fallezcas. Si has colocado una apuesta de $100 de este tipo, ¿cuál sería una indemnización justa? (Esto presupone que estás tratando con una compañía de seguros sin ánimo de lucro perfectamente eficiente.)

Si eres un varón de cuarenta años, la tabla dice que tu probabilidad de morir durante el próximo año es del 2%. Esto significa que por cada 12 pesos de seguro, la indemnización perfecta sería $1,000. Para convertir esto en un número más conveniente, la indemnización sobre $100 sería

Indemnización = $100 \times (1,000/2) = \$100 \times 500 = \$50,000$

Habida cuenta que el seguro de vida suele citarse como una tasa expresada en pesos por año por una cantidad establecida de cobertura, debería convertir este número a una tasa por $100,000. Multiplico los $100 por un factor de conversión que me da una indemnización de $100,000:

Prima = $(100,000/50,000) \times \$100 = \$200$

Este número es un poco sospechoso, ¿verdad? Sugiere que puedes leer el precio de una póliza de seguro de vida temporal de $100,000 sólo leyendo los números de la tabla: es esta cantidad multiplicada por 100. De hecho, es así.

## Cambios de primas y pólizas

Puedes hallar primas más bajas que las citadas en el ejemplo precedente. Si no fumas y superas todo tipo de pruebas médicas (tensión arterial normal, nivel estándar de colesterol, etc.) puedes tener una mayor expectativa de vida.

También puedes encontrar compañías que ofrecen primas mucho más altas. Entre otras cosas, las compañías tienen que cubrir sus gastos. Y más allá de esto, la mayoría de las personas no se molestan en comparar las primas de seguros. Las aseguradoras ganan mucho dinero a causa de este fenómeno de confianza. Puede parecerte que debe de haber una variación enorme en el número de muertes por año, teniendo en cuenta la cantidad de desastres que ves en las noticias en la televisión. Pero aunque los terremotos y los huracanes pueden causar grandes fluctuaciones de año en año en los daños materiales, tienen poco impacto sobre las tasas generales de mortalidad. Las tablas de mortalidad permanecen más o menos iguales año tras año. Para las compañías aseguradoras el seguro de vida es como el *keno* para los casinos. (Por si no lo sabes, el *keno* es un juego de lotería similar al bingo y es muy popular en los casinos y en las apuestas *online*.) No puedes inventar un sistema en el que ganas y el casino no puede perder. (En el capítulo 16 hay más información sobre los peligros de los juegos de azar.)

Fíjate, asimismo, en que, en la tabla, al aumentar la tasa de mortalidad con la edad, las primas también suben mucho. En algún momento, durante la vejez, tienes una probabilidad del 50 % de morir en los siguientes doce meses. Esto significa que tendrías que pagar $50,000 para conseguir una póliza de $100,000 para el siguiente año, en circunstancias ideales.

Así que ¿cuál es el secreto de las pólizas de seguros de vida anunciadas en todas partes para los mayores de sesenta y cinco años, las pólizas que aceptan a todo el mundo ("¡No te pueden rechazar!") y tienen pagos mensuales bajos? Es sencillo. El secreto es que la póliza no ofrece ninguna indemnización para los primeros años en que estás en el registro y una indemnización muy pequeña más tarde. Las compañías pueden ofrecer seguros a todo el mundo a una prima mensual baja siempre que tomen la precaución de pagar mucho menos dinero de lo que cobran.

## Otros tipos de seguros de vida

El seguro de vida del que hemos hablado es el tipo de seguro que los asesores fiscales dicen que deberías contratar. Por supuesto, hay otros tipos de seguros que les gustaría a las compañías de seguros que comprases: el seguro de vida total, el seguro de vida universal, etc. Estos planes tienen un componente incorporado de ahorros e inversiones, además de un componente de vida temporal.

No voy a tratar los otros tipos aquí porque (y esto es una de las objeciones que tienen los asesores profesionales en temas económicos) determinar el rendimiento real de un seguro complicado es increíblemente difícil. Si compras una póliza de vida temporal y colocas dinero en un depósito a un tipo de interés fijo, sabes exactamente dónde estás. En la póliza más sencilla de vida universal que pude encontrar, la explicación del rendimiento ocupa tres páginas. Éste es un libro *Para Dummies*, ¡y quiero hacerlo sencillo!

# Negocios arriesgados

Los seguros de vida representan un modelo estadístico maravilloso basado en tablas (se llaman *tablas actuariales*) que documentan la probabilidad de sucesos aislados que pueden pronosticarse y comprobarse. La vida temporal es el modelo por excelencia de un seguro real (que significa que cubre el riesgo puro sin componente de inversión) porque tanto tú como la compañía de seguros conocéis los riesgos implicados y tenéis la indemnización escrita en un contrato. Pero existen otros seguros que no funcionan exactamente igual.

## Seguros de coche

Por ejemplo, los seguros de coche no son como los seguros de vida. Una razón es que son mucho más susceptibles a las estafas. La gente puede poner todo tipo de cosas extrañas en un impreso de parte de accidente, así que es difícil para la compañía saber qué esperar de casos individuales. Con el seguro de vida tienes que estar muerto para cobrar. Con el seguro de coche estás sujeto a "diversas" pruebas periciales. Esto significa que las compañías de seguros de coche tienen que incorporar disposiciones para evitar las estafas en sus primas. Las tablas indican tu probabilidad de tener un accidente de coche, pero no tienen la relación directa a la prima de seguro como las tablas de seguros de vida.

## Seguro de terremotos

El seguro de terremotos es otro problema estadístico difícil. A diferencia de la muerte, que atañe a un cierto número de personas de manera fiable todos los años y, al parecer, los conduce por un largo túnel hacia una luz brillante, los terremotos ocurren con poca frecuencia.

Pueden pasar décadas sin que nada ocurra, y es imposible pronosticar la cantidad de los daños cuando finalmente pasa. En este caso, ante una incertidumbre extrema, el asegurador sigue la táctica de cobrar toneladas de dinero (las pólizas para terremotos son normalmente más caras que las pólizas contra incendios) y esperar lo mejor.

Coste del seguro = (probabilidad de daños) × (cantidad probable de dinero)

Fíjate en que contiene dos términos en el lado derecho que no se pueden calcular.

## Seguro de inundaciones

En cambio, las inundaciones representan un caso en el que ambos términos son conocidos. En algunas áreas, hay una posibilidad del 100 % de una inundación cada pocos años. Y como los edificios se han inundado tantas veces, es fácil estimar los daños en dinero (vaya, tienen los registros de la última).

La agencia federal que da en Estados Unidos los fondos para zonas catastróficas se ha puesto un poco gruñona últimamente acerca de garantizar el seguro contra inundaciones en algunas áreas. De hecho, la agencia está pidiendo al resto del país que contribuya a los gastos de las áreas de alto riesgo. Probablemente no pueden pedir que se cambie toda la costa del golfo de México de sitio para protegerla contra los huracanes, pero están hartos de reconstruir casas en California a las orillas del río Ruso. Algunos de estos hogares han visto peces en el cuarto de estar tres veces en diez años, y los peces entraron por la ventana del baño. El tema es si en ese caso el seguro que se contrata es un seguro. Teniendo en cuenta que proporciona protección contra algo bastante probable ¿no es más un tipo de plan de ahorros para una compra por adelantado?

# Las franquicias del seguro

Con frecuencia este tema es una fuente de polémica dentro de las empresas, en las que los empleados optan por un plan de salud en lugar de otro. Muchas personas piensan que una franquicia más baja (la cantidad que tienes que pagar antes de que el seguro empiece a pagar el coste) significa que "sacas algo" de un plan de seguros. A menudo, la decisión afecta los extras; por ejemplo, puede que haya que elegir entre un seguro que incluya las gafas y uno básico. Otras personas señalan que los planes con franquicias más elevadas y menos extras son más baratos.

## Los extras y la certidumbre

Una buena pregunta es si la opción de las gafas corresponde al seguro. Si llevas gafas, es muy probable que se perderán o se rayarán, o que te cambiará la graduación antes de cuatro o cinco años. Así que la compra de gafas no es un suceso de baja probabilidad. Además, comprar gafas no suele suponer gastarse los ahorros ni pedirle un crédito al banco.

Por lo tanto, una opción de gafas en un plan de salud no es realmente un seguro. La aseguradora que ofrece esta opción sabe cuánto va a costar, y pasa este coste junto con sus gastos administrativos generales y su necesidad de beneficios. La opción no te protege del riesgo financiero, sólo representa una manera un poco más cara de comprar gafas con un plan de deducciones de tu salario.

# Un ejemplo

Fíjate en este posible ejemplo de un seguro médico. Para el plan básico, las opciones son

1. Pagos de $2,200 al mes con una franquicia de $5,000.

2. Pagos de $2,700 al mes con una franquicia de $2,500.

3. Pagos de $2,900 al mes con una franquicia de $700.

Que exista la opción 2 es un homenaje real a la confusión que tiene la gente sobre estas cosas. Matemáticamente, las opciones no son comparables en absoluto. Sólo voy a tratar los números en el primer y el último plan.

1. En realidad, podrías no tener gastos médicos este año, o podrías generar alguna cantidad intermedia, o podrías pasar el listón de los 500 €. En la versión de la franquicia de $5,000, te enfrentas a una de estas tres situaciones:

   *a*) Sin gastos, pagas 12 meses × $2,200 = $26,400

   *b*) Con gastos de $3,500, pagas $3,500 + (12 × $2,200) = $29,900

   *c*) Con gastos de $8,000, pagas $5,000 (la franquicia) + (12 × $2,200) = $31,400.

2. Los mismos resultados para la opción de la franquicia de 50 € son:

   *a*) Sin gastos, pagas 12 meses × $2,900 = $34,800

   *b*) Con gastos de $3,500, pagas $700 + (12 × $2,900) = $35,500

   *c*) Con gastos de $8,000, pagas $700 + (12 × $2,900) = $35,500

¡Mira esto! Con cualquier combinación de cosas que te ocurren o no te ocurren, el plan con la franquicia más alta es mucho menos caro que el plan de la franquicia baja. Si puedes acumular $10,000 en ahorros y ponerlos en algún lugar seguro para cubrir los gastos médicos, tienes un negocio aún mejor.

Cuando estás buscando un seguro médico privado, la compañía de seguros pone toda esta información en una pequeña tabla que hace que este cálculo sea bastante fácil. Pero las mismas reglas también están incorporadas en la mayoría de los planes colectivos de seguro médico. En muchos casos, no tienes opción: todos los demás ya habían votado antes de que llegases a la empresa. Sin embargo, si tienes la opción, asegúrate de que realizas un análisis de las franquicias igual que éste.

# Parte III

# Las matemáicas de la escuela

# En esta parte...

Seguro que no te sorprenderá que te diga que la educación matemática en Estados Unidos es bastante pobre para ser un país industrializado.

Tengo una teoría particular de por qué se produce este fenómeno en Estados Unidos: en Inglaterra, durante décadas, no se esperaba que un *gentleman* de verdad se interesara demasiado en las matemáticas aplicadas. La educación de los ingenieros se dejaba para los niveles superiores de la educación. Como resultado, el sistema matemático inglés se orientó hacia una especie de competición intelectual estéril. Yo creo que, las prácticas estadounidenses y canadienses, imitando la forma de hacer las cosas de Oxford y Cambridge, se especializaron en las preguntas trampa en los exámenes como parte esencial de la educación en matemáticas.

Este enfoque a veces produce resultados excelentes en el 0.5 por ciento de la población que tiene una habilidad matemática extraordinaria. Pero también hace que millones de personas al año terminen la escuela sin recordar nada de lo que les han intentado explicar en matemáticas. ¿Te suena el "Al mirar el examen, no me sonaba nada... no sé cómo aprobé: me limité a intentar adivinar las respuestas"? El enfoque habitual en la enseñanza de las matemáticas en el instituto es como intentar enseñar lengua utilizando como libro de texto los autodefinidos del suplemento del domingo.

Bueno, yo me planteo este libro de una forma totalmente distinta. No pretendo prepararte para la carrera de Matemáticas, sólo voy a plantearte cuáles son los problemas y cómo resolverlos. Es un enfoque sencillo, como de libro de cocina, y funciona. Son sólo los primeros auxilios, no una visita guiada a una facultad de medicina.

## Nota del profesor

Soy descendiente de generaciones de profesores de secundaria y universidad, y creo que los profesores son las mejores personas del mundo. Ojalá fuera una profesión lo suficientemente bien pagada como para poder *permitirme* volver a ella. Conozco a profesores de instituto que dedican incontables horas, sin cobrar, a ayudar a sus alumnos, y que compran con dinero de su bolsillo material para la clase. Con esta parte no quiero cuestionar su buen hacer o su habilidad docente. Cuando hablo de malos resultados en matemáticas, sólo estoy sugiriendo que *estamos haciendo las cosas de forma incorrecta*.

Para abrir un poco la perspectiva te pondré otro ejemplo: tengo un amigo de Corea del Sur que trabaja como diseñador de chips para computadoras. En una ocasión, estábamos en una recepción en una feria comercial en Boston, en un grupo grande de gente, la mayoría de perfiles técnicos. Una mencionó que su sueño secreto era salir con un jugador de fútbol americano. Mi amigo comentó:

—En Corea, las chicas sueñan con salir con ingenieros electrónicos.

¿Qué cultura crees que tiene los sueños correctos para los próximos cien años?

# Capítulo 7

# Lo que intentaban contarte en álgebra

*En este capítulo*

▶ Unas palabras sobre los números

▶ Los fundamentos de la notación

▶ Resolver problemas

▶ Las sencillas claves de los logaritmos

▶ Matemáticas superiores

*E*l álgebra, en el sentido en el que se utiliza en el instituto, no es más que un conjunto de reglas para resolver problemas relacionados con números. Si tenías problemas con el álgebra, probablemente era debido a una de estas tres causas:

✔ Te costaba decidir qué regla debía aplicarse a cada problema.

✔ Te costaba traducir un problema de palabras a signos.

✔ Te costaba ver para qué servía un conjunto de trucos aparentemente inconexos.

Además, parece que a la gente se le presenta el álgebra en el momento justo en el que, quizá por el desarrollo, las hormonas u otros motivos, su capacidad de prestar atención al simbolismo abstracto se ha reducido a una fracción de segundo. Yo creo que a la gente se le debería enseñar álgebra a los nueve años y ciencias sociales a los treinta.

Voy a repasar algunos de los momentos estelares del material que quizá te perdiste mientras se desarrollaba tu vida social en la adolescencia. En realidad es bastante interesante, y con unos pocos trucos se resuelve la mayoría de los problemas que te encuentras en la vida real.

# Los números

Como referencia, primero voy a presentarte los diferentes tipos de números en que está basada el álgebra básica. En cuanto empiece a hablar de $x$ y de $y$, estaremos "insertando" alguno de estos números como valor de $x$ o de $y$.

## Números enteros

Los *enteros* son números redondos: 3 o 17 o 365. "Dios creó los enteros positivos; todo lo demás es obra del hombre" es una cita del famoso matemático alemán Leopold Kronecker. Esto significa que 1, 2, 3, 4, etc., ya existían en algún sentido, y correspondían al número de antílopes en la pradera o de cocos en una palmera, antes de que comenzáramos a pensar en ellos. Ahí mismo, al final de nuestros brazos tenemos pequeños conjuntos de enteros que podemos hasta mover. Incluso comparten etimología: a las cifras las llamamos *dígitos*, y decimos que nuestras huellas son *digitales*.

El cero es un caso aparte. Hay motivos para creer que apareció como una forma de anotar un espacio hueco sobre un tablero de contar o un ábaco (mira la figura 11-1). Cuando se utiliza de esta manera el cero, es posible hacer que un cálculo sobre papel tenga la misma forma que sobre la tabla de contar, que era más familiar (en aquella época).

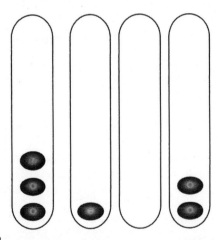

**Figura 11-1:** El número 3,102 sobre una tabla de contar, con cuentas.
Los Se podía representar como
orígenes
del cero      III   I   •   II

donde el punto representa "vacío" o cero.

Sabemos quién inventó la bombilla (los seis inventores, de hecho), pero no sabemos quién inventó el cero. Se sabe que ocurrió dos veces, independientemente: una vez en América Central para el sistema maya de cuentas, y una vez en la India (algunas personas afirman que quizá también fue inventado en China prácticamente al mismo tiempo).

Finalmente, está la invención humana de los enteros *negativos*. Estos números se pueden imaginar como una idea innecesaria para explicar las restas o, mejor, como una extensión de los números dispuestos sobre una recta.

Tomemos, por ejemplo, el número (– 4). Se le puede sumar al 6 para obtener lo siguiente:

$$6 + (- 4) = 2$$

y se obtiene el resultado 2. ¿Por qué? Porque sumar un número negativo es lo mismo que restar un número positivo. "¿Y qué pasa —te preguntarás— si se resta un número negativo?" Bueno, como se ve en este ejemplo, restar un número negativo es lo mismo que sumar un número positivo:

$$6 - (- 4) = 10$$

Con los números situados a lo largo de la línea en la figura 11-2, puedes ver la lógica de la suma y la resta de los números negativos. En la operación aritmética, estás moviéndote hacia adelante o hacia atrás a lo largo de la línea. Si empiezas en el 2 y sumas 3, te mueves hasta el 5. Si empiezas en el 2 y sumas (– 3), el signo negativo te indica que te muevas hacia la izquierda. *Suma* significa "muévete hacia la derecha" y *resta* significa "muévete hacia la izquierda", pero un signo negativo invierte la dirección.

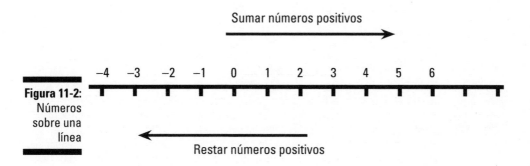

**Figura 11-2:**
Números
sobre una
línea

## *Números racionales*

Los *números racionales*, que comprenden los enteros y todas las fracciones de números enteros, son la siguiente invención humana, aunque volviendo al ejemplo de los antílopes en la pradera, quizá se debería señalar que el concepto de medio antílope ya era completamente familiar a los leones hace milenios. De hecho, el refrán "Mejor antílope medio comido que antílope por cazar" procede de los leones.

Algunos ejemplos de números racionales son

✔ $\dfrac{1}{4}$

✔ $\dfrac{3}{8}$

✔ $\dfrac{56}{7}$

✔ $\dfrac{59}{7}$

✔ $\dfrac{16}{64}$

✔ $\dfrac{355}{133}$

Si los miramos en orden, en el mundo antiguo sólo se habría considerado "decente" la primera fracción. Un documento matemático egipcio conocido como *Papiro Rhind* tiene toda una colección de fórmulas para tratar con fracciones, pero todas suponen que las fracciones se expresarán en la forma 1/*algo*.

Por ejemplo, ordinariamente el número siguiente se habría escrito como:

$$\frac{3}{8} = \frac{1}{4} + \frac{1}{8}$$

Esta fracción, en este uso concreto y peculiar, aparece más tarde en la historia. Cuando la República de Venecia secuestró la cuarta cruzada y la dirigió contra Constantinopla en lugar de Palestina, el dux de Venecia proclamó triunfante que era "Señor de cuarto y mitad (de cuarto) del Imperio romano". Esto suena de hecho más impresionante que "Señor de ³/₈ del Imperio romano" o "Señor del 37.5 % del Imperio romano más IVA".

El siguiente número racional de la lista no es sólo un número racional, es un entero, ya que

$$\frac{56}{7} = 8$$

Tomando esto como pista en un problema de división, probablemente te darás cuenta de que el siguiente número de la lista está un poco sobrecargado, porque:

$$\frac{59}{7} = 8 + \frac{3}{7}$$

Otra fracción que "necesita trabajo" es $^{16}/_{64}$. Con un poco de suerte, podrías adivinar que 64 es divisible entre 16. Si no lo sabes, todavía puedes reducir esta fracción dividiendo el número de arriba (numerador) y el de abajo (denominador) entre 2 para obtener

$$\frac{16}{64} = \frac{(8 \times 2)}{(32 \times 2)} = \frac{8}{32}$$

y luego

$$\frac{8}{32} = \frac{(4 \times 2)}{(16 \times 2)} = \frac{4}{16}$$

y luego

$$\frac{4}{16} = \frac{(2 \times 2)}{(8 \times 2)} = \frac{2}{8}$$

y luego

$$\frac{2}{8} = \frac{(1 \times 2)}{(4 \times 2)} = \frac{1}{4}$$

¡Vaya pérdida de tiempo! Las fracciones siguen existiendo porque se pueden hacer muchos truquitos de cálculo con ellas, y porque los vendedores de libros sobre costura, cocina y bricolaje siguen utilizando medidas tradicionales como 3¼ metros de tela, 2½ tazas de harina y una plancha de contrachapado de 1½ × 3¾. Incluso la bolsa de valores lista los precios de las acciones como 42³⁄₈, un eco distante del real de a ocho.

Es mejor, si es que la palabra *mejor* significa algo, convertir todo esto en fracciones decimales. En fracciones decimales, ¹⁶/₆₄ se convierte en 0.25, que probablemente reconozcas inmediatamente como ¼, y si no lo reconoces, puedes dividir 1 entre 4 con una calculadora para recordártelo.

El último número mostrado aquí es ³⁵⁵/₁₃₃, una aproximación muy buena de π (pi). En la vida real, en las computadoras y las calculadoras y el papel, siempre tienes que conformarte con una aproximación racional de los números especiales como π, porque ni tú ni tu instrumento de cálculo podéis manipular un número infinito de dígitos. ¿Cómo de buena es esta aproximación concreta? Si la usas para calcular la órbita de la Luna, obtienes que la circunferencia de la órbita se equivoca sólo en, aproximadamente, la anchura de una chimenea.

## *Números irracionales*

Estos números no pueden expresarse como fracciones o como enteros. Un tipo de número irracional se puede expresar en la forma

$$a^b$$

donde tanto *a* como *b* son números racionales. El ejemplo famoso de esta expresión es la raíz cuadrada de 2. Para la raíz cuadrada de 2, *a* es 2 y *b* es ½, un número racional completamente respetable. En su definición en la notación de álgebra

$$\sqrt{2} = 2^{½}$$

Este número comienza como 1.41421356237309505… y continúa para siempre. Es un número irracional, lo cual quiere decir que no se puede expresar como una fracción. Sin embargo, esta clase de números irracionales sí puede construirse con un número limitado de operaciones algebraicas, puesto que se debe poder expresar en el formato $a^b$.

La clase verdaderamente rara de número se llama *trascendente*. No se puede poner en formato $a^b$ y, de hecho, ni siquiera se puede expresar en un número finito de operaciones. El número trascendente que conoce todo el mundo es π, pero otro número es

$$e = 2.71828182845904524…$$

aparece en muchísimas fórmulas de cálculo. La mayoría de estas fórmulas están relacionadas con el crecimiento, y ésta es la razón por la cual este extraño número trascendente se encuentra en el corazón de los cálculos de interés compuesto. Hay algo verdaderamente extraño en el uso de este numerito espeluznante para calcular el interés de las tarjetas de crédito.

# Las reglas del álgebra

Aunque no lo creas ya sabes mucho de álgebra. Todo lo que sabes de los números también es verdad de los números representados por símbolos.

Utilizando letras para representar números de cualquiera de las clases de las secciones precedentes (son números reales, en contraste con los números imaginarios, de los que se habla en el capítulo 23), tienes un pequeño conjunto de reglas:

$$a + b = b + a$$

$$a + (b + c) = (a + b) + c$$

$$a \times b = b \times a$$

$$a \times (b \times c) = (a \times b) \times c$$

$$a \times (b + c) = a \times b + a \times c$$

## Otras álgebras

La razón por la que los libros de texto dedican mucho espacio a hablar sobre estas reglas para los números reales es que no son necesariamente verdad para otros tipos de álgebra. Los matemáticos pueden definir un álgebra con los objetos especiales $A$ y $B$ y un operador $\oplus$, de manera que, por ejemplo

$A \oplus B$ no es igual a $B \oplus A$.

Una gran parte de las matemáticas importantes del siglo XX trata sobre aspectos del álgebra en los que las reglas habituales para los números reales no se aplican en absoluto. Puede sonar extraño, pero estas álgebras de otros mundos son importantes en muchas aplicaciones prácticas de la física. A las partículas elementales no les importa de qué van los números reales, sino que tienen sus propias reglas.

Puedes adjudicar un número a cada letra para convencerte de que para los números habituales que puedes teclear en una calculadora, estas reglas siempre son correctas. Por ejemplo:

$4 + 5 = 5 + 4$

$1 + (2 + 3) = (1 + 2) + 3$

$3 \times 7 = 7 \times 3$

$3.14 \times (5.3 \times 2.7) = (3.14 \times 5.3) \times 2.7$

$52 \times (34 + 13) = 52 \times 34 + 52 \times 13$

La palabra *álgebra*, que proviene de *al-yabr* (algo así como 'reducción', en árabe), aparece en el título de un tratado clásico de principios del siglo IX: *El compendio del cálculo de la reducción y comparación*, escrito por el gran matemático, astrónomo y geógrafo Al-Juarismi. El propio nombre de este matemático ha dado lugar a las palabras *algoritmo* y *guarismo* (que significan *regla* y *número*, respectivamente, pero que te permiten presumir más). Además, Al-Juarismi utilizó la palabra *cosa* para referirse a las cantidades desconocidas de sus problemas. En árabe, *cosa* se dice *xai*, y de ahí viene la *x* que suele utilizarse para representar la incógnita en las ecuaciones.

# Trabajar con símbolos numéricos

Para los objetivos de este capítulo, las reglas que he enumerado antes significan cosas tan evidentes como que:

$4 \times 5 = 5 \times 4$

que casi seguro que no te crea dudas ni te inquieta. Probablemente te figuras que $2 + 3 = 3 + 2$ también. Como el álgebra de este capítulo tiene que ver solamente con números reales, cualquier cosa que aparezca a los dos lados de una ecuación es un número real. Esto quiere decir que puedes hacer las dos cosas siguientes:

✔ Multiplicar ambos lados de la ecuación por cualquier cosa que quieras.

✔ Sumar o restar cualquier cosa que quieras a ambos lados de la ecuación.

Si te enfrentas a una expresión como ésta:

$$4x^2 + 3x = 12x$$

puedes:

1. Restar $3x$ a ambos lados, lo que da $4x^2 = 9x$.
2. Dividir ambos lados por $x$, lo que da $4x = 9$.
3. Dividir ambos lados por 4, lo que da x $= {}^9\!/_4 = 2\frac14$.

(En realidad el segundo paso es algo más complicado. Otra solución de la ecuación original es $x = 0$. Siempre vale la pena hacer una comprobación rápida para ver si $x = 0$ es una solución.)

Lo que normalmente estás intentando hacer en álgebra es obtener la definición de alguna cantidad desconocida expresada mediante un número sencillo.

Por cierto, el uso de letras individuales para representar cantidades desconocidas tardó mucho tiempo en desarrollarse; y la conocida notación según la cual

$x^2$ representa "$x \times x$"

llegó todavía más tarde. La notación $x$ e $y$ para cantidades desconocidas la inventó François Viète en Francia en el siglo XVI, una de las primeras personas que escribió una ecuación que reconoceríamos tú o yo como álgebra. Antes de eso, era bastante común en la matemática europea y arábiga escribir ecuaciones equivalentes a aseveraciones del tipo

beneficio = ingresos − costes

es decir, utilizando palabras completas para designar las cantidades que había que determinar.

# Problemas, problemas

La mayor parte de las aplicaciones del álgebra en la vida real consisten en convertir problemas expresados mediante palabras en problemas expresados con signos, ya que suele ser más fácil resolver la versión simbólica del problema. El énfasis en esta parte del álgebra es fácil de explicar: es muy raro encontrarse con ecuaciones cuadráticas (ecuaciones en las que la potencia más alta de $x$ es el cuadrado, o sea, $x^2$), pero casi todos los días aparece un pedacito sencillo de álgebra.

## Problema 1: Llegar

A 110 km/h, tu coche recorre 10 km con 1 litro de gasolina. A 90 km/h, recorre 12 km/l. Estás a 430 km de Las Vegas en un tramo de carretera en el desierto en el que no hay estaciones de servicio. Gracias a la experiencia con tu coche, sabes por la aguja en el indicador de nivel de combustible que te quedan 40 l. Son las dos de la tarde. ¿Cuándo llegas a Las Vegas?

Lo primero que hay que hacer en este problema es separarlo en casos. Tomemos primero el caso 1, el de 110 km/h. La pregunta verdadera es ésta: si recorres 10 km con 1 l, ¿qué distancia puedes cubrir con 40 l? Por tu experiencia práctica, puedes decir que con el primer litro recorres 10 km, con el siguiente otros 10 y así sucesivamente hasta agotar los 40 l. En otras palabras,

kilómetros recorridos = 10 (km/l) × 40 l

= 400 km

Los litros en esta multiplicación se cancelan (significa que si hay lo mismo en el numerador y en el denominador, se puede eliminar de los dos sitios; aquí tienes litros abajo en una de las fracciones de unidades por litros en el otro término), igual que si fueran $x$ o $a$ o $b$. En notación, puedes decir que la fórmula es simplemente

$D = k \times l$

donde

$D$ = distancia recorrida en km

$k$ = consumo en km/l

$l$ = litros disponibles

Lo que se ve en esta demostración es que si sales a las dos de la tarde y conduces en dirección a Las Vegas a 110 km/h, llegarás después de haber hecho autoestop en los últimos 30 km. Eso podría llevar un buen rato.

Así que apliquemos la fórmula al segundo caso. Si conduces más despacio, consigues un consumo de 12 km/l.

$D = k \times l$

480 km = 12 km/l × 40 l

La gasolina te da para llegar hasta Las Vegas si conduces más despacio. Este descubrimiento te lleva a la segunda parte del problema. A 90 km/h, ¿cuánto tardarás en recorrer 430 km? La fórmula correcta es la siguiente:

distancia = km/h × horas

$D = v \times t$

donde

$D$ = distancia en km

$v$ = velocidad en km/h

$t$ = tiempo en horas

Lo que quieres es una fórmula que diga $t$ = algo, porque estás buscando el tiempo. Pero esta fórmula vale porque te quedas con una forma de obtener $t$ si pone los dos números que conoces, de manera que obtienes:

430 km = 90 km/ha × $t$

multiplica ambos lados de la ecuación por *horas*, divide por *kilómetros* para despejar las unidades y la ecuación queda

430 h = 90 × $t$

Si divides por el número 90, obtienes

4.78 h = $t$

Te va a llevar casi 5 h, porque 4.78 está más cerca de 5 que de 4. Para ser exactos 4.78 h es igual a 4 h más una cantidad de minutos que puedes calcular así:

0.78 h × 60 min/h = 46 min

Mirando los datos de consumo, ves que te arriesgas a quedarte sin gasolina a unos cuantos kilómetros de las luces brillantes de la ciudad si intentas ir más rápido. Sin embargo, no hay prisa (lee el capítulo 16, que es bastante duro con el asunto de los juegos de azar).

# Problema 2: El absurdo problema de las edades

Te explicaron problemas como éstos en el instituto y te cayeron en los exámenes; y luego nunca volviste a verlos, excepto, quizá, entre otros acertijos y juegos lógicos. Probablemente podrías tener una carrera exitosa en los negocios sin tener ni idea de cómo resolver estos problemas, pero como este libro aspira a explicar lo que intentaban contarte en el instituto, me veo obligado a recapitular.

Jorge tiene cuatro años menos que el triple de la edad de Esteban. Esteban ahora tiene doce años. ¿Cuántos años tiene Jorge?

No hay nada como la experiencia de mirar el reloj, viendo que te quedan tres minutos para completar el examen de álgebra, y encontrárte con una pregunta de este tipo. ¿Has conocido a alguien que te dijera que tenía tu edad más la raíz cuadrada de π más 2? En cualquier caso, por ponerlo todo en signos, digamos que

$E$ = edad de Esteban

$J$ = edad de Jorge

Tres veces la edad de Esteban menos cuatro es igual a la edad de Jorge. Es decir, Jorge podría tener el triple de la edad de Esteban, pero tiene cuatro años menos. En signos, eso es:

$3E - 4 = J$

Calculando primero la multiplicación, si introduces el número 12 en la $E$, obtienes

$3 \times 12 - 4 = 36 - 4 = 32 = J$

Jorge tiene treinta y dos años.

En realidad, los problemas de este tipo no son más que ejercicios de traducción de una serie de condiciones a expresiones algebraicas que se resolverán después. Por lo general, los problemas son algo más enrevesados, pero la práctica de traducir palabras a símbolos es más de la mitad de la batalla en álgebra. El resto de la batalla no es más que la práctica de cosas como "restar a los dos lados" y "multiplicar a los dos lados".

## Problema 3: El problema casi absurdo de las mezclas

He aquí otro problema clásico, repetido a lo largo de décadas en libro de texto tras libro de texto. Alrededor de 1980, los libros de texto de álgebra empezaron a utilizar la impresión en color, pero a nadie parece habérsele ocurrido actualizar todos los problemas viejos.

Una lata de 3 kg de frutos secos contiene almendras y cacahuates. Cuesta 34 €. Si los cacahuates cuestan 8 $/kg y las almendras 18 $/kg, ¿qué proporción de cada tipo de fruto seco contiene la lata?

En este caso, es casi más sencillo traducir todo el problema a notación, en lugar de intentar pensar en el problema en estos términos. En primer lugar, se puede decir que el número de kilos de cacahuetes en la lata es

número de kilos de cacahuetes en la lata = $c$

como no sabes cuál es el número y la $c$ es agradablemente evocativa de los cacahuates. Habiendo hecho esto, ya hemos establecido el número de kilos de almendras. No, no es $a$. Es:

número de kilos de almendras = $3 - c$

porque el problema dice que la lata es de 3 kg. La suma total tiene que ser igual a 3 kg

cacahuetes + almendras = 3

$c$ + almendras = 3

almendras = $3 - c$

La siguiente expresión viene de calcular la información sobre el precio total.

Los 34 € tienen que venir de $c$ kg de cacahuetes a 8 €/kg y $(3 - c)$ kg de almendras a 18 €/kg. Dejando de lado alegremente las unidades (kilos y euros), de momento, puedes escribir:

$$34 = c \times 8 + (3 - c) \times 18$$

o, de manera algo más clara, multiplicas $3 \times 18$ y $- c \times 18$ para obtener:

$$34 = 8c + 54 - 18c$$

Recurriendo a la pura álgebra, sumas $8c + (- 18c)$ para obtener:

$$34 = - 10c + 54$$

Al restar a los dos lados 54 te queda:

$$- 20 = - 10c$$

Multiplicando a los dos lados por $-1$ te da

$$20 = 10c$$

Finalmente, si divides los dos lados entre 10:

$$\frac{20}{10} = c$$

que, reducido, es:

$$2 = c$$

La lata contiene 2 kilos de cacahuetes, lo cual quiere decir a su vez que contiene 1 kilo de almendras.

Como comprobación rápida y de sentido común, observa los números que tenías. Si la lata de 3 kg vale \$34, resulta que los frutos secos salen a 11 \$/kg (no es más que 34 dividido entre 3). Los cacahuetes cuestan 8 \$/kg, y las almendras 18 \$/kg. Como 8 está más cerca de 11 que 18, es razonable esperar que haya más cacahuetes que almendras en la mezcla. Por lo tanto, la respuesta tiene sentido, y eso siempre es agradable. Algunas veces estos problemas son absurdos y arbitrarios, pero por lo general puede utilizarse un poco de sentido común para comprobar las respuestas.

# Sistemas de ecuaciones

Hay problemas en los que hay que resolver varias ecuaciones a la vez. En el problema anterior, teníamos una ecuación para el número total de cacahuetes y almendras y otra ecuación para el precio de la lata. Si decidimos que

$c$ = número de kilos de cacahuetes

$a$ = número de kilos de almendras

nuestro sistema de ecuaciones sería:

$c + a = 3$

$8c + 18a = 34$

Antes, para resolver el problema, averiguamos el valor de $a$ en términos de $c$.

$a = 3 - c$

y luego sustituimos el resultado en la otra ecuación, cambiando $18a$ por $18 \times (3 - c)$. Esta estrategia se conoce con el original nombre de *método de sustitución*.

Hay otros métodos para resolver los sistemas de ecuaciones. Uno de los más utilizados (sobre todo cuando hay muchas ecuaciones) es el *método de reducción*, que consiste en sumar o restar las ecuaciones entre sí. Partiendo del sistema de ecuaciones

$c + a = 3$

$8c + 18a = 34$

puedes multiplicar los dos lados de la primera ecuación por 8

$8c + 8a = 24$

$8c + 18a = 34$

Ahora restamos las ecuaciones (como los dos lados de la segunda ecuación son iguales entre sí, en realidad estamos restando lo mismo a los dos lados de la primera)

$$\begin{array}{r} 8c + 8a = 24 \\ - (8c + 18a = 34) \\ \hline -10a = -10 \end{array}$$

dividiendo entre – 10 a los dos lados del resultado

$a = 1$

Hay 1 kg de almendras, y, como el total de frutos secos es 3 kg, hay 2 kg de cacahuetes. El resultado no es muy sorprendente, pero al menos sirve para comprobar que el método de reducción funciona.

Una ecuación viene a decir que lo que está a la izquierda del signo = es igual que lo que está a la derecha. Sin embargo, a veces lo que queremos decir es que dos números son *distintos*, como cuando sabemos que un número es menor que otro, por ejemplo,

$x < 3$ significa "$x$ es menor que 3"

En este caso, tenemos una *inecuación*.

Las reglas para resolver inecuaciones son básicamente las mismas que para ecuaciones, con una excepción: cuando dividimos a ambos lados por un número negativo, hay que darle la vuelta al signo < o >.

Si tienes una inecuación como

$x + 2 < 3x$

puedes restar 2 a los dos lados

$x < 3x - 2$

luego restar 3x a los dos lados

$- 2x < - 2$

y dividir entre – 2 (recordando que en este caso hay que cambiar el signo < por >)

$x > 1$

En otras palabras, $x$ tiene que ser mayor que 1. Puedes comprobar fácilmente que tu inecuación original se cumple cuando $x$ es igual a un número que es mayor que 1. Si escoges $x = 2$, por ejemplo, obtienes

$2 + 2 < 3 \times 2$

lo cual es verdad, porque 4 es menor que 6.

# *Logaritmos*

Voy a cambiar de marcha de momento para hablar de otro uso de la notación algebraica. Supón que formulo otro problema con $x$ que requiere un poco más de esfuerzo que la aritmética simple. Aquí está:

$$8 = 2^x$$

Puedes trastear, probar algunos números y convencerte de que $x$ puede ser igual a 3 porque

$$2^3 = 2 \times 2 \times 2 = 8$$

Y $2^4$ (añadiendo sólo un 2 más a la pila) es 16.

Ahora bien, en la definición de potencias (o *exponentes*) de números, una raíz cuadrada cuenta como una potencia de ½, dicho de otra manera, algo elevado a 0.5. Observando este resultado

$$\sqrt{2} = 2^{1/2} = 2^{0,5} = 1.414$$

los sabios del álgebra llegaron, hace tiempo, a una conclusión interesante: se dieron cuenta de que, si puedes utilizar exponentes con fracciones, entonces puedes generar cualquier número positivo que quieras a partir de otro número dado, llamado *base*.

Por ejemplo, utilizando el número 2 de base, puedes generar 2 elevado a 3.5 como

$$2^{3,5} = 2^3 \times 2^{0.5} = 8 \times 1.414 = 11.31$$

Y se pueden generar otros números entre 8 y 16 escogiendo otras fracciones (exponentes entre 0 y 1) para el segundo exponente. De esto se sigue que puedes generar una aproximación de cualquier número como una potencia de 2. En otras palabras, la ecuación

$$N = 2^x$$

tiene solución $x$ para cualquier número positivo real $N$ que quieras escoger.

La tabla 11-1 te da un pequeño fragmento de tabla de logaritmos para utilizar con este argumento.

### Tabla 11-1: La tabla de logaritmos más pequeña del mundo

| Logaritmo en base 2 | Número |
|---|---|
| 2 | 4 |
| 2.5 | 5.66 |
| 3 | 8 |
| 3.5 | 11.31 |
| 4 | 16 |
| 4.5 | 22.63 |

En este caso, he generado una tabla de potencias basadas en el número 2. Se trata de una *tabla de logaritmos*, pero no te asustes; en la vida real, los únicos logaritmos que se utilizan tienen como base el 10 o el número trascendente *e*. La base 10 y la base *e* corresponden, respectivamente, a las teclas *log* e *ln* de una calculadora científica.

La razón por la que es importante es que cuando no había calculadoras, era más fácil sumar números que multiplicarlos. Si te inventas una tabla de números y sus equivalentes como potencias de algún otro número (la *base*), entonces puedes multiplicar los números sumando los exponentes y consultando luego en la tabla el número al que corresponde tu nuevo exponente. En esta tabla, si quieres multiplicar 4.0 por 5.66, buscas los logaritmos (2 y 2.5) y los sumas (te da 4.5); vas a la tabla y lees el producto (4.5 corresponde a 22.63). La *regla de cálculo*, que utilizaban los ingenieros y los científicos antes de que aparecieran las calculadoras, era una especie de tabla de logaritmos grabada sobre una lámina deslizante.

Hoy en día no necesitas saber mucho de las tablas de logaritmos. Yo, por ejemplo, tengo una colección de unas veinte calculadoras absolutamente innecesarias (bueno, es más barato que coleccionar lentes de *zoom* de 35 mm). Como curiosidad, cuando se desarrollaron las calculadoras científicas, la gente se deshizo de las reglas de cálculo de los años sesenta y antes, incluso de las más baratas, hasta el punto de que ahora son objetos de colección caros, como los modelos poco comunes de las muñecas Barbie.

Como demostración, te enseñaré el sentido de un par de logaritmos. Utilizando una calculadora, me entero de que:

log 115 = 2.0607

log 12400 = 4.0934

El logaritmo de 100 sería 2 porque $100 = 10^2$ (eso es esencialmente la definición de logaritmo). Como 115 es un poco más, su logaritmo es un poco mayor. Este resultado nos dice también que 10 elevado a 0.0607 debería ser igual al factor 1.15. Puedes comprobarlo tú mismo en una calculadora con una tecla $10^x$ (y se confirma, desde luego).

El logaritmo de 12400 es lo mismo, a una escala mayor. La función *log* esencialmente cuenta el número de cifras y añade como decimales un número que es una especie de factor de corrección para colocar el número adecuadamente en el siguiente factor de 10.

No hay mucho más que esto en lo que se refiere a los logaritmos. Se utilizan mucho en ciencias para tratar números grandes: al fin y al cabo, el logaritmo de 1 millón es 6, así que son buenos para rebajarlo todo a un tamaño manejable. Pero ahora que se puede experimentar con los logaritmos con la calculadora de manera rápida y fácil, una gran parte del misterio ha desaparecido.

# *Matemáticas superiores*

En álgebra, la traducción de un problema de palabras a menudo se convierte en una expresión en $x$. Si la expresión final contiene sólo $x$ y números, siempre puedes resolverla. De hecho, si la expresión contiene sólo una incógnita (aquí, $x$ es la incógnita) elevada a un número menor que 5, entonces siempre puedes encontrar soluciones para $x$. Pero si la expresión acaba conteniendo potencias superiores de $x$, a veces se puede resolver y a veces no. De hecho, uno de los principales retos al que se enfrentaron los matemáticos durante siglos fue determinar cuándo se puede resolver una ecuación algebraica y cuándo no.

En la mayor parte de los problemas cotidianos, la potencia más alta con la que te encontrarás es 2. Las expresiones que contienen $x^2$, llamadas *expresiones cuadráticas*, no sólo son muy comunes, sino que además son fáciles de manejar. De hecho, puedes hallar una solución general para cualquier ecuación cuadrática (también llamada de segundo grado). La solución se muestra en la figura 11-3.

# FÓRMULA DE LAS ECUACIONES DE SEGUNDO GRADO

Esto

$$ax^2 + bx + c = 0$$

es una *ecuación de segundo grado* o *cuadrática*. En ella, *a, b* y *c* son constantes; y *x* la incógnita cuyo valor queremos averiguar, claro.

Para cualquier ecuación de la forma $ax^2 + bx + c = 0$ las soluciones las proporciona la fórmula cuadrática, que es ni más ni menos que ésta:

$$x = \frac{-b \pm \sqrt{b^2 - 4ac}}{2a}$$

**Figura 11-3:**
Fórmula automatizada de las ecuaciones de segundo grado

También hay una solución bastante complicada para las ecuaciones de tercer grado (las que contienen $x^3$), aunque raramente las necesitas. La realidad es que, para encontrar los valores de $x$ que satisfagan cierta expresión general como ésta:

$$ax^5 + bx^4 + cx^3 + dx^2 + ex + f = 0$$

normalmente necesitas tener los valores de los números $a$, $b$, $c$, etc. y utilizar un programa de computadora para encontrar las $x$ por un proceso que en realidad es una especie de método inteligente de ensayo y error.

Las computadoras modernos para matemáticas normalmente tienen un proceso automatizado para encontrar los ceros de los polinomios (a estas expresiones que contienen $x$ y potencias de $x$ se las llama *polinomios*; un polinomio puede tener más de una incógnita). La figura 11-4 muestra un programa así para encontrar soluciones aproximadas a una ecuación grande decente.

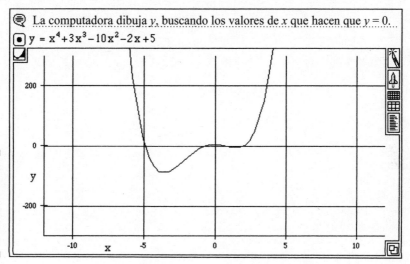

La computadora dibuja $y$, buscando los valores de $x$ que hacen que $y = 0$.

$y = x^4 + 3x^3 - 10x^2 - 2x + 5$

**Figura 11-4:**
Una
resolución de
computadora
de una
ecuación

Aunque los científicos de los tebeos de Far Side todavía trabajan con pizarras, en las oficinas y los laboratorios de verdad el trabajo se hace en una computadora. El álgebra de computadora simplemente supuso una revolución en la resolución de ecuaciones, probablemente para siempre. Si tienes interés en ver cómo los programas de computadora se han hecho con el control de las materias tradicionales del álgebra, hay cientos de calculadoras científicas complejas que puedes usar en Internet gratuitamente. Sólo con que pongas en un navegador "calculadora científica" te saldrá una docena. Algunas funcionan en línea; como < http://www.alcula.com/es/calculadoras/calculadora-cientifica/>. Otras puedes descargártelas, como < http://www.ofimega.es/oficalc/>.

# Capítulo 8

# Lo que intentaban contarte en geometría

· · · · · · · · · · · · · · · · · · · · · · · · · · · · · · · · · · · ·

*En este capítulo*

▶ La geometría antes de Euclides

▶ Emerge el ideal griego

▶ Descartes lo cambia todo

▶ La representación gráfica hace más fácil la geometría

· · · · · · · · · · · · · · · · · · · · · · · · · · · · · · · · · · · ·

*I*ncluso ahora, apenas unos dos mil doscientos años después de Euclides, se considera que la geometría euclidiana proporciona un ejercicio
mental tan excelente (con frecuencia es la primera introducción a la idea
de prueba rigurosa con la que se encuentra un estudiante) que sigue siendo parte del temario en el instituto. Lo que introdujo Euclides al gran
cuerpo de resultados geométricos del mundo antiguo fue el concepto de
*axioma*. En vez de aceptar la idea de que la geometría consistía en cientos
de resultados, cuentas de la vieja y "adivinaestimaciones", Euclides decidió encontrar el número de *axiomas,* o principios fundamentales, más
pequeño posible a partir del que pudieran derivarse las otras reglas.

Se puede decir mucho en favor de este planteamiento, especialmente
para estudiantes que pasarán a estudios avanzados en ciencias o matemáticas. Sin embargo, tiene el desagradable efecto secundario de producir
vastos pelotones de estudiantes que sólo recuerdan que odiaban la geometría y que no pueden recordar la fórmula del área de un círculo. Otro
problema de la geometría euclidiana es que no te dice mucho sobre la
forma en que fueron descubiertos los hechos de la geometría. Las propo-
siciones simplemente aparecen de la nada, esperando su demostración,
lo cual es un estado de cosas bastante poco natural y, a decir verdad, no
es la forma en que los matemáticos producen nuevos resultados.

Se dice que Euclides mismo (que trabajaba en Alejandría) le dijo a uno de los reyes ptolemaicos de Egipto que pedir un enfoque más sencillo carecía de sentido porque "no existe un camino real hacia la geometría". En realidad, eso depende de adónde te dirijas. No hay atajos para dominar las demostraciones euclidianas, pero aprender algo de geometría práctica no constituye un gran esfuerzo.

# A. E. (antes de Euclides)

Los babilonios y los egipcios, como eran más prácticos que los filósofos griegos, más dados a la abstracción, recopilaron libros de reglas que cubrían las situaciones más comunes de medidas de terrenos y volúmenes. El aprendizaje de estas reglas era parte de la educación de un escriba. Aquí tienes algunas reglas que quizá te resulten familiares.

## Área de un rectángulo

Uno de los planos más antiguos que existen es un pequeño bloque de arcilla, que mide aproximadamente 15 × 8 cm (los escribas preferían tablillas de arcilla del tamaño de la palma de la mano) y proviene de Mesopotamia. Dibujado en él, se ven claramente un montón de parcelas que van desde una linde fija hasta la orilla del Éufrates (mira la figura 12-1). Los planos de arcilla de tiempos posteriores (hay un gran plano de la ciudad de Nippur del 1500 a. C.) muestran la claridad de un plano de metro moderno. Los sumerios y sus sucesores no eran muy aficionados a la teoría, pero incluso ellos podían traducir los lindes imprecisos de parcelas en el plano a rectángulos ideales y calcular el área (mira la figura 12-2).

**Figura 12-1:**
El amanecer de la geometría: parcelas a orillas de un río en Mesopotamia

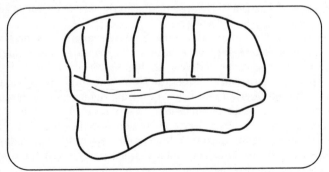

Parcelas sumerias a las orillas de un río,
representadas sobre un planito de arcilla de mano

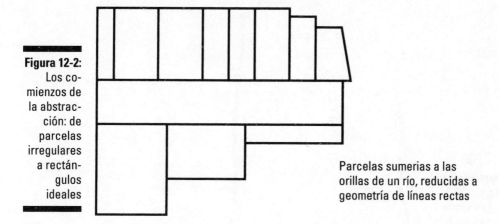

**Figura 12-2:**
Los co-
mienzos de
la abstrac-
ción: de
parcelas
irregulares
a rectán-
gulos
ideales

Parcelas sumerias a las
orillas de un río, reducidas a
geometría de líneas rectas

Debido a que las parcelas costaban (y cuestan) dinero, las áreas reales
se calculaban sobre el terreno en lugar de sobre las figuras en arcilla.
Y la herramienta de medida favorita del antiguo Oriente Próximo era
la cuerda anudada, tal y como se muestra en la figura 12-3. Tenemos
de hecho algunos ejemplos auténticos que provienen del seco clima de
Egipto (la cuerda de cáñamo no se ha conservado bien durante los
5,000 años de humedad característicos de la historia climática de Sumeria) y podemos, por lo tanto, reconstruir muchos de los trucos geométricos de los antiguos.

El primero y más sencillo es el del área de un rectángulo. Toma dos cuerdas, extiéndelas a lo largo de los bordes del rectángulo y cuenta todos los
cuadraditos contenidos, como muestra la figura 12-4. Un lado del rectángulo mide tres nudos de largo y otro mide cuatro nudos. Si cuentas los
cuadrados interiores, verás que hay doce. En cuanto hagas esto durante
un rato, te darás cuenta de que si multiplicas los números de las longitudes de los dos lados, esto es exactamente la misma operación que contar
todos los cuadrados contenidos en el rectángulo.

Por cierto, puedes hacer lo mismo si los dos lados del rectángulo resultan
tener la misma longitud, que es el caso particular del cuadrado.

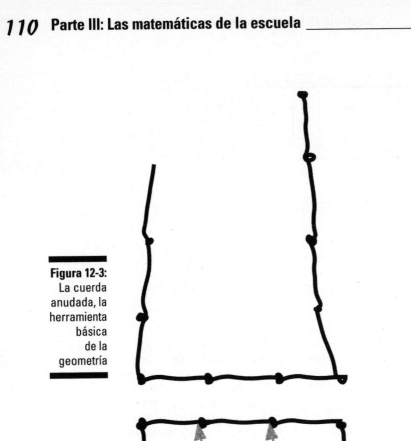

**Figura 12-3:**
La cuerda
anudada, la
herramienta
básica
de la
geometría

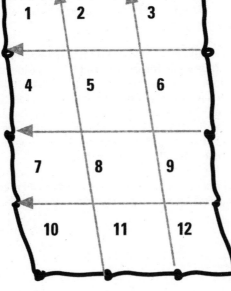

**Figura 12-4:**
Multiplicar
y contar
te dan la
misma
respuesta

Área aproximada
de un rectángulo
calculada contando
los "cuadrados"

# Área de un rectángulo torcido

Si empiezas a delimitar parcelas de verdad en verano, a la orilla de un río en Sumeria en el 2750 a. C., ¿qué probabilidad crees que hay de que las parcelas sean rectángulos perfectos? La imperfección está casi garantizada. Las parcelas de verdad probablemente tendrán un aspecto parecido al que se ve en la figura 12-5.

Esta parcela será un caso especial en el cálculo de las áreas

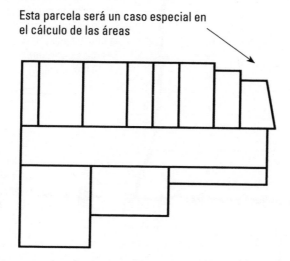

**Figura 12-5:**
Muchos "rectángulos" son algo menos rectangulares

¿Qué hacían los escribas en el caso de la parcela especial? Lo observaban y llegaban a las conclusiones siguientes:

1. Hay que multiplicar el lado largo por algo.

2. Si multiplicamos el lado largo por el lado corto, pegado al camino, la respuesta será demasiado pequeña comparada con el área real.

3. Si multiplicamos el lado largo por el lado algo mayor que queda junto al río, evidentemente saldrá una área demasiado grande.

4. ¡Qué demonios! Invoca a la diosa Innana y parte la diferencia en dos. Escogeremos un número entre los valores de los dos lados cortos y multiplicaremos eso por el lado largo (mira la figura 12-6).

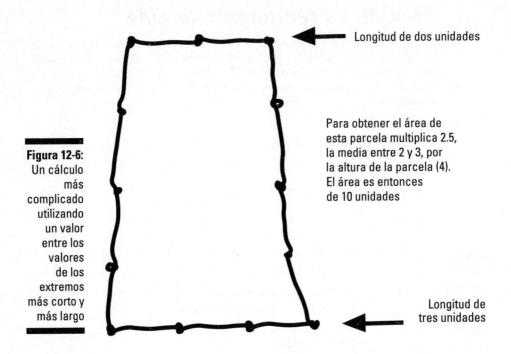

Longitud de dos unidades

Para obtener el área de esta parcela multiplica 2.5, la media entre 2 y 3, por la altura de la parcela (4). El área es entonces de 10 unidades

**Figura 12-6:** Un cálculo más complicado utilizando un valor entre los valores de los extremos más corto y más largo

Longitud de tres unidades

Cuando los griegos finalmente se pusieron a desarrollar nombres griegos para los objetos geométricos de los demás, dos mil años más tarde, llamaron a este tipo de rectángulo *trapezoide*. Pero recuerda, por favor, que cuando estos cálculos se hacían en Sumeria, los griegos eran una tribu indoeuropea analfabeta que no podían ofrecer a sus vecinos más que un suministro inagotable de escaramuzas insignificantes.

## Área de un triángulo

Este último resultado es relativamente sofisticado porque permite hacer otros cálculos de áreas. Observa la serie de "rectángulos" de la figura 13-7. El último ha dejado de ser un rectángulo por completo y ahora es sólo un triángulo. Pero la regla para calcular el área sigue siendo la misma que en el caso del rectángulo "torcido".

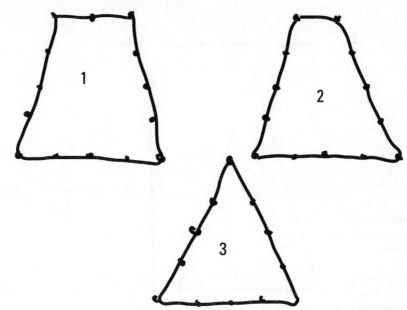

**Figura 12-7:**
Una serie
de trape-
zoides

Cuando la longitud del lado más corto cae hasta cero (y éste es el caso del triángulo), la regla se convierte en:

$$área = \frac{longitud \times (lado\ corto + lado\ largo)}{2}$$

$$área = \frac{longitud \times (lado\ que\ queda)}{2}$$

En la notación habitual, la regla se formula así:

$$A = \frac{(a \times b)}{2}$$

donde las letras a y b (la *altura* y la *base*) representan las longitudes del diagrama de la figura 12-8. Ésta es la fórmula habitual para el área de un triángulo, que normalmente se deduce dibujando un triángulo dentro de un rectángulo (como en la figura 12-9) y comparando las áreas de las diferentes secciones.

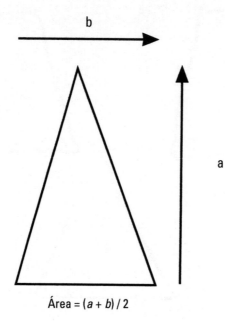

b

a

**Figura 12-8:**
El triángulo
en la
geometría
habitual

Área = (a + b) / 2

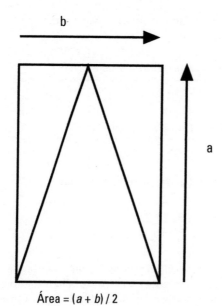

b

El área del rectángulo es *ab*,
mientras que el área del
triángulo es la mitad de eso

a

**Figura 12-9:**
La de-
ducción
habitual del
área de la
fórmula
para el
área de un
triángulo

Área = (a + b) / 2

# Área de un círculo

Equipados con las fórmulas para el área de un rectángulo y un triángulo, los geómetras del 2000 a. C. estaban preparados para medir el área de cualquier forma geométrica, no importa lo rara que ésta fuera. Para hacerlo, sólo hay que dividir el objeto en triángulos y rectángulos, calcular el área de estos pedacitos, y luego sumar todas estas áreas. Como cuestión práctica, un funcionario de la ciudad podría calcular los impuestos exactos de cualquier parcela, lo cual sin duda resultaba reconfortante para el apurado campesino sumerio. No es de extrañar que esta gente inventara la cerveza.

Y es que el método de calcular áreas mirando rectángulos y triángulos es sorprendentemente poderoso. Fíjate en las posibilidades en la figura 13-10.

✔ Si dibujas un círculo dentro de un cuadrado (10*a*), puedes concluir que el área del círculo tiene que ser menor que cuatro veces el área de uno de los cuadraditos pequeños. Si el área de uno de estos cuadraditos es 1, entonces el área del círculo es menor que 4.

✔ Si dibujas un cuadrado dentro del círculo (10*b*), concluyes que el área del círculo tiene que ser mayor que el área de los cuatro triángulos contenidos dentro del círculo (cada uno de los triángulos tiene una área igual a ½ porque son iguales a medio cuadrado de la figura 10*a*).

✔ En estas unidades, el área del círculo está entre 4 y 2, porque ésas son las áreas del cuadrado grande exterior y el cuadrado interior. En este diagrama, el lado de uno de los cuadraditos es igual que el radio del círculo (el radio va desde el centro del círculo hasta el borde). Siguiendo la lógica tradicional de Mesopotamia, mirando los números 4 y 2, harías una ofrenda a la memoria de Gilgamesh y dirías que el área del círculo es unas tres veces el cuadrado del radio. En términos modernos, la regla sería

$A = 3 \times r^2$

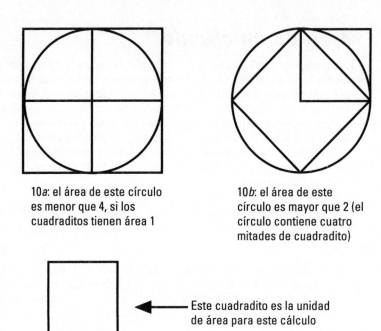

10*a*: el área de este círculo es menor que 4, si los cuadraditos tienen área 1

10*b*: el área de este círculo es mayor que 2 (el círculo contiene cuatro mitades de cuadradito)

**Figura 12-10:**
Estimación del área de un círculo utilizando cuadrados

Este cuadradito es la unidad de área para este cálculo

Si recuerdas algo de la geometría, puede que recuerdes que nada que tenga que ver con círculos está relacionado con el número 3. Siempre está vinculado con el misterioso número π, que se sabe que es 3.141592653..., y sigue y sigue con dígitos aparentemente azarosos.

Tres es un número agradable y limpio, pero incluso los antiguos sabían que no podían librarse tan fácilmente. El uso de cuadrados para cubrir el círculo es un procedimiento bastante chapucero. Observa en el diagrama en la figura 12-11 una cobertura mejorada, también conocida en la antigua Mesopotamia y en Egipto. Colocando los triángulos en forma de *hexágono* (esa forma de seis lados en las celdas de un panel es un hexágono) y tomando la media entre el área del hexágono exterior y el del hexágono interior, el valor del área empieza a parecerse aproximadamente a 3.15 veces el radio del círculo al cuadrado. De hecho, 3.15 es una estimación bastante cercana al valor real de π. Quiere decir que los cálculos de los antiguos diferían del valor exacto en sólo el 1 %, lo cual es probablemente mejor que la precisión original de una medida con una cuerda anudada, en cualquier caso.

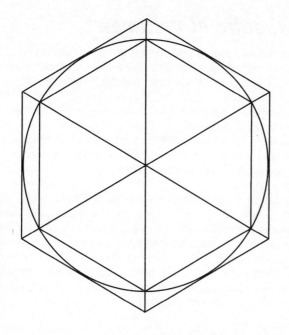

Estos hexágonos cubren el círculo de manera más exacta que los cuadrados

**Figura 12-11:**
Una
cobertura
mejor del
área del
círculo

Tanto los babilonios como los egipcios tenían una preferencia clara por expresar las fracciones sólo en la forma

fracción = 1/algo

La parte fraccionaria de este número se parecía a $1/7$, así que llegó a aceptarse el número $3 + 1/7$ en el mundo antiguo como un buen valor para trabajar con el número $\pi$ (aunque nadie lo llamaba $\pi$, una letra griega, hasta que los griegos se hicieron cargo de la materia). Este valor era rotundamente bueno por dos razones:

✔ Si estás midiendo áreas en el exterior con cuerdas anudadas, probablemente baste una respuesta que se diferencie del área correcta en menos del 1 %.

✔ Nadie en el mundo antiguo tenía campos circulares, así que el ejercicio era un poco teórico en cualquier caso.

## Y ahora, sube el volumen

Así que hay fórmulas antiguas para las áreas de los rectángulos, triángulos y círculos. Es útil estimar una última cantidad, el *volumen*, porque los tributos de los templos en el mundo antiguo habitualmente se anunciaban en términos de cierto volumen de grano. De hecho, el problema típico de impuestos en el mundo antiguo era que las autoridades locales tenían un registro de la cantidad de tierra que tenías cultivada, y habían estimado el volumen de grano que se esperaba que produjeras. Y también, por supuesto, los funcionarios estimaban cuánto les debías por sus servicios de mantener el orden y regular las lluvias y las crecidas de los ríos con sus plegarias.

Como esperarías de un grupo con los pies en la Tierra, como los habitantes de los antiguos valles fluviales, las primeras reglas para calcular el volumen probablemente se hallaron con pequeños modelos. Después de todo, esta gente vivía rodeada de ladrillos de barro, objetos que llevaron directamente a la especulación sobre el volumen. Si lo piensas durante un minuto, te darás cuenta de que si sabes cuántos ladrillos entraban en el basamento de una columna de un templo de ladrillos, entonces automáticamente sabes el volumen del basamento.

Para dos objetos voluminosos sencillos, el ladrillo y el cilindro, los antiguos se dieron cuenta de que lo que haces no es más que multiplicar una área por la altura. Al parecer, también calcularon el volumen de un cono, utilizando probablemente la experimentación directa (puedes hacer lo mismo con una caja grande de terrones de azúcar; mira la figura 12-12).

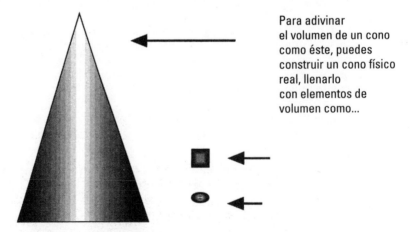

Para adivinar el volumen de un cono como éste, puedes construir un cono físico real, llenarlo con elementos de volumen como...

**Figura 12-12:**
Fórmulas para el volumen

... y ver que puede considerarse una fórmula razonable. Una estimación probable es Volumen = área del círculo de la base × altura × factor. El factor resulta ser (por experimento antiguo o cálculo moderno) $\frac{1}{3}$

Con el sencillo repertorio de fórmulas para las áreas y los volúmenes resumido en la figura 12-13, y una cierta predisposición a cascar huevos cuando se hace una tortilla (no querías llevarte mal con un cobrador de impuestos egipcio, que debía compensar cualquier déficit sacando la diferencia de su propio bolsillo), es posible mantener unida una civilización que dure muchos siglos. Había poco contenido filosófico en los libros de reglas de los escribas, pero podían decirte cuántos ladrillos necesitabas para robustecer las murallas de la ciudad frente a los invasores del desierto.

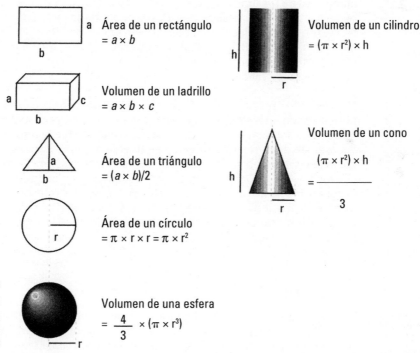

Área de un rectángulo
$= a \times b$

Volumen de un cilindro
$= (\pi \times r^2) \times h$

Volumen de un ladrillo
$= a \times b \times c$

Área de un triángulo
$= (a \times b)/2$

Volumen de un cono
$$= \frac{(\pi \times r^2) \times h}{3}$$

Área de un círculo
$= \pi \times r \times r = \pi \times r^2$

**Figura 12-13:**
Fórmulas
sencillas

Volumen de una esfera
$$= \frac{4}{3} \times (\pi \times r^3)$$

# *La filosofía entra en escena*

El contacto de los griegos con el conocimiento del mundo antiguo lo cambió todo. Puede que te hayas dado cuenta de que la primera parte de este capítulo es más fácil de seguir que el capítulo 9 de tu libro de geometría del instituto. Eso es porque los sumerios, babilonios y egipcios sólo querían conseguir las medidas correctas en un sentido práctico. Para cuando llegó el dominio griego del Mediterráneo oriental, las reglas más útiles de la geometría ya tenían dos mil años.

Los griegos estaban interesados en el porqué de las cosas, en un examen minucioso de los fundamentos, y solían divertirse con discusiones terriblemente sutiles y exasperantes. Desde el punto de vista cultural, se puede decir que dejaron el listón bien alto en varios sentidos. Es difícil imaginar en el mundo antiguo a otros discutiendo sobre el bien o la virtud —en otras partes, durante los primeros miles de años de civilización documentados, "bien" significaba simplemente tener suficiente comida.

No pretendo repasar la idea de prueba axiomática en un capítulo de un libro llamado *Matemáticas cotidianas para Dummies*, principalmente porque eso no son matemáticas de cada día (¿cuándo fue la última vez que necesitaste demostrar un teorema en tu vida diaria?). Pero espero sugerir cómo la civilización griega convirtió las matemáticas, una tarea de contar con los pies en la Tierra, en la actividad abstracta en la que se convirtió después. Me ha animado a hacer esto un comité de profesores de matemáticas de instituto, que han pensado que puedo dedicar algunas páginas de este libro a un poco de cultura general. Si no puedes soportar estas cosas, relee el capítulo 10.

## *Pitágoras*

El filósofo griego y místico Pitágoras (que vivió en el sur de Italia hacia el 550 a. C.) es conocido en los libros de texto de geometría principalmente por su teorema (citado de manera exacta en la película *El mago de Oz* por el espantapájaros cuando le otorgan su diploma). En realidad, una forma del teorema era ya conocida por las civilizaciones precedentes con sus molonas (y viejas) cuerdas anudadas (mira la figura 12-14), pero sólo para ciertos triángulos concretos.

Hay razones para creer que el principal resultado de Pitágoras para triángulos rectángulos (triángulos en los que una esquina forma un ángulo de 90°, o *ángulo recto*) se conocía para un puñado de triángulos rectángulos especiales. Es característico del esfuerzo intelectual griego que Pitágoras (o sus seguidores o alguien del barrio) buscara generalizar el resultado de las viejas cuerdas anudadas de todos los triángulos rectángulos. El teorema y el diagrama utilizado en la prueba habitual se muestran en la figura 12-15.

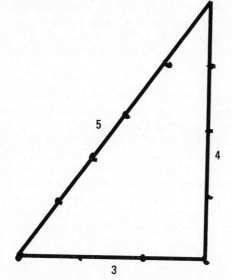

**Figura 12-14:** Un triángulo 3-4-5 medido con una cuerda

En las civilizaciones más antiguas se sabía que si los lados del triángulo están en proporción 3, 4, 5, entonces es un triángulo rectángulo.

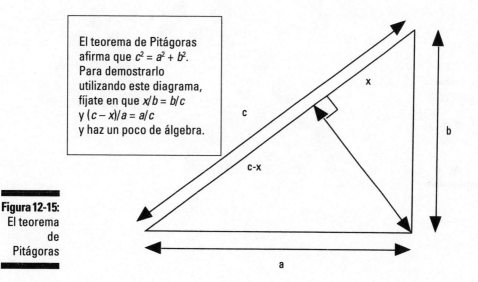

El teorema de Pitágoras afirma que $c^2 = a^2 + b^2$. Para demostrarlo utilizando este diagrama, fíjate en que $x/b = b/c$ y $(c - x)/a = a/c$ y haz un poco de álgebra.

**Figura 12-15:** El teorema de Pitágoras

Hay una demostración ingeniosa del mismo resultado que viene de China (hacia el 40 d. C.). Einstein también descubrió una demostración propia cuando era adolescente. Me sorprende especialmente que otra demostración se deba al presidente de Estados Unidos James Garfield. Estoy bastante seguro de que nunca más veremos a alguien a ese nivel político que sepa suficientes mates como para cuadrar las cuentas de su casa, y mucho menos ingeniar una demostración original de un resultado clásico de matemáticas.

Pitágoras y sus seguidores, además de este teorema tremendamente útil y famoso, tenían también un culto extenso dedicado a las propiedades mágicas de los números. Pensaban que los números triangulares (mira la figura 12-16) eran mejores que otros; al afinar intervalos musicales sobre instrumentos de cuerda seguían un complicado conjunto de creencias sobre intervalos armónicos y, en general, las reglas de la aritmética estaban investidas de significados morales y filosóficos de todo tipo. Como se escribieron en manuscritos que sobrevivieron hasta la época del Renacimiento, estas creencias fomentaron mucho misticismo matemático hasta principios del siglo XIX. Los griegos tampoco eran tan lógicos.

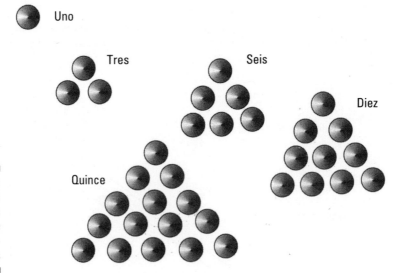

**Figura 12-16:**
Los místicos números triangulares

## *Zenón*

Como Pitágoras, Zenón nació (hacia el 480 a. C.) en las colonias griegas en Italia y llegó a Atenas justo a tiempo para los acontecimientos de la época dorada, cuando Atenas era la ciudad líder del mundo griego. Contribuyó con algunas paradojas interesantes que consiguieron enturbiar las aguas intelectuales sobre el movimiento y el tiempo hasta la época de Newton. No se puede llegar muy lejos pensando las cosas y negando el sentido común, aunque este pasatiempo originado en Grecia sigue vivito y coleando en muchos lugares hoy en día. Búscate una cafetería cerca de una universidad si no me crees.

En una paradoja, Zenón afirmaba básicamente que nunca podías llegar a donde te dirigías. Primero tenías que llegar a la mitad del camino, luego hasta la mitad de lo que quedaba de recorrido, luego hasta la mitad del camino restante, y así sucesivamente. Este proceso de ir cubriendo el pequeño tramo de camino siguiente claramente tenía que durar para siempre (mira la figura 12-17). En una paradoja relacionada, Zenón defendía que el poderoso Aquiles nunca podría alcanzar a una tortuga que le llevara ventaja, porque durante el tiempo en el que Aquiles llega hasta la posición de la tortuga, ésta ha avanzado, así que hay un nuevo intervalo que recorrer. Se suponía que las paradojas de Zenón sugerían que no podías fiarte de la evidencia de tus sentidos. Incluso si podías alcanzar a una tortuga, Zenón podía demostrarte que no podías. ¡Ándale!

La solución de estas cuestiones es que nos lleva un tiempo infinito recorrer todos estos espacios cada vez menores. Volveré a la paradoja de Zenón más tarde en este capítulo, cuando veamos la contribución de Descartes a la geometría, principalmente porque siempre me ha resultado molesto que fuera tomada en serio durante siglos. ¡¿Qué le pasaba a esa gente?!

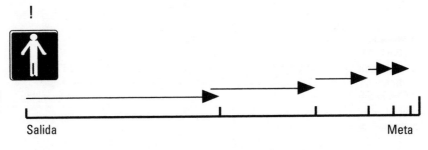

**Figura 12-17:** Zenón: siempre a mitad de camino

Salida    Meta

La paradoja de Zenón: si cada segmento cubre sólo la mitad de la distancia que queda, ¿cómo puedes llegar al final?

## *Euclides*

Euclides, que vivió hacia el 300 a. C. en un mundo griego transformado por Alejandro Magno, escribió trece libros llamados *Elementos*, de los que los primeros siguen constituyendo, en una versión aligerada, la primera mitad de la geometría plana del instituto. Nadie sabe cuánto de todo este material tuvo su origen en Euclides —tenemos sólo una pequeña parte de todos los escritos del mundo antiguo y puede que la obra de Euclides fuera una copia de los trabajos de otros matemáticos alejandrinos.

En la geometría euclidiana, partes de unos pocos elementos geométricos sin definir y un pequeño conjunto de axiomas (véase la figura 12-18) y pasas a deducir todos los resultados geométricos de los milenios precedentes.

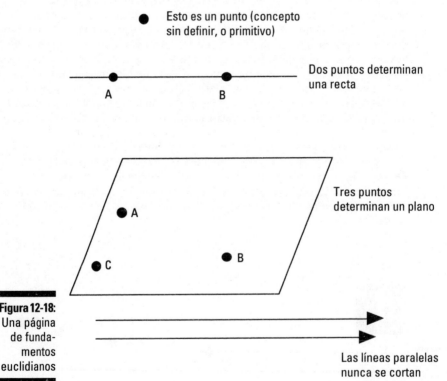

Esto es un punto (concepto sin definir, o primitivo)

A      B     Dos puntos determinan una recta

Tres puntos determinan un plano

A

C      B

**Figura 12-18:**
Una página
de funda-
mentos
euclidianos

Las líneas paralelas
nunca se cortan

El énfasis de este esfuerzo es bastante diferente de la geometría anterior.
Para empezar, no se mide nada. Las construcciones se llevan a cabo utilizando regla (para dibujar las líneas rectas) y compás (para dibujar los círculos).
No se te permite hacer medidas absolutas sobre el diagrama
—podrías, por ejemplo, demostrar que dos ángulos de un diagrama son
iguales (como se ve en la figura 12-19)—, pero en realidad nunca mides los
ángulos. Análogamente, medir áreas o distancias es hacer trampas en esta
forma de geometría —hay que responder las preguntas por medio de argumentos en lugar de recurrir a un experimento sobre papel o con materiales.

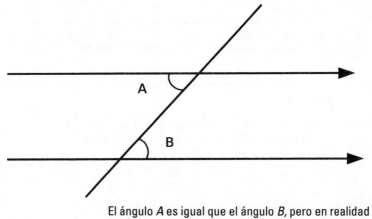

**Figura 12-19:**
Un
problema
euclidiano
clásico

El ángulo *A* es igual que el ángulo *B*, pero en realidad
nunca mides ninguno de los dos ángulos en grados

Puedes hacerte una idea de este proyecto, y algo de su motivación socio-
lógica, si examinas rápidamente la siguiente proposición:

*Si dos triángulos rectángulos tienen ángulos iguales entre sí, entonces las
razones entre las longitudes de los lados también son iguales.*

Esta afirmación tiene muchas consecuencias prácticas, como se muestra
en la figura 12-20, pero la demostración es lo suficientemente molesta
como para que fuera conocida como el *Pons ansinorum*, el 'puente de los
asnos' en latín, lo cual quería decir que estabas en el lado incorrecto del
puente (allá con los asnos) si eras incapaz de demostrarlo. Creo que este
elemento concreto de la terminología pone de relieve una característica
desagradable de una gran parte de la educación matemática: demostrar
que eres más listo que el de al lado, y es una característica que sin duda
rige desde hace mucho tiempo.

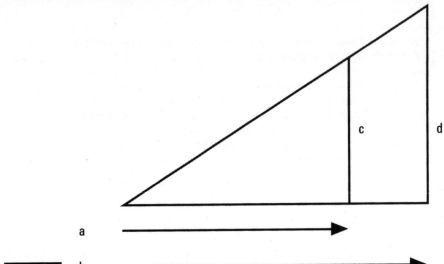

Teorema: Muestra que $c/a = d/b$, donde las letras representan las longitudes de los segmentos de línea recta indicados

En las clases del instituto, rara vez se comenta que el ambicioso proyecto del siglo XIX de *axiomatizar*, o hacer rigurosas, todas las matemáticas, llevó a un descubrimiento interesante. El descubrimiento fue que no se puede hacer (puedes ir al capítulo 23). Los matemáticos griegos quizá pensaron que cualquier resultado importante en geometría podía demostrarse a partir de un pequeño conjunto de axiomas, pero se ha visto más tarde que esta creencia está equivocada. Desde luego, esto no significa que la idea de demostración esté pasada de moda o que aprender a demostrar teoremas sea una pérdida de tiempo, pero sí significa que el mundo real de las matemáticas ha resultado ser mucho más extraño de lo que imaginaban los griegos.

# El nuevo mundo de la geometría

La primera innovación real en la geometría en, aproximadamente, dos mil años ocurrió cuando el brillante filósofo francés René Descartes comenzó a explorar la idea de asignar números a los puntos de un plano. Incluso si no estás familiarizado con esta idea, utilizas el mismo principio cada día cuando buscas la calle San Fulano en un mapa de la ciudad y encuentras que está en D-6. De hecho, una rápida inspección de la figura 12-21 podría convencerte de que la genial idea de Descartes estaba ahí sentada, esperando a que la descubrieran ya en Egipto.

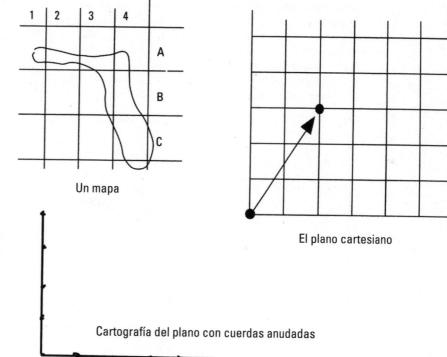

Un mapa

El plano cartesiano

**Figura 12-21:**
Un mapa, un plano cartesiano y dos cuerdas anudadas

Cartografía del plano con cuerdas anudadas

Cuando Descartes, haraganeando en la cama todo el día en el exilio en Ámsterdam (hacia 1630), desarrolló la materia de la geometría analítica, realmente fundó una familia entera de materias que forman la base de las matemáticas aplicadas de hoy en día. Por *geometría analítica*, los matemáticos entienden simplemente geometría en la que se han incluido números: la geometría de las gráficas.

En la geometría euclidiana, esencialmente no hay números: la noción de cantidad se expresa en términos de razones. Así no se diseñan las alas de los aviones. En la geometría cartesiana, en cambio, los números están en todas partes, incluso hasta el punto de que pueden usarse para definir espacios con más dimensiones de las que en realidad puedes ver. Para este libro, sólo usaré ejemplos del plano, pero todo lo que diga en esta sección se aplica igual de bien al espacio de siete dimensiones.

## Distancia en un plano

Éstas son algunas convenciones de la geometría de Descartes, llamada *geometría cartesiana*. La dirección de arriba abajo del plano cartesiano suele llamarse *eje de la y* o *eje de ordenadas*; la que va de lado a lado es el eje de las *x* o *eje de abscisas*. Cada punto del plano se identifica mediante su posición *x* (llamada coordenada *x*) y su posición *y* (llamada coordenada *y*). El punto (3,4), por ejemplo, significa el punto *x* = 3 e *y* = 4 —ahí está en la figura 12-22— te mueves de lado tres unidades y luego subes cuatro unidades para encontrarlo.

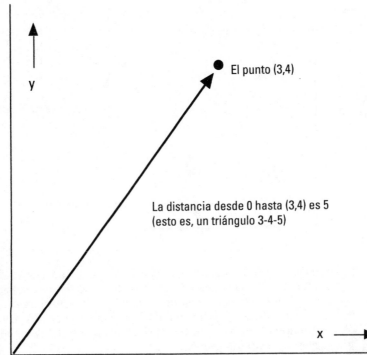

El punto (3,4)

La distancia desde 0 hasta (3,4) es 5
(esto es, un triángulo 3-4-5)

y

x

**Figura 12-22:**
El punto
(3,4) y su
distancia
desde 0

Si observas nuevamente la figura, puedes ver la silueta de tu viejo conocido, el teorema de Pitágoras. De hecho, utilizas este teorema para calcular las distancias en el plano. Entre cada pareja de puntos hay una línea que resulta ser el lado largo *(hipotenusa)* de un triángulo rectángulo. Como es fácil calcular los otros dos lados del triángulo, puedes calcular también el lado largo, que sencillamente es la distancia entre los dos puntos (mira la figura 12-23).

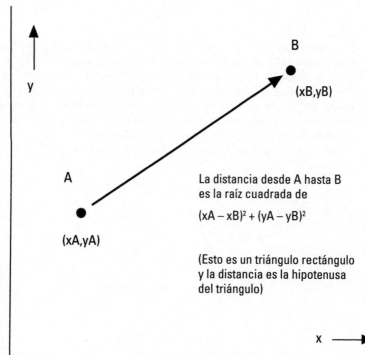

**Figura 12-23:**
La
distancia
entre dos
puntos

# Una línea o dos

Ahora, como he llamado al primer número de una pareja la coordenada $x$ y al segundo número la coordenada $y$, cada vez que escribo alguna relación entre $x$ e $y$, he definido algo que aparece en el plano cartesiano como un elemento de geometría. Observa estos dos ejemplos.

Primero, ¿qué significa esta expresión?

$$y = 2x$$

Para descubrir el significado, escoges un puñado de números $x$, encuentras los correspondientes números $y$, y luego localizas todas estas parejas $(x,y)$ en el plano. Este proceso debería ser bastante sencillo. Escoge primero 1 para la $x$. Esta expresión dice que la $y$ que va con esta $x$ es sencillamente $2x$, que es 2. Así que uno de los puntos es (1,2). Escoge 3 para la siguiente $x$, y la expresión dice que 6 es la $y$ correspondiente. Ese punto es (3,6). De esta forma, haces una pequeña lista de puntos y ves dónde caen en el plano. Fíjate en el resultado en la figura 12-24.

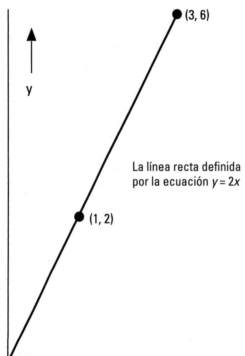

**Figura 12-24:**
$y = 2x$ representado en el plano

La línea recta definida por la ecuación $y = 2x$

(3, 6)

(1, 2)

Ahí está. Al final no ha sido tan terrible. Acabas de *dibujar una línea recta en el plano cartesiano*. No ha dolido en absoluto. Con el valor que te ha infundido este éxito, prueba con un avance modesto.

Fíjate en esta expresión:

$$y = x - 2$$

¿Qué ocurre aquí? Para $x = 0$, la regla dice que $y = -2$, lo cual te da el punto $(0, -2)$. Para x = 8, la regla dice que y = 6, y esto te da el punto $(8,6)$. Recolectando unos pocos puntos más, puedes hacer el dibujo de la figura 12-25. Fíjate en que a la regla no le importa si metes números negativos como x = –17,1 en la expresión: desde el punto de vista de las gráficas, todos los números son iguales.

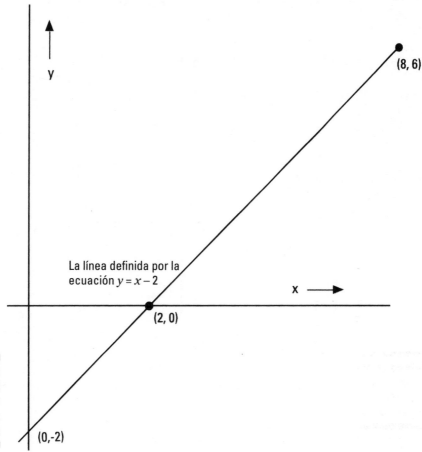

La línea definida por la ecuación $y = x - 2$

(8, 6)

(2, 0)

(0,-2)

**Figura 12-25:**
y = x – 2
define
otra línea
recta

Resulta que cada línea recta del plano está definida por una expresión que relaciona *x* e *y* de esta manera (en seguida verás lo que ocurre cuando tienes $x^2$ o algo en lugar de una *x* sencilla). Todas las construcciones de la geometría euclidiana que involucraban líneas rectas se pueden discutir en términos de estas ecuaciones de *x* e *y*. Esto no sólo hace que demostraciones de todo tipo sean sencillas y directas, sino que permite una extensión bonita a las curvas también, como verás en el apartado siguiente.

## Un argumento circular

En la figura 12-26 he dibujado un círculo alrededor del punto (0,0). ¿Cómo lo describirías en términos de *x* e *y*? Bueno, la definición de un círculo es que cada punto está a la misma distancia del centro. Hace unos cuantos párrafos, también di una definición de distancia.

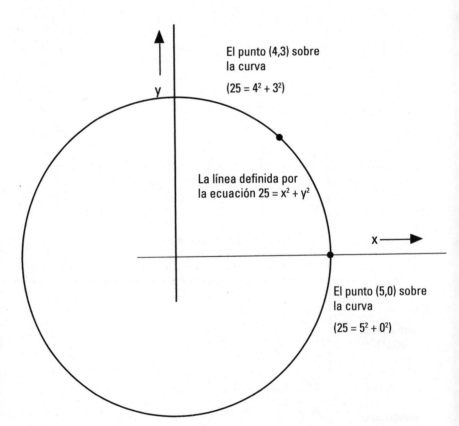

El punto (4,3) sobre la curva

$(25 = 4^2 + 3^2)$

La línea definida por la ecuación $25 = x^2 + y^2$

x

El punto (5,0) sobre la curva

$(25 = 5^2 + 0^2)$

**Figura 12-26:**
Un círculo en el plano cartesiano

En este caso, el centro es cero y la distancia es siempre de cinco unidades, así que voy a intentar preparar una expresión de esta manera:

distancia desde $0 = 5$

Usando la fórmula de la distancia en la figura 12-23, tienes

distancia $= \sqrt{(x^2 + y^2)} = 5$

o

$x^2 + y^2 = 25$

Puedes sacar la calculadora y demostrarte que los puntos $(x,y)$ que satisfacen esta expresión están todos a exactamente cinco unidades del cero en el plano.

# *Gráficas*

Uno de los grandes logros de Descartes al fundar la geometría analítica fue reducir en gran medida la hipertensión que te provocan algunos aspectos de la geometría. Por ejemplo, en el mundo de Euclides, el estudio de las secciones cónicas estaba cargado de dificultades notables. Una *sección cónica* (elipse, parábola o hipérbola) es una curva que se obtiene cuando cortas un cono con un plano.

En el nuevo mundo de encontrar puntos a partir de una regla y dibujarlos, puedes demostrar teoremas euclidianos de toda clase llevando a cabo unas pocas operaciones algebraicas sencillas sobre las expresiones de las curvas. No hay mucho aquí que pueda considerarse matemática cotidiana, pero la figura 12-27 te muestra el aspecto de estas curvas para tu cultura general. No hay nada en estas gráficas que no pudieras hacer tú mismo averiguando los conjuntos de puntos dictados por las expresiones y luego volcando esos puntos sobre el plano.

Cuando la regla que utilizas para encontrar puntos $(x,y)$ te da como máximo una $y$ para cada $x$, entonces la regla se llama *función*. Como puedes ver en la figura 13-26, en un círculo hay valores de $x$ a los que les corresponden dos valores de $y$, así que la regla del círculo no es una función. En cambio, las reglas para las líneas rectas que vimos en las figuras 12-24 y 12-25 sí son funciones. Muchos cursos de matemáticas dedican una parte importante del temario a descubrir las características de las gráficas de funciones: dónde cortan a los ejes que marcan las direcciones "hacia arriba" y "de lado", cuándo suben, cuándo bajan, etcétera.

De todas formas, hay calculadoras gráficas relativamente baratas que pueden hacer todo este trabajo por ti. Todavía no hay un camino real hacia la geometría, pero el acceso a los hechos básicos de la geometría no es desde luego el reto formal que suponía para una élite, como en el 300 a. C.

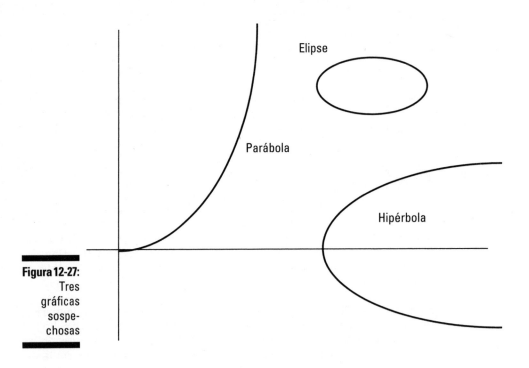

Elipse

Parábola

Hipérbola

**Figura 12-27:**
Tres
gráficas
sospe-
chosas

# Capítulo 9

# Lo que intentaban contarte en trigonometría

*En este capítulo*

▶ Trabajar con triángulos básicos

▶ Situar ángulos sobre una esfera

▶ Relacionar senos, cosenos y ondas

▶ Hacer la ola

Supongo que ya te habrás dado cuenta de que gran parte de la educación consiste en establecer diferencias sociales. En Estados Unidos, en un buen instituto, muchos de los chicos que van a ir a la universidad estudiarán latín, mientras que los que están destinados a los programas de formación profesional estudiarán un año de español en un curso diseñado para conseguir muy poca fluidez. Para un país que se considera una democracia (y desde luego ha hecho un buen trabajo, al menos para ser un país tan grande), hay una jerarquía social sorprendentemente detallada, no sólo entre colegios sino también entre los programas dentro de los colegios e institutos.

La trigonometría, a veces bajo la forma de un curso llamado "Álgebra avanzada", es la típica asignatura que diferencia a los estudiantes que van a ir a la universidad de los que no. Si no la estudiaste, o se te ha olvidado casi todo, tengo dos buenas noticias para ti, que están en conflicto:

✔ No te estás perdiendo mucho, al menos en términos prácticos. Si tuvieras que elegir un tema de matemáticas que dominar, el interés compuesto es de lejos más importante que la trigonometría.

✔ Todos los aspectos difíciles de la trigonometría se han convertido en relativamente fáciles con la introducción de la calculadora científica.

Este capítulo probablemente debería titularse "Cultura general sobre los ángulos" porque plantea muchos temas pero no incluye mucha resolución de problemas. Seguramente no esperabas encontrar cosas sobre la radio en un capítulo de trigonometría, pero eso es sólo una muestra de cómo están interrelacionadas las distintas ramas de las matemáticas.

# En el país de los senos y los cosenos

Una vez estudié un curso de química en el que el profesor, que había estado explicando cómo sintetizaban sustancias químicas los científicos del siglo XIX, levantó la vista hacia la clase como si se hubiera sorprendido a sí mismo y dijo:

—¿Saben? Esos viejitos no eran tan tontos.

Eso es todavía más acertado para los matemáticos, porque un escriba egipcio probablemente podría dejar tirado al estudiante medio en un examen final adecuadamente traducido. Por eso vamos a hacer este pequeño repaso histórico.

## Hace mucho tiempo, en un lugar lejano: las medidas en el antiguo Egipto

En la geometría griega, pasas mucho tiempo demostrando que un ángulo dado es igual a otro ángulo, pero nunca tienes una verdadera medida, a no ser, por supuesto, que se trate de un ángulo recto.

La geometría egipcia insistía en tener un número para el ángulo en el que se estaba pensando. En términos del número de bloques de roca caliza que vas a necesitar, hay una gran diferencia entre construir una pirámide ligeramente más achatada o más alargada (y aquí *ligeramente* es desde luego la palabra apropiada, porque todas las pirámides utilizan casi los mismos ángulos). La medida egipcia de los ángulos es el *seked* (mira la figura 13-1), y los lados de las pirámides tienen ángulos entre 5,25 y 5,5 *seked*.

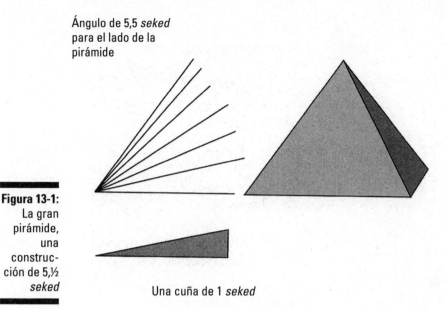

Ángulo de 5,5 *seked*
para el lado de la
pirámide

**Figura 13-1:**
La gran
pirámide,
una
construc-
ción de 5,½
*seked*

Una cuña de 1 *seked*

A los prácticos egipcios probablemente les gustaba el *seked* porque es un buen ángulo para una cuña o una rampa. En nuestra civilización, en cambio, dividimos los ángulos de todo el círculo en 360°. Heredamos este número de grados de los babilonios, que eran aficionados a los múltiplos de 12 y 20. Al igual que los antiguos astrónomos de México, los babilonios creían que el año debería tener trescientos sesenta días, por ser trescientos sesenta un número tan padre. Prácticamente cualquier civilización antigua tenía el año organizado en 360 días que estaban bien y cinco días de mala suerte añadidos al final. Con 360° en el círculo, tienes la tabla de ángulos sugerentes y populares en la figura 13-2.

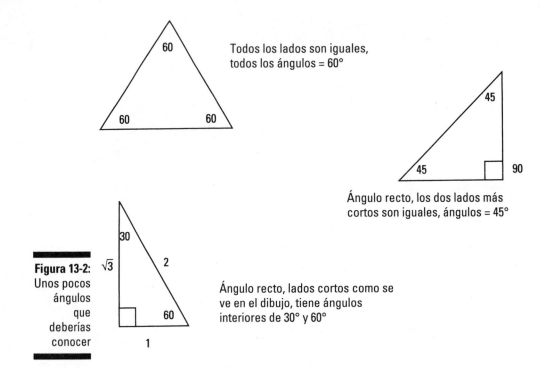

Todos los lados son iguales, todos los ángulos = 60°

Ángulo recto, los dos lados más cortos son iguales, ángulos = 45°

**Figura 13-2:** Unos pocos ángulos que deberías conocer

Ángulo recto, lados cortos como se ve en el dibujo, tiene ángulos interiores de 30° y 60°

## Triángulos en un círculo

Si tienes un pequeño triángulo rectángulo de un *seked*, puedes imaginarte que un triángulo rectángulo muy grande de 1 *seked* será proporcional a él (mira la figura 13-3). En el 2000 a. C. los egipcios sabían que podían utilizar este truco para estimar las distancias que no podían medir directamente, y eso es lo que hacían (mira la figura 13-4).

La altura de la cuña es una unidad y mide 5 unidades de largo. Si la palmera está a 25 unidades de distancia, entonces debe medir 5 unidades de altura, porque para que se mantenga la escala debemos tener

$$\frac{1}{5} = \frac{palmera}{25}$$

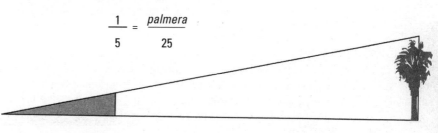

**Figura 13-3:**
El truco del triángulo egipcio

Una cuña de un *seked*

Si el agrimensor conoce la distancia entre las palmeras (mirándolas de frente desde la otra orilla del río), entonces puede decirte la distancia hasta los árboles alineando un triángulo de 45°, como se ve aquí

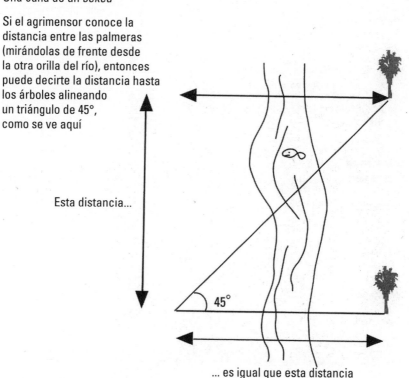

Esta distancia...

**Figura 13-4:**
El truco del triángulo en la agrimensura

45°

... es igual que esta distancia

La pregunta a la que nos enfrentamos es ésta: ¿se puede utilizar este truco de los triángulos proporcionales para cualquier ángulo? La respuesta, suministrada por una serie de matemáticos del siglo XVII, es: ¡ya lo creo que puedes!

El proceso se generalizó así: si dibujas triángulos rectángulos dentro de un círculo, como en la figura 13-5, te sale toda una serie de triángulos de la que sabes dos cosas,

✔ El radio del círculo está fijado y es igual a 1.

✔ $s^2 + c^2$ tiene que ser igual a 1, por el teorema de Pitágoras para triángulos rectángulos.

Aquí estoy utilizando mis propios nombres para los lados del triángulo. "Sube" es *s* y "cruza" es *c*. Los nombres verdaderos de estos lados del triángulo son seno (*s*) y coseno (*c*), abreviados como *sen* y *cos*. Por respeto a los griegos, el ángulo suele llamarse *theta* en esta situación (Θ), pero como soy una persona que habla en un lenguaje común y corriente, voy a llamarlo *a*.

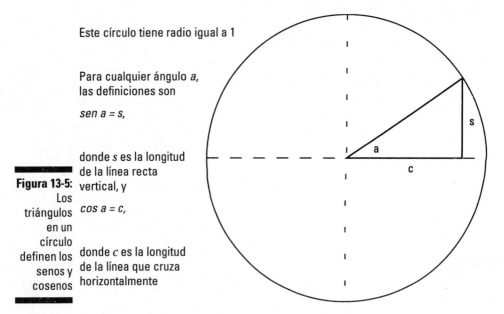

Este círculo tiene radio igual a 1

Para cualquier ángulo *a*, las definiciones son

*sen a* = *s*,

donde *s* es la longitud de la línea recta vertical, y

*cos a* = *c*,

donde *c* es la longitud de la línea que cruza horizontalmente

**Figura 13-5:** Los triángulos en un círculo definen los senos y cosenos

## Seno, coseno y agrimensura

El número del seno depende del ángulo *a*. La tabla 13-1 es una pequeña tabla de senos. Debido a que el seno depende del tamaño del ángulo, puedes decir que el seno es una función del ángulo *a* y escribir una expresión como ésta:

$$0.5 = sen(a), \text{ para } a = 30°$$

Si cambias *a*, cambia el *sen(a)*. Eso es lo que significa una función. Si conoces *a*, entonces puedes buscar *sen(a)*.

### Tabla 13-1: Una pequeña tabla de senos

| | |
|---|---|
| sen 10° | 0,17 |
| sen 30° | 0,50 |
| sen 45° | 0,71 |
| sen 60° | 0,87 |
| sen 90° | 1 |
| sen 180° | 0 |

Ahora bien, ¿cómo puede algo de esto constituir una mejora del viejo truco egipcio del triángulo para la agrimensura? Así: en trigonometría, con tener uno de los lados de un triángulo rectángulo y uno de los ángulos que no es recto, puedes calcular los otros lados. En la primera versión de "La trigonometría contra las pirámides", te sale un diagrama como el de la figura 13-6.

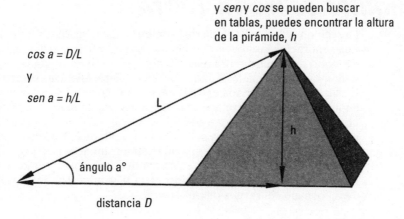

Como la distancia *D* es conocida, y *sen* y *cos* se pueden buscar en tablas, puedes encontrar la altura de la pirámide, *h*

$\cos a = D/L$

y

$\text{sen } a = h/L$

L

ángulo a°

h

distancia *D*

**Figura 13-6:** La gran pirámide, ahora un problema de trigonometría

Pero la trigonometría tiene trucos todavía más chulos que todo eso. Cualquier triángulo se puede descomponer en dos triángulos rectángulos y esto quiere decir que es posible fabricar fórmulas para cubrir todo tipo de ejemplos de agrimensura (mira la figura 13-7), incluso si te resulta incómodo formular el problema en términos de triángulos rectángulos. Y eso es precisamente lo que ves hacer a los agrimensores: medir distancias y ángulos para hacer mapas.

Los lados del triángulo tienen longitudes _A, B_ y _C._ Si conoces dos lados y puedes medir el ángulo a, entonces puedes encontrar la longitud del tercer lado usando la fórmula

$A^2 = B^2 + C^2 - 2BC \cos a$

**Figura 13-7:**
Problemas
más
difíciles,
trigono-
metría
más difícil

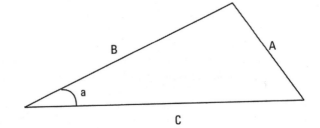

# Ángulos sobre la Tierra

La sección anterior hablaba de geometría plana, medidas tomadas sobre una superficie plana, o por lo menos una superficie suficientemente plana, de modo que la curvatura puede ignorarse. Pero los ángulos se pueden definir con la misma facilidad sobre una esfera. Mientras escribo esto, mi localización aproximada es 123° oeste y 39° norte. Todos vivimos sobre la superficie de una esfera, y el radio es aproximadamente constante —incluso la cima del Everest, a 8 km de altura, es sólo una pequeña imperfección del 1‰ en esta esfera suave con un radio de 6,000 km—. Eso significa que nuestra posición en el espacio tridimensional se puede especificar con mucha exactitud usando únicamente dos ángulos, como se muestra en la figura 13-8. ¿Cómo podía encontrar la gente estos ángulos en mitad de un océano sin rasgos distintivos?

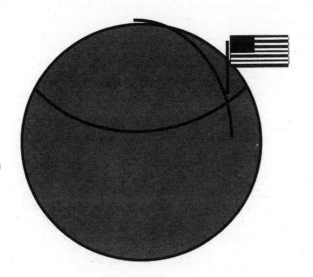

Washington, D. C., aproximadamente a 39° norte 77° oeste

**Figura 13-8:**
Señali-
zación de
un lugar
con
ángulos

A finales de la Edad Media, los marineros habían averiguado que podían determinar a qué distancia estaban hacia el norte o el sur del planeta avistando el Sol con un instrumento que medía el ángulo al que se encontraba el Sol sobre el horizonte a mediodía (a pesar de lo que te hayan contado, en torno al 1350, aproximadamente, los marineros de Europa sabían no sólo que la Tierra era redonda, sino que tenían además una idea bastante aproximada de su diámetro; y los griegos y los árabes lo sabían mucho antes). ¿Cómo se relaciona el ángulo del Sol con el norte y el sur?

## *Arriba, abajo...*

Se hace así: imagina un día soleado de marzo. Estás cerca del polo norte sin nada que hacer (recuerda, no hay ni pingüinos con los que jugar). A mediodía, ves el Sol prácticamente de frente. Ahora imagina que estás en Quito, Ecuador (¿por qué crees que llamaron Ecuador al país?), con un Pisco Sour en la mano y que estás al Sol al mediodía, delante de una tienda de regalos incas falsos. Efectivamente, el Sol te queda exactamente encima.

Así que, si usaras como referencia la vertical, en cualquier lugar intermedio, desde el ecuador hasta el polo norte, encontrarías que el ángulo del Sol está entre directamente encima (0°) y directamente enfrente (90°).

Esto te da una *latitud* (el número de grados al norte o al sur del ecuador). El instrumento utilizado para medir el ángulo se parece al transportador de ángulos de la clase de geometría, y en todas partes hay museos con preciosos ejemplares de bronce rescatados de barcos reales.

Como curiosidad, es posible que te preguntes cuánto es un ángulo en términos de distancia. El globo terráqueo tiene un diámetro de unos 12,600 km, así que, según las reglas de la geometría que vimos en el capítulo 12, tienes una circunferencia de π veces ese diámetro, que es 3.14 × 12,600 = 39,438 km (la circunferencia de la Tierra es la distancia alrededor del mundo a lo largo del ecuador o un meridiano). Como toda circunferencia mide 360°, y un grado de latitud es aproximadamente 110 km (divides 39,438 entre 360).

## *... y alrededor*

Encontrar un punto en la dirección norte/sur no es el problema difícil. El problema es medir la dirección lateral, llamada *longitud*. Como ves, el planeta está girando, lo cual supone un gran inconveniente para avistar algo en una dirección determinada. Hay muchas estrellas que pueden servirte de referencia, pero estás dando vueltas en medio ellas. Si tuvieras una carta celeste (un mapa de las constelaciones y estrellas que se ven de noche) y una forma de determinar la hora, podrías avistar el mismo punto a la misma hora todas las noches.

Otra posibilidad es que si tuvieras una referencia temporal para un lugar fijo en la superficie de la Tierra, y también tuvieras tu propio reloj, podrías comparar la hora del amanecer del lugar en el que estuvieras con el amanecer del lugar fijo (lo buscarías en una tabla suministrada por las autoridades navieras). Esto te dice básicamente cuál es tu *zona horaria*.

Todas estas zonas horarias están referidas a Greenwich (Inglaterra) y se le asigna la longitud cero a una línea que atraviesa el Royal Naval Observatory (Real Observatorio Naval) en Greenwich (recuerda que la latitud cero es el ecuador). No es casualidad que el Almirantazgo encargara el desarrollo de relojes que siguieran siendo precisos mientras atravesaban 15,000 km de rugientes tormentas en el Pacífico. Estos relojes (llamados *cronómetros*) hacían posible una gran precisión en el ángulo de longitud, de forma que pequeñas motas en mitad del vasto océano, como las islas Niue o Norfolk (¡búscalas!), se podían situar definitivamente sobre una carta náutica.

## Estrellas hechas por el hombre

Después de siglos de astucia en la investigación, se ha simplificado electrónicamente todo el asunto en atención a los zotes absolutos. Uno de los objetivos de los primeros constructores de satélites fue el de lanzar un sistema de orientación por satélite que pudiera suministrar la localización exacta en cualquier lugar, a cualquier hora.

Los primeros sistemas que interpretaban las señales de navegación de los satélites eran del tamaño de una nevera y costaban miles de euros —el vehículo apropiado para utilizar estos sistemas era el portaaviones—. Ahora, años después, un sistema de navegación del tamaño de una calculadora que te da automáticamente la latitud y la longitud con un error máximo de 6 metros o así cuesta sólo unos $2,500. Tengo un amigo que compró uno para su lancha motora, que utiliza sólo para hacer esquí acuático sobre el lago Sonoma. No puedes perderte en este lago (puedes ver el puerto desde cualquier punto), pero era tan barato que no pudo resistirse (además venía de una ferretería, no de una tienda de suministros náuticos). Puedes comprarte uno y seguir en coordenadas angulares sobre el planeta el camino que haces hasta la casa de tu abuela por Navidad, de principio a fin.

# Senos y ondas

Y cuando vuelvas de casa de tu abuela, la trigonometría entrará en tu casa en varias formas (literalmente, en forma de ondas sonoras, de radio y muchos otros fenómenos de todo tipo).

## Ondas simples

La figura 13-9 es una gráfica de $sen(a)$ donde $a$ toma todos los valores desde 0 a 360°. Al llegar a 360°, por supuesto, el ángulo está de nuevo donde comenzó, así que la siguiente parte de la gráfica tiene exactamente el mismo aspecto (observa la figura 13-10). Lo que estás viendo en esta gráfica es el tipo de onda más sencillo.

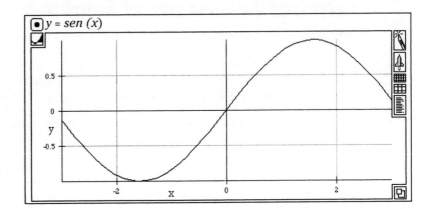

**Figura 13-9:**
Un ciclo de
una onda
sinusoidal

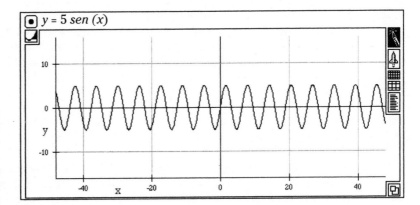

**Figura 13-10:**
Una onda
extendida a
varios
ciclos

## *Pinggg: ondas sonoras*

Si le das un golpe a un diapasón, manda un patrón de presión sonora a la habitación que tiene la forma de esta clase de onda. Una *onda sinusoidal*, como se denomina, corresponde a un único tono puro. Si de hecho mides el tono con un micrófono especial, la altura de los picos te dice el volumen del tono, y la distancia entre los picos te da la longitud de onda. Una distancia grande corresponde a una nota grave; una distancia corta corresponde a un tono agudo (mira la figura 13-11). En ciclos por segundo (la medida de frecuencia, que ahora normalmente se llama *hercio* y se abrevia Hz), puedes oír tonos desde unos 30 Hz o así hasta quizá 12,000 Hz. Los tonos más agudos, de 20,000 Hz, por ejemplo, están en el rango de los silbatos para perros. No puedes oír tonos tan agudos.

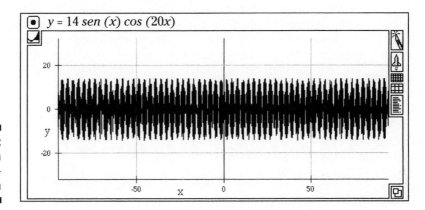

$$y = 14 \, sen \, (x) \, cos \, (20x)$$

**Figura 13-11:**
Música
mate-
mática

Así que puedes tener ondas de diferentes alturas (la altura se llama *ampli-tud* en la jerga de las ondas) y diferentes frecuencias. La característica de estas ondas que le da al sonido su variedad es la regla de que las ondas simplemente pueden sumarse unas a otras. La figura 13-12 muestra la función matemática para un conjunto de ondas sumadas. Cualquier soni-do puede representarse como un conjunto de ondas sumadas unas a otras para producir ondas de diferentes formas. Los sonidos complejos como el habla tienen ondas de formas muy complicadas (y ésta es una de las razones por las que es tan difícil hacer programas informáticos de reconocimiento de voz). Los sonidos de los instrumentos musicales rea-les tampoco son tonos puros, sino mezclas complicadas. Por eso llevó años de investigación hacer sonidos sintetizados que sonaran razonable-mente parecidos a los que emite un piano.

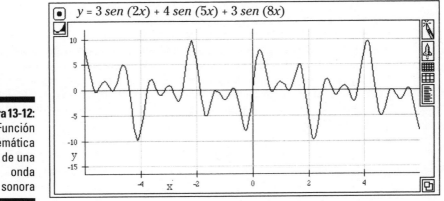

$$y = 3 \, sen \, (2x) + 4 \, sen \, (5x) + 3 \, sen \, (8x)$$

**Figura 13-12:**
Función
matemática
de una
onda
sonora

También resulta que los cosenos tienen su propia forma, que es exactamente igual que la de los senos, excepto que sus *ceros* (los cortes con el eje horizontal) están desplazados 90°. Puedes sumar estas ondas a los senos y, si quieres, multiplicar senos y cosenos, obteniendo ondas interesantes y de complejidad fantástica. Un sintetizador de música simplemente suma ondas electrónicas y luego ajusta la amplitud de la forma de la onda resultante.

## *A la velocidad de la luz: ondas sinusoidales electromagnéticas*

Cada forma de radiación, desde la luz del Sol a los rayos X o las ondas de radio AM, aparece como una onda sinusoidal electromagnética que es parecida a las ondas sonoras, excepto que

✔ La onda es de campo eléctrico, en lugar de presión del aire, y

✔ las frecuencias en hercios pueden ser mucho más altas que las de las ondas sonoras.

Como otro ejemplo de los trucos que puedes hacer con ondas sinusoidales, analizaré el caso de la radio AM. Ésta es la historia: si hablas delante de un micrófono, el micrófono convierte las ondas sonoras en ondas electromagnéticas que viajan por un cable. Si estuvieras cantando un tono puro de 500 Hz (en realidad no puedes conseguir que sea tan puro), el micrófono produce una onda electromagnética pura de 500 Hz en el cable.

El reto de la radio AM es encontrar una manera de mandar esta onda desde una antena de modo que se pueda recibir a kilómetros de distancia. Esto se hace simplemente multiplicando la onda del micrófono por una *onda portadora* de una frecuencia mucho mayor.

Puedes ver la idea básica en la figura 13-13. Para una emisora que opere a 1,200 kHz (que son 1,200,000 Hz), el resultado es una onda que parece una onda simple de 1,200 kHz pero con una amplitud modificada que muestra una ondulación de 500 Hz. Se puede sintonizar el receptor de radio AM para que elimine la onda sinusoidal portadora, y quede una señal eléctrica de 500 Hz que se pasa a un altavoz, donde vuelve a convertirse en sonido de 500 Hz.

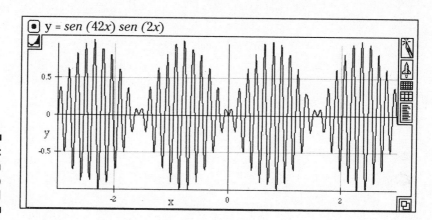

**Figura 13-13:**
El gran plan
de la radio
AM

De ahí viene el nombre de la radio AM; AM significa *amplitude modulation* (modulación de la amplitud). También es la razón por la que la radio AM no es una buena elección para un buen sonido musical. Debido a que hay emisoras de radio aproximadamente cada 10,000 Hz a lo largo del dial, cada estación tiene que recortar las frecuencias de sus señales musicales para evitar que se solapen a las de las emisoras vecinas. Hay un espacio para señales (llamado *ancho de banda*) más que suficiente para hablar, que no requiere un rango de frecuencias grande, pero la radio AM no va a hacer un buen trabajo cuando transmite conciertos de violín.

*Cualquier* cosa que puedas recibir con una antena de cualquier tipo se generó en la emisora como un conjunto de ondas sinusoidales sumadas o multiplicadas electrónicamente, al igual que las ondas sinusoidales de los pequeños diagramas de este capítulo. La mitad de los trucos de la electrónica moderna consiste en formas de combinar de manera exacta las ondas sin introducir distorsiones. Y luego, en el lado del receptor, tienes un equipo que puede descodificar las ondas y convertirlas en una señal sonora o un barrido de la pantalla del televisor o algún otro tipo de mensaje. El mundo entero de las comunicaciones, incluyendo las señales de navegación por satélite mencionadas antes, está basado en la combinación de humildes funciones circulares de la trigonometría.

# Capítulo 10

# Lo que intentaban contarte en probabilidad y estadística

*En este capítulo*

▶ Calcular probabilidades

▶ La probabilidad de una coincidencia

▶ La ley de los grandes números

▶ El significado de la media

▶ Medias engañosas

▶ Correlaciones y causas

**E**n los temarios de mates del instituto hay una última parte dedicada a la teoría de probabilidades y a la estadística. Esta parte de las matemáticas se desarrolló en los siglos XVII y XVIII para resolver problemas en el ámbito de los juegos de azar, como ¿qué apuestas son justas?; si tenemos que recoger y marcharnos antes de terminar la partida, ¿cómo repartimos el premio?, y, sobre todo, ¿por qué pierdo tanto dinero en los juegos de azar? El capítulo 17, que va de apuestas, trata algunas de las cosas que enseñan las matemáticas sobre los juegos de azar.

En los libros de texto del instituto, la mayoría de los problemas de esta parte tienen que ver con juegos, apuestas, sorteos y máquinas tragaperras. Hoy en día, sin embargo, se hacen cálculos de probabilidad y estadística en las ingenierías, las ciencias, la medicina, el marketing y muchas otras disciplinas. Como este libro está dedicado a las matemáticas de todos los días, voy a contarte algunas ideas importantes que quizá te ayuden un poco a evitar algunos errores comunes cuando están por medio probabilidades y estadísticas.

# ¿Cuántas posibilidades hay?

Usamos las matemáticas de probabilidades cuando hay varias posibilidades y no sabemos cuál va a ser el resultado. Una moneda lanzada al aire puede dar cara o cruz; del bombo de la lotería pueden salir muchos números diferentes, y la semana que viene puede ser soleada o nublada, ¿quién sabe?

La probabilidad de que suceda algo no es más que la fracción de todas las posibilidades que pueden darse. Por ejemplo, la probabilidad de que salga cara al lanzar una moneda es $^1/_2$, porque hay dos posibilidades (cara y cruz) y cara es una de ellas. La probabilidad de sacar un naipe al azar de una baraja española y que sea un rey es $^4/_{40} = {}^1/_{10}$, porque hay 4 reyes y 40 naipes.

La probabilidad siempre será un número entre 0 y 1; en ese rango, 0 quiere decir que el resultado en cuestión es imposible y 1 quiere decir que es seguro. A veces, las probabilidades se dan como porcentajes. En lugar de 1, se dice que la probabilidad es del 100 %; en lugar de 0.23, del 23 %, y en lugar de 0.157, del 15.7 %. Para convertir una probabilidad en un porcentaje sólo hay que multiplicarla por 100.

Hay gente que cree que si lanzas cinco veces una moneda al aire y en las cinco sale cara, entonces es más difícil que vuelva a salir cara si la lanzas por sexta vez. Curiosamente, hay otros que creen que es más fácil que te vuelva a salir una cara porque las caras están en racha. Tus conocimientos recién adquiridos en teoría de probabilidades te permiten resolver la cuestión de manera salomónica: es igual de fácil que salga una cara que una cruz. Hay sólo dos posibilidades, así que la probabilidad de que salga cara es $^1/_2$, y la probabilidad de que salga cruz es $^1/_2$.

A lo mejor te da la impresión de que estoy diciendo que es igual de fácil que salgan seis caras seguidas que cinco caras en seis intentos. No es así. En realidad, es muy improbable que salgan seis caras. Es sólo una de las sesenta y cuatro posibilidades, mientras que hay seis formas distintas de que salgan cinco caras (la única cruz puede salir en el primer lanzamiento, o en el segundo, o en el tercero, etc.). Sin embargo, sea cual sea el resultado de los primeros cinco lanzamientos, la probabilidad de que salga cara en el sexto sigue siendo $^1/_2$.

## Coincidencias y alternativas

Cuando lanzas sobre la mesa un dado o una moneda, el resultado no afecta a la probabilidad de los lanzamientos posteriores. Se dice que son *sucesos independientes*.

Es muy fácil calcular la probabilidad de que coincidan dos sucesos independientes. Sólo hay que recordar que la palabra *y* se convierte en una multiplicación.

Por ejemplo, la probabilidad de lanzar dos monedas y que salgan dos cruces es

probabilidad de cruz en la primera moneda **y** probabilidad de cruz en la segunda =

$$\frac{1}{2} \times \frac{1}{2} = \frac{1}{4}$$

A veces, los sucesos no son independientes, como cuando sacas una carta cualquiera de una baraja y la dejas fuera antes de sacar otra. ¿Cuál es la probabilidad de sacar dos cartas de una baraja y que las dos sean reyes?

Bueno, la probabilidad de que la primera sea un rey es $^4/_{40}$ pero, si has sacado un rey, en la baraja quedan ya sólo tres reyes y 39 cartas, así que la probabilidad de que la primera sea un rey **y** la segunda también es:

$$\frac{4}{40} \times \frac{3}{39} = \frac{1}{10} \times \frac{1}{13} = \frac{1}{130}$$

Si hay maneras diferentes de conseguir un resultado, se suman las probabilidades. La palabra *o* se convierte en una suma.

Si quieres saber la probabilidad de que, al lanzar dos monedas, salga una cara y una cruz, entonces haces el cálculo siguiente:

Probabilidad de cara en la primera moneda **y** de cruz en la segunda,

o cruz en la primera **y** cara en la segunda =

$$\left( \frac{1}{2} \times \frac{1}{2} \right) + \left( \frac{1}{2} \times \frac{1}{2} \right) = \frac{1}{4} \times \frac{1}{4} = \frac{1}{2}$$

Hay que tener cuidado con esta regla porque algunas veces las alternativas no son excluyentes y entonces hay que restar la probabilidad de que las dos sucedan a la vez. Por ejemplo, la probabilidad de sacar una carta de copas o un rey es igual a la probabilidad de un rey más la probabilidad de una copa menos la probabilidad del rey de copas, o sea,

$$\frac{4}{40} + \frac{10}{40} - \frac{1}{40} = \frac{13}{40}$$

Ésta es la respuesta correcta: el rey de copas más los otros tres reyes más las otras 9 copas son en total 13 de 40 naipes.

# El problema de Monty Hall

Los resultados de un cálculo de probabilidades pueden ser sorprendentes. Hay un problema famoso basado en un concurso de la televisión americana llamado "Let's Make a Deal" (Hagamos un trato), que presentaba Monty Hall. En el programa, el concursante podía elegir entre tres puertas. Detrás de una de ellas estaba el premio: un flamante coche nuevo. Tras las otras dos había cabras. Después de haber elegido una de las puertas (la primera, por ejemplo), el presentador abría una de las otras dos (digamos, la tercera), revelaba dónde estaba una de las cabras y le preguntaba al concursante si quería cambiar de puerta.

Lo sorprendente es que cambiar de puerta es mejor, porque la probabilidad de acertar dónde está el coche a la primera es $^1/_3$, así que la probabilidad de fallar es $^2/_3$. Si fallaste a la primera (que es más fácil que acertar) pero luego cambias de puerta, entonces ¡te quedas con el coche!

A muchas personas, incluso a algunos matemáticos, les cuesta creer que sea mejor cambiar. Piensan que la probabilidad de encontrar el coche en el segundo intento es $^1/_2$, sea cual sea la puerta que elijas. Pero el primer y el segundo intento no son independientes entre sí, porque el presentador siempre abre una puerta que escondía una cabra, y en dos de cada tres ocasiones esto te revela dónde está el coche.

# La ley de los grandes números

Hay un resultado muy importante de la teoría de probabilidades conocido como la ley de los grandes números. Dice que, si repites muchas veces el mismo experimento, la fracción de veces en que sale un resultado concreto será, casi seguro, muy parecido a la probabilidad de ese resultado. Si lanzas una moneda mil veces, el número de caras será aproximadamente la mitad. Podrían salir, por ejemplo, 508 caras y 492 cruces. En teoría también es posible que salga cara en los mil lanzamientos, pero esto es extremadamente improbable. En el capítulo 16 te explico cómo aplicar la ley de los grandes números a los juegos de azar, con el cálculo del valor esperado.

Esta ley se puede usar también para estimar las probabilidades desconocidas. La idea es muy sencilla. Cuando cocinas mejillones frescos, algunos no se abren y hay que tirarlos. ¿Cuál es la probabilidad de que se abra uno en concreto? Para saberlo, basta con llevar la cuenta de cuántos has metido en la olla y cuántos tuviste que tirar. Basta hacerlo unas pocas veces para hacerse una idea de la probabilidad. Si en cuatro o cinco ocasiones has cocinado en total 90 mejillones y has tirado 14, la probabilidad de que uno específico se abra será aproximadamente $^{14}/_{90}$ = 0.16. Esto te da una idea de cuántos mejillones de más tienes que comprar. Si necesitas 25, sabes que 4 o 5 no se abrirán, así que tienes que comprar alrededor de 30. Cuantos más mejillones hayas cocinado, mejor será la estimación. Sólo es cuestión de llevar la cuenta.

Como para resolver problemas de probabilidades por lo general es necesario establecer todos los resultados posibles, los profesores suelen dedicar algunas clases a enseñar *combinatoria*, que no es más que una técnica de recuento de posibilidades. En estas clases se aprenden cosas con nombres tan escalofriantes como *variaciones*, *permutaciones* y *combinaciones*. Como a menudo ocurre en matemáticas, lo que hay detrás de los nombres tampoco es tan complicado. Las permutaciones, por ejemplo, no son más que el número de formas distintas que hay de ordenar un conjunto de cosas.

# Datos y más datos

Y ya que hablamos de llevar la cuenta, tenemos que mencionar la estadística, la herramienta matemática por excelencia para manejar muchos datos. Las noticias están plagadas de estadísticas, como el IPC, las cifras del paro o el PIB, que hemos visto en el capítulo 8. En el capítulo 17, encontrarás algunos consejos para interpretar con ojo crítico las estadísticas de las noticias.

Se suele decir que los datos estadísticos siempre pueden presentarse del modo que te convenga. El economista Ronald Coase sugirió incluso que, si torturas los datos lo suficiente, confesarán cualquier cosa que quieras. La realidad es que, como ocurre con cualquier otra herramienta, puedes utilizar la estadística para llevar a cabo un trabajo honrado y bien hecho, o para otra cosa.

El objetivo principal de esta rama de las matemáticas es entender los datos cuando son demasiados como para saber qué está pasando de un vistazo. Si te diera una lista de veinte o treinta edades, no te costaría mucho decirme si la mayoría son o no jóvenes. Pero si te diera la lista de edades de la población de una ciudad de dos millones de habitantes, la tarea sería mucho más complicada. Nadie se molesta en leer una lista como ésa. Para eso se inventó la estadística: los números se introducen en una base de datos y se utiliza un programa de estadística para comprenderlos.

# Cómo resumir muchos números en uno solo

El cálculo estadístico más repetido es el de la *media*. Habrás oído hablar de muchas medias. El sueldo medio, la esperanza de vida y la media de goles por partido son ejemplos de medias, y hay muchos más.

Aquí aplicaremos el cálculo de la media a un problema con el que quizá hayas tenido que lidiar. Si te dedicas a un negocio en el que los beneficios son muy irregulares (como un pequeño comercio) puede que no tengas una idea muy exacta de lo que puedes permitirte y lo que no. Los beneficios de algunos meses son buenos, los de otros son peores. La tabla 14-1 recoge unos beneficios hipotéticos para un período de dos años. Con estos ingresos, ¿puedes permitirte el pago de una hipoteca de 800 € al mes? ¿Cuánto deberías ahorrar de los beneficios de los meses fuertes para los meses flojos?

### Tabla 14-1: Los ingresos netos del año pasado y el año anterior (en €)

| *El año pasado* | | | *Hace dos años* | | |
|---|---|---|---|---|---|
| Enero | Febrero | Marzo | Enero | Febrero | Marzo |
| 2,315.32 | 2,589.07 | 1,701.89 | 2,243.92 | 2,010.69 | 1,455.56 |
| Abril | Mayo | Junio | Abril | Mayo | Junio |
| 1,445.23 | 1,271.18 | 1,531.01 | 1,390.17 | 1,247.58 | 1,232.26 |
| Julio | Agosto | Septiembre | Julio | Agosto | Septiembre |
| 1,054.71 | 1,261.89 | 1,187.84 | 1,010.88 | 914.74 | 1,794.73 |
| Octubre | Noviembre | Diciembre | Octubre | Noviembre | Diciembre |
| 1,294.52 | 1,680.36 | 2,052.76 | 1,173.12 | 1,856.01 | 2,071.54 |

¡Lo has adivinado! Para hacernos una idea de los ingresos, vamos a calcular la media. Si tienes una calculadora a mano, la fórmula no es muy difícil. Sólo tienes que sumar todos los datos y dividir entre el número de datos:

$$media = \frac{suma\ de\ todos\ los\ datos}{número\ de\ datos}$$

En el caso de la tabla 14-1, los importes suman 37,786.98 € y hay 24 datos.

$$media = \frac{37,386.98}{24} = 1,574 \text{ €}$$

Esto quiere decir que deberías ahorrar los beneficios que estén por encima de los 1,600 €, más o menos, y que si tienes una hipoteca de unos 800 € (y nadie que te ayude con ella), te quedarán alrededor de 700 € para los otros gastos.

## Medias verdades

En muchas distribuciones de datos, los números se agrupan alrededor de la media, con aproximadamente la mitad de los datos a cada lado. Un caso típico es el de la distribución normal, sobre la que puedes leer en el último capítulo, dedicado a temas de matemática avanzada.

Se cuenta que al presidente Ronald Reagan le pareció alarmante que la mitad de los estadounidenses tuviera un coeficiente intelectual por debajo de la media. Sin embargo, como el coeficiente intelectual sigue una distribución normal, esto es exactamente lo que cabe esperar. La mitad de la población estará por encima de la media y la otra mitad por debajo, pero casi todos estarán muy cerca de la media.

Si los datos no están centrados en la media, podemos llevarnos una impresión equivocada. Los sueldos son un ejemplo clásico. En España, el sueldo medio está en torno a 1,600 € al mes, pero la mayoría gana bastante menos. Lo que pasa es que hay futbolistas, consejeros delegados, banqueros y otros especímenes raros con sueldos astronómicos que elevan la media.

En 2011, el Instituto Nacional de Estadística reveló que si nos preguntamos qué sueldo divide a los trabajadores en dos grupos, de manera que la mitad gana más y la otra mitad menos, tenemos que rebajar la cifra a unos 1,350 € (este dato se conoce como la *mediana*). Si, en lugar de esto, nos preguntamos por el sueldo más común (la *moda*), encontramos que es de unos 1,100 € al mes, ¡unos 500 € menos que el sueldo medio!

En un estudio serio, además de la media, se suele incluir alguna medida de la dispersión de los datos. La más común es la *desviación estándar*, que te permite decir en qué rango están aproximadamente el 70 % de los datos.

El coeficiente intelectual medio es de 100 puntos y la desviación estándar es de 16 puntos. Esto quiere decir que alrededor del 70 % de la población tiene un coeficiente intelectual entre 84 puntos (es decir, 100 – 16) y 116 puntos (que es 100 + 16).

# Las relaciones entre dos conjuntos de datos

La estadística te permite encontrar relaciones entre conjuntos de datos sobre cosas diferentes. Si hicieras una lista de las alturas y los pesos de cien niños, encontrarías que, en líneas generales, los niños más altos son los que más pesan. En términos técnicos, se dice que hay una *correlación* entre los datos, que es lo mismo que decir "en la mayoría de los casos, cuanto mayor sea la altura, mayor será el peso". Pero diciendo esto último no puedes presumir tanto.

La herramienta que se usa en mates para encontrar correlaciones se llama *regresión* y está explicada en el capítulo 7, donde te cuento las tristes consecuencias del uso incorrecto de esta técnica en el mundo de los negocios. Probablemente no esté exagerando si digo que también es la técnica que más resultados incorrectos ha producido en las ciencias. La razón es ésta: una correlación muy fuerte entre dos conjuntos de datos no significa que uno sea la causa del otro.

Algún loco podría llegar a decir que hay que dejar de vender helados porque causan ahogamientos. Cierto, hay una correlación entre los datos (cuando se incrementa la venta de helados, aumenta el número de personas que se ahogan en la playa) pero esto no quiere decir que los helados sean la causa de los ahogamientos, ni que, al revés, los ahogamientos le den a la gente ganas de comer helado. Lo que ocurre es que, cuanto más calor hace, más gente compra helados y también hay más gente que se mete en el mar.

Seguramente tú no confundirías correlación con causa en el caso de los helados, pero hay estudios científicos en los que se comete exactamente el mismo error. En un caso bastante famoso, se encontró una correlación entre tratamientos hormonales y una incidencia menor de enfermedades del corazón. Sin embargo, más tarde se demostró que la terapia hormonal en realidad aumenta el riesgo de sufrir una enfermedad del corazón. Resultó que la correlación se debía a que las mujeres que se sometían a tratamientos hormonales provenían de grupos socioeconómicos en los que la gente tiende a cuidarse más.

La moraleja de esta historia es que si un economista trajeado entrevistado en el telediario o la atractiva médica de un anuncio te presentan una gráfica en la que los datos se ajustan perfectamente a una recta y te dicen que unos datos causan los otros, deberías preguntarte si la relación es razonable, porque podría ser verdad, pero la gráfica no lo demuestra.

# Capítulo 11

# La relación entre las matemáticas de la escuela y las de los negocios

. . . . . . . . . . . . . . . . . . . . . . . . . . . . . .

*En este capítulo*

▶ Unos pocos comentarios amargos sobre las matemáticas del instituto

▶ Sumas en álgebra, sumas monetarias

▶ Geometría del mortero de obra

▶ Pensar en el riesgo

. . . . . . . . . . . . . . . . . . . . . . . . . . . . . .

*U*n buen curso de álgebra en el instituto te prepara para sacar buena nota en las pruebas de acceso a la universidad para que puedas estudiar la carrera que elijas. También te ayuda a resolver problemas que tengan que ver con trenes que se dirigen unos hacia otros a diferentes velocidades y sus consecuentes destinos. Sin embargo, generalmente fracasa en tres áreas clave:

✔ La mayor parte del trabajo con fórmulas en tu vida posterior será el de montar expresiones que utilizará una computadora. Estas expresiones pueden ser de un lenguaje de programación de verdad como C o Visual Basic, o puede que te haga falta lidiar con fórmulas en las hojas de cálculo informáticas como Lotus 1-2-3 o Microsoft Excel. Es probable que en tu clase de álgebra no te prepararan para hacer algo así.

✔ Podrías hacer todos los cálculos matemáticos de economía de este libro tú mismo, si alguien te hubiera explicado cómo usar la tecla $y^x$ de la calculadora científica que compraste para la asignatura de matemáticas. Me aventuraría a decir que nadie lo hizo. La mayor parte de los libros de texto siguen tratando las calculadoras como algo que se les ha ocurrido después, con unos pocos comentarios relegados a un apéndice.

✔ Ha habido una sucesión desenfrenada de desarrollos fascinantes en el campo del álgebra computacional desde los años ochenta del siglo pasado. No es sólo que este material sea interesante en sí mismo, sino que un curso de álgebra acelerado con la computadora podría llevarte hasta temas avanzados en un curso de un año. Es muy poco probable que se mencione algo de esto en el instituto en una clase de álgebra normal.

Y sólo para ser tan directo como sea posible en cuanto a las deficiencias del contenido de un curso tradicional de álgebra, diré que es bastante típico que, después, incluso los mejores estudiantes sean incapaces de tomar decisiones básicas en el ámbito de la economía. Pueden resolver muchos problemas artificiales bobos sobre trenes, pero no saben cuándo los cambios en los tipos de interés sugieren que deberían refinanciar su hipoteca, creen en resultados sorprendentes y fantásticamente contradictorios de probabilidades.

# Los negocios se encuentran con la ciencia en la calculadora

Aunque muchas de las cosas que aprendes en álgebra son importantes para la física o para otros cursos de matemáticas, hay elementos de álgebra que tienen efecto sobre tu vida cotidiana.

## Lo comido por lo servido

En la interminable búsqueda de una actividad lucrativa, te enfrentas constantemente a posibilidades en las que las inversiones iniciales y los ingresos están basados en las actividades. Aquí tienes sólo unos cuantos ejemplos:

✔ Eres la propietaria de un pequeño servicio de reprografía y te estás planteando la posibilidad de ampliar el negocio. ¿Deberías comprar una fotocopiadora en color? ¿Cuántas copias tendrías que vender, y a qué precio, para que la propia fotocopiadora cubriera lo que costó?

✔ Podrías comprar una camioneta de segunda mano y empezar un servicio de entrega de paquetes. ¿Cuánto tendrías que trabajar durante la semana para pagar la camioneta en el primer año?

✔ ¿Cuántas rosas de seda a $100 la unidad tienes que vender como molesto mimo en una fiesta medieval para cubrir los $2,000 que te gastaste en los materiales y los $500 de la licencia de vendedor?

Puedes resolver estos problemas utilizando directamente el álgebra o puedes representar gráficamente las soluciones, lo cual te da una bonita imagen de los umbrales de rentabilidad en estos problemas. La figura 15-1 te muestra el umbral de rentabilidad para el primer ejemplo. Una solución gráfica suele ser un argumento poderoso en una reunión, incluso si la mayoría de los presentes no pueden seguir un problema sencillo de álgebra.

El zumbido de una fracción inmensa de las hojas de cálculo en las computadoras de sobremesa de la América de las corporaciones se debe a que están calculando umbrales de rentabilidad para modelos que tienen en cuenta docenas de factores. Se utilizan modelos parecidos para *optimizar* resultados, en lugar de conformarse simplemente con calcular el punto en el que algo comienza a ser rentable. Por ejemplo, cuando una compañía petrolífera evalúa sus opciones, tiene que hacer un seguimiento del precio de una gama muy grande de productos de refinería, desde la gasolina hasta la parafina o el suministro de plásticos, y ajustar la producción de la refinería para optimizar los ingresos.

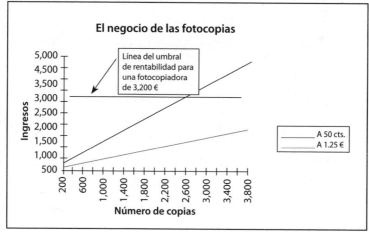

**Figura 15-1:** El problema de encontrar el umbral de rentabilidad

# Saldar deudas

En el capítulo 1 hay algo de álgebra relacionada con la mejor fórmula para establecer los pagos. De hecho, la fórmula es un asunto bastante complicado, porque el interés que se va cobrando mientras haces los pagos y la cantidad de interés frente al capital inicial va cambiando en cada pago. La manera más sencilla de resolver cualquier problema que tenga que ver con pagos a plazos es utilizar una calculadora financiera (bien la clásica que puedes adquirir en una tienda especializada o bien una aplicación para los *smartphones*, de las que existen muchas versiones). Lo siguiente es el uso de las funciones de una hoja de cálculo en la computadora, y la forma más complicada, que en realidad sigue funcionando, es utilizar una calculadora científica con la tecla de función $y^x$.

La fórmula para los pagos de hipotecas y créditos personales tiene este aspecto:

$$Plazo = VP \times \frac{i}{1-(1 + i)^{-n}}$$

Para practicar un poco de álgebra de la vida adulta, puedes probar a enchufar unos números en la fórmula anterior. Voy a usar el ejemplo del plazo de un coche. Probaré con un coche que cuesta $\$200,000$ y un plan de financiación de cuatro años con un interés del 9.1 %.

El signo *VP* de la fórmula representa el *valor principal*, que es simplemente el valor del préstamo, así que

$$VP = 200,000$$

El número de plazos del préstamo es *n*. Podría haber sido 4 durante 4 años, pero el interés sobre estos créditos personales siempre se calcula mensualmente, así que

$$n = 4 \times 12 = 48$$

porque hay 48 meses en 4 años.

El interés por plazo es *i*. Esto quiere decir que el número que hay que introducir en la fórmula en lugar de *i* es

$$i = \frac{0.019}{12} = 0,00758333$$

Es decir, 9.1 % es lo mismo que el número 0.091, y tienes que dividirlo por 12. Además tienes que anotar una cantidad ridícula de decimales en el interés, porque este número se multiplica por sí mismo muchas veces y los errores pueden comenzar a acumularse.

Juntando las piezas, te queda

$$(1 + i) = 1.00758333$$

El cálculo de $(1 + i)^{(-n)}$ es la parte más emocionante:

$$(1 + 0,00758333)^{(-48)}$$

Pones en la calculadora el número 1,00758333, pulsas la tecla $y^x$, y pones – 48 (esto se hace tecleando 48 y luego pulsando la tecla +/-), y luego le das a =.

Este factor complicado resulta ser

$$(1 + 0.00758333)^{-48} = 0.69584621$$

Ensamblando los términos, tienes

$Plazo = 200,000 \times (0.00758333)/(1 - 0.69584621)$

$= (1,516.66)/(0.30415790)$

$= 4,986.42$

Si repites un cálculo de estos un par de veces en una tarde, acabarás descargándote rápidamente una aplicación para tu *smartphone*, de esas que tienen teclas que dicen *i*, *n*, *Plazo*, y *VP*. Si eres inteligente y organizas con cuidado el trabajo, puedes evitar teclear estos números más de una vez, pero si no eres tan inteligente, es un latazo.

# Geometría y realidad

Las pruebas lógicas de la geometría euclidiana tienen pocas aplicaciones en la vida cotidiana, principalmente porque hay pocos axiomas del mundo real de los que uno se pueda fiar por completo. En cambio, el mundo físico real está construido mediante las fórmulas de longitud de arco, diámetros, áreas y volúmenes que todos aprendemos en la clase de geometría.

## Los detalles descarnados

Supón que tienes un espacio cerca del jardín donde quieres construir una área de hormigón que mide 3 m × 4 m. Será una área que evitará el peligro de que se extienda el fuego cuando utilices litros enteros de combustible para encender unos puñados de briquetas de carbón para las barbacoas veraniegas. Vamos a ver los problemas de geometría que están implícitos en el plan:

Necesitas construir un marco de madera en el que verter el hormigón. Para una buena losa gruesa, quizá quieras usar tablas de 5 cm × 20 cm. Como estás construyendo un marco que mide 3 m × 4 m, necesitas comprar la cantidad de madera que muestra la figura 15-2. Esto te da el perímetro del marco, 3 + 3 + 4 + 4 = 14 m.

Ahora necesitas averiguar cuántos sacos de cemento tienes que comprar. El diagrama de la figura 15-3 expone el cálculo. Una de las primeras cosas que ves (y si lo piensas un poco, tiene sentido) es que sería muy conveniente que una camioneta te llevara a casa todo ese cemento desde la tienda de bricolaje.

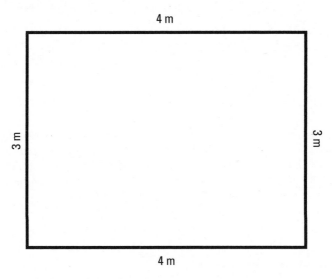

**Figura 15-2:**
Una
cuestión de
perímetro

Perímetro = 4 m + 4 m + 3 m + 3 m = 14 m

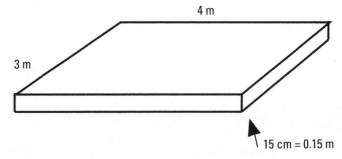

**Figura 15-3:**
Volumen de
cemento

15 cm = 0.15 m

El volumen de cemento es 4 m × 3 m × 0.15 m = 1.80 m3

Ahora supón que te pusieras en plan artista y que decidieras probar una forma más mona, como la de la figura 15-4. Bueno, a menudo la gente hace cosas así. De nuevo, estarías invocando viejas reglas de la geometría y, con un poco de atención, te darías cuenta de que estás añadiendo el volumen de un cilindro muy achatado al de un prisma muy achatado.

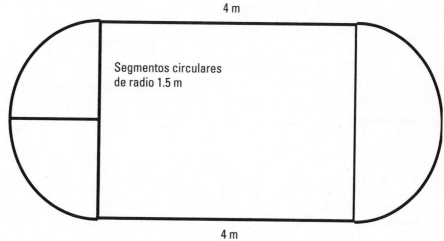

4 m

Segmentos circulares
de radio 1.5 m

**Figura 15-4:**
Volumen de
cemento,
versión
artística

4 m

Volumen = volumen de losa de 3 m × 4 m × 0.15 m

+ volumen de cilindro de radio 1.5 m × 0.15 m de altura

# Un mundo de cosas imposibles

Aunque puede que no lo comentaran en detalle en el instituto, uno de los rasgos más interesantes de la geometría es que, fuera del mundo de las medidas directas, genera problemas de dificultad apabullante.

Por ejemplo, en cuanto intentas cubrir una superficie con baldosas que no son rectángulos ni cuadrados, te encuentras por todas partes con problemas espinosos. ¿Sabes cómo cubrir una superficie plana con la clase de baldosas que muestra la figura 15-5?

Los problemas más sencillos resultan ser un reto difícil. Si llenas un cilindro de esferas, ¿qué fracción del volumen del cilindro ocuparán? Si llenas una caja rectangular con pequeños cilindros, ¿se trata realmente del mismo problema de las esferas? Algunos problemas de esta clase se han resuelto, mientras que otros, que podrías explicar a una clase de primaria, todavía se consideran problemas de investigación. En cierto sentido es satisfactorio que la geometría genere tantos problemas interesantes, a menudo sin aplicaciones prácticas. A Euclides le habría encantado.

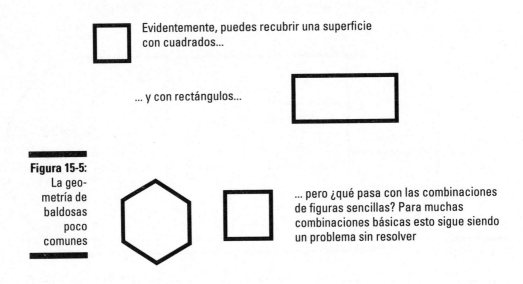

Evidentemente, puedes recubrir una superficie con cuadrados...

... y con rectángulos...

**Figura 15-5:**
La geo-
metría de
baldosas
poco
comunes

... pero ¿qué pasa con las combinaciones de figuras sencillas? Para muchas combinaciones básicas esto sigue siendo un problema sin resolver

# Pensar en el riesgo

Las consideraciones sencillas sobre números y sus tamaños relativos están directamente conectadas con la vida cotidiana —de hecho, ése es uno de los motivos principales de este libro—. Todos los días te bombardean con información presentada mediante números y, si piensas un poco en los números, puedes descodificar la realidad que hay tras ellos. Por lo general, esta habilidad es determinante, porque una gran cantidad de la información que recibimos está distorsionada tanto por su presentación como por nuestras propias percepciones. Cuando tomas decisiones en los negocios (por ejemplo, decisiones sobre el seguro), éstas son mejores cuando partes de números que reflejan la realidad.

Por ejemplo, una ojeada a las noticias podría convencerte de que estás en riesgo inminente de muerte por asesinato, inundaciones, altercados callejeros o accidentes. Casi nunca tienes la oportunidad de dar un paso atrás para alejarte del aluvión de noticias y preguntarte cómo te afectan las probabilidades de estas situaciones (lee el capítulo 17 para entender mejor las estadísticas de las noticias).

Puedes fotocopiar la tabla 15-1 y llevártela como tarea. A ver si puedes rellenar los huecos a lo largo de las próximas semanas prestando atención a los artículos periodísticos. Particulariza los resultados a tu provincia, o incluso a tu ciudad, si puedes conseguir los datos. Las estadísticas nacionales, por ejemplo, no significan demasiado.

## Tabla 15-1: Tu propio índice de riesgos

Intenta rellenar los huecos leyendo artículos de periódicos y revistas. Se ha introducido la información en uno de los huecos para darte un punto de partida.

| Suceso | Riesgo |
|---|---|
| Accidente de tráfico grave | ? |
| Accidente de avión comercial | 1 en un millón por 10 horas |
| Cáncer (a lo largo de la vida) | ? |
| Ataque cardíaco | ? |
| Salto en paracaídas (por vez) | ? |
| Asesinato a manos de un extraño | ? |
| Accidente doméstico | ? |
| Desastre natural | ? |

Viendo los números puede que te des cuenta de que has estado preocupándote por la posibilidad de morir en un atraco, mientras que tu verdadero problema es que te fumas dos cajetillas de tabaco al día. En California, por ejemplo, casi todo el mundo tiene un riesgo unas mil veces mayor de ser atropellado por un conductor borracho que de morir víctima de un terremoto, a pesar de la extendida paranoia sobre terremotos. ¿Puedes determinar las diferencias entre la probabilidad de que te atraquen en el mejor y el peor barrio de tu ciudad? ¿Deberías cambiar tu negocio de lugar o es tu zona bastante segura? Hazme caso: vale la pena recopilar los números. Aunque no uses mucho la tabla, resulta útil tener un poco de perspectiva sobre la realidad numérica.

# Parte IV

# Librando

## En esta parte...

No te he suministrado espeluznantes cálculos sobre créditos e intereses para que te escapes de la trampa de los pagos a plazos y lo pierdas todo jugando al *blackjack*. En mi implacable preocupación por tu bienestar, voy a explicarte los cálculos del trasfondo de la vida cotidiana.

Como siempre, enfatizo cómo usar las matemáticas para tener bien unos pocos principios básicos. Por seguir con el ejemplo del *blackjack*, no creo que debieras preocuparte por memorizar 15 reglas más para casos especiales a fin de reducir el margen de beneficio del crupier del 1.5 % al 1.38 %. Estás aquí para hacer matemáticas "suficientemente buenas", que te resultarán no sólo agradablemente sencillas sino, además, más que suficientemente buenas.

# Capítulo 12

# Apuestas y deportes

· · · · · · · · · · · · · · · · · · · · · · · · · · · · · ·

### En este capítulo

▶ Lanzar una moneda: la apuesta más sencilla

▶ Cómo convertir $10 en poco más de 0.25 centavos comprando el "rasca y gana"

▶ Evitar el desastre en las apuestas utilizando el principio de Wilcox

▶ Comprender la ruleta, las tragaperras, el *keno* y las loterías

▶ Jugar con astucia: reglas básicas para el *blackjack* y el póquer

▶ Entender un poco mejor el béisbol

· · · · · · · · · · · · · · · · · · · · · · · · · · · · · ·

**A**hora voy a darte unos consejos sobre las apuestas —y sobre la vida, ya que estamos—. Deja que me acerque al tema dando un rodeo no obvio.

# Los principios básicos

Juguemos a un jueguecito. Tú y yo nos turnamos para lanzar monedas de $1. Empiezas tú. Si la moneda cae en cruz, me la entregas. Si cae cara, entonces yo te doy otra moneda de euro. Después me toca a mí y hago lo mismo. Seguimos hasta que a uno de los dos se le acaben las monedas.

¿Te parece a ti que los pagos de este juego están bien? Probablemente sí, porque casi todo el mundo entiende que, como una moneda tiene dos caras, hay dos posibilidades. Si aciertas en la apuesta, el pago es de dos a uno (acabas con 2 si apuestas $1).

Yo afirmaría con confianza que eres capaz de distinguir apuestas justas parecidas de otras menos justas, excepto que en casi todos los juegos interesantes las probabilidades están enmarañadas por una colección mucho más grande de posibilidades.

El concepto clave aquí es el de *valor esperado* o *esperanza matemática*. El valor esperado viene a ser lo que ganas en una apuesta multiplicado por la probabilidad de ganar. En el caso del juego con las monedas de peso, pagas $1 por jugar a un juego con este valor esperado:

Valor esperado = pago × probabilidad

$$= \$2 \times \tfrac{1}{2} = \$1$$

Pagas $1 por jugar a este juego, y el resultado más probable es que acabarán devolviéndote el peso. Ninguno de los dos jugadores tiene una ventaja o un sesgo a su favor en este juego. Es casi la definición práctica de "justo", en lo que a apuestas se refiere. Como referencia, te he resumido las probabilidades y los pagos del juego de los euros en la figura 16-1.

**Figura 16-1:**
El juego
de volados:
las reglas,
las proba-
bilidades
y los pagos

**El juego de volados**

| | | | Probabilidad |
|---|---|---|---|
| Lanzas tú | cruz | resultado = me pagas $1 | 0.5 |
| | cara | resultado = te pago $1 | 0.5 |

| | | | Probabilidad |
|---|---|---|---|
| Lanzo yo | cruz | resultado = te pago $1 | 0.5 |
| | cara | resultado = me pagas $1 | 0.5 |

Supón que ambos empezamos con 20 monedas de $1 y que hacemos 20 lanzamientos. En la gráfica de la figura 16-2 puedes ver los resultados posibles. Lo que suele ocurrir es que los dos nos quedamos igual, con unos pocos pesos de más o de menos. En algunos casos muy raros, uno de los dos puede adelantarse en $10 o más. La probabilidad de que me quites $20 es casi exactamente de una entre un millón.

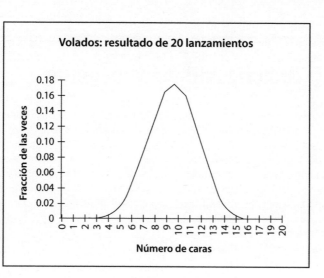

Volados: resultado de 20 lanzamientos

# ¿Rascar para hacerse rico?

El juego de los pesos tiene un valor esperado de $1 por cada euro que juegas. Es un juego justo. Como el valor esperado es una buena manera de evaluar una apuesta, puedes usarlo para evaluar los jueguecitos que quiere jugar contigo tu estado.

California, donde vivo, y muchos otros estados de Estados Unidos, apadrinan unas pequeñas apuestas en el punto de venta llamadas "loterías instantáneas". Una modalidad popular es la del "rasca y gana", en la que pagas 1 $ por una pequeña tarjeta, rascas las zonas plateadas buscando parejas de dibujos o alguna otra indicación de que has ganado y te pagan el premio al instante.

En el dorso de la tarjetita hay una explicación de la probabilidad que tienes de ganar. No podría ser más explícita. La letra pequeña te dice en lenguaje bastante claro que tu valor esperado en una apuesta de 1 $ es de 25 céntimos. Éste es el pago en California, y es más o menos lo que te dan en otros estados con esta clase de juegos.

En España, por ejemplo, la ONCE tiene un juego llamado "El siete de la suerte" cuyo boleto cuesta 50 céntimos y cuyo valor esperado ronda los 13 céntimos; es decir, a la larga te tocarán poco más de 25 céntimos por cada euro gastado.

## Historia antigua y moderna

El sistema de apuestas apadrinado por el estado de California no consiguió en sus inicios ni de lejos la cantidad de dinero que esperaban los que lo proponían. Creo que es porque podías darte cuenta de que no estabas ganando (aunque se llame "rasca y gana") incluso aunque no supieras contar con los dedos. Comprabas un boleto, perdías. Comprabas un boleto, perdías. Más tarde o más temprano te hacías una idea de lo que estaba pasando, aunque tuvieras mala memoria.

La gente simplemente pierde interés si no acierta con frecuencia suficiente, y los juegos de azar que han durado siglos han incorporado esta información. Hay registros razonablemente buenos de juegos como la lotería en las grandes ciudades del imperio romano. Las pruebas demuestran que la gente que los organizaba normalmente se quedaba con más o menos la mitad del dinero y repartían el resto en forma de premios.

En los barrios bajos de Río de Janeiro, el juego de los animales (una adaptación para una población analfabeta) te da aproximadamente el mismo valor esperado. En las loterías ilegales de los barrios pobres del centro de la ciudad se suele pagar aproximadamente el 40 % de los ingresos en premios.

La gente que diseña los concursos televisivos también comprende perfectamente esta idea. Mi fabulosa experiencia con el programa Jeopardy me permite afirmar que llevan a cabo montañas de investigaciones y pruebas para asegurarse de que los concursantes aciertan la respuesta en más o menos ⅔ de las veces y que el espectador medio acierta aproximadamente el 40 % de las veces. Hace falta mucho equilibrio entre preguntas sobre los Picapiedra y otras sobre Shakespeare, pero vale la pena.

En otras palabras, cuando compras un boleto de rasca y gana, conviertes $1 en poco más de 25 centavos. Tu valor esperado —tu pago más probable a la larga— en una apuesta de $1 normalmente es de poco más que 25 centavos. ¡¡¿¿Estoy expresándome con suficiente claridad??!!

Uno de mis héroes personales en el campo de la estadística es un caballero del que hablaron todos los periódicos a finales de la década de los ochenta. Se llevó $10,000 en un acuerdo de jubilación anticipada y, con grandes esperanzas, compró boletos de rasca y gana por valor de $10,000. Con amarga decepción encontró que, después de rascar todas estas tarjetitas, estaba en medio de una pila de basura que valía $2,648.

Como esto es un juego de azar, habría sido verdaderamente notable que esta persona hubiera obtenido exactamente $2,500. De hecho, aunque acabó terriblemente decepcionado, en realidad tenía muchas probabilidades de haber sacado *menos* de $2,500. Resultó que, utilizando diez de los grandes de su propio dinero, había demostrado que, de media, cada "rasca y gana" de $1 vale sólo 25 centavos. Es de suponer que si este caballero cívicamente concienciado hubiera querido dejarlo todo más claro en defensa de la probabilidad aplicada, podría haber recolectado $100,000 de sus amigos y familiares. Los premios seguramente habrían sido una aproximación todavía más exacta de uno por cada $4 invertidos, o $25,000 más o menos algunas monedas sueltas.

El tipo en cuestión protestó diciendo que pensaba que tendría al menos algunos premios grandes entre tantos boletos. Hum... Lo dice aquí mismo, en el dorso del boleto: el estado, en su infinita sabiduría, ya ha tenido en cuenta esa posibilidad. No vas a ganar. Por lo menos en este juego, no. Puede que tengas algunos boletos con premios de 500 $, pero serán escasos, de modo que cuando el humo se disipe (y se pose el polvo plateado rascado) no vas a llevar la delantera. Está garantizado que perderás, y cada boleto lo dice claramente.

# Premios reducidos en las apuestas más improbables: cómo ganan los casinos

Piensa ahora en el caso del *keno* (un juego que se parece al bingo) en los casinos de Nevada. Algunas combinaciones de *keno* tienen probabilidades de 2 a 1 y de 5 a 1, y los casinos pagan, respectivamente, $2 y $5 por una tarjeta de 1 $ en estos casos. Es justo. Otras combinaciones posibles tienen probabilidades de 5,000 a 1 y 10,000 a 1. Y en estas apuestas los casinos suelen pagar mucho menos de lo que sugerirían las probabilidades. A veces puede que un casino pague $2,500 en el caso $5,000 a 1 y $4,000 en el caso 10,000 a 1.

Es así de sencillo: mientras el casino sea capaz de evitar las grandes pérdidas, puede dar un premio justo en las pérdidas pequeñas. A la larga, no puede perder. Como unos cuantos miles de dólares suponen mucho para la mayoría de la gente, el casino casi nunca se encuentra con personas con un libro sobre probabilidades en la mano quejándose de un premio grande (por no ser suficientemente grande).

El mismo principio se aplica a las máquinas tragamonedas, aunque los casinos básicamente suponen que los jugadores ni siquiera se merecen la cortesía de una explicación. Las tragamonedas normalmente devuelven una parte importante del dinero que tragan, en parte porque es necesario que los clientes vean que la máquina da premios, o de otra manera no se acercarán a tirar de la manivela. Lo que no hacen las máquinas tragaperras es dar muchos premios grandes —el número de veces en que dan premios de $1,000 o más es aproximadamente una décima parte de lo que sería en un juego "justo".

# La ruleta: otra clase de juego

Una moneda lanzada al aire es básicamente un pequeño generador de números aleatorios. Puedes ver la moneda como si generara los números cero (si pierdes) y uno (si ganas). En realidad, el rasca y gana también es otra clase de generador de números aleatorios. Genera los números uno (ganas) y dos, tres y cuatro (pierdes). Evidentemente, como a nadie le fascinan los números, los rasca y gana suelen tener dibujitos molones y esas cosas para convertir la pérdida de dinero en algo más atractivo.

Una ruleta es un ejemplo más sofisticado de generador de números aleatorios. El crupier gira la ruleta y la bolita acaba cayendo en alguna de las ranuras numeradas. Y como la ruleta es una actividad fina, por lo menos en algunas partes, puedes sentirte lejos de las inmundas calles con sus rasca y gana de pérdidas garantizadas.

## Bienvenido, sr. Bond

Así es como funciona la ruleta en el casino alemán de Baden-Baden. Cambias tus euros por pequeñas fichas doradas. La ruleta tiene números desde el 1 al 36, pintados de manera alterna de rojo y negro. También hay un número 0 en verde (mira la figura 16-3). Si apuestas una ficha dorada al rojo y la bola cae en el rojo, te dan dos fichas doradas. Esto se debe a que la mitad de la ruleta es roja y la otra mitad negra (sin contar el 0), así que es una apuesta equilibrada. Si escoges un número concreto, entonces te pagan 36 a 1 porque hay 36 números (de nuevo, excluyendo el 0).

| 1 | 2 | 3 |
|---|---|---|
| 4 | 5 | 6 |
| 7 | 8 | 9 |
| 10 | 11 | 12 |
| 13 | 14 | 15 |
| 16 | 17 | 18 |
| 19 | 20 | 21 |
| 22 | 23 | 24 |
| 25 | 26 | 27 |
| 28 | 29 | 30 |
| 31 | 32 | 33 |
| 34 | 35 | 36 |
|  | 0 |  |

**Figura 16-3:**
Disposición
de los
números en
la ruleta
europea

El casino ingresa dinero de verdad cuando la bola cae en el 0. Cuando cae ahí, el casino recoge todas las apuestas. Bueno, de hecho, también recoge unos $30 por un refresco y casi $100 por una copa de vino. Pero recoger las apuestas cuando sale el 0 quiere decir que la banca se queda con todo el dinero. Eso supone que 1 de cada 37 veces, de media, o

$$\text{número "gana la banca"/todos los números} = 1/(1 + 36) = \frac{1}{37} = 0.027$$

de las veces (casi en el 3 % de las ocasiones), la banca se queda con todas las apuestas. En una noche en la que se apuestan, digamos, 10 millones de pesos, la banca recoge unos $270,000. El resto de la acción consiste simplemente en redistribuir fichas doradas entre los clientes.

El casino se conforma con el 3 % de los pagos. Tu valor esperado por una apuesta de $1 en un número concreto es de

$$\text{valor esperado} = \text{pago} \times \text{probabilidad}$$

$$= \$36 \times \frac{1}{37} = \$0.973$$

Puedes jugar a este juego durante mucho tiempo, si tienes una pila grande de fichas doradas, porque el sistema de pérdidas incorporado es modesto. Este juego, a pesar de la parafernalia glamurosa, es casi tan justo como el juego de los euros mencionado al principio de este capítulo.

## Bienvenido, Bobby Ray

En América, la gente hace las cosas de manera más exagerada que esos sosos europeos. Si te fijas en la ruleta americana que hay en la figura 16-4, una de las primeras cosas que notarás es que la rueda no sólo tiene un cero, sino que también hay un cero doble. Con este artificio tan sorprendentemente sencillo, el casino casi ha doblado su colecta. De media, el casino recoge ahora

$$\text{números "gana la banca"/todos los números} = \frac{2}{(2 + 36)} = \frac{2}{38} = 0.0526$$

o algo más del 5 % de todas las apuestas de la noche.

| 1 | 2 | 3 |
|---|---|---|
| 4 | 5 | 6 |
| 7 | 8 | 9 |
| 10 | 11 | 12 |
| 13 | 14 | 15 |
| 16 | 17 | 18 |
| 19 | 20 | 21 |
| 22 | 23 | 24 |
| 25 | 26 | 27 |
| 28 | 29 | 30 |
| 31 | 32 | 33 |
| 34 | 35 | 36 |
| 0 |  | 00 |

**Figura 16-4:** La disposición de los números en la ruleta americana

Pero muchos casinos de Nevada añaden un fleco. Habitualmente, la mesa de ruleta tiene un cartel en el que se explican los pagos. Puede que te preguntes por qué se molestan en hacerlo, porque es todo autoexplicativo. Sin embargo, el cartel contiene elementos valiosos de información a los que deberías prestar atención. Te muestra que obtienes un pago de 30 fichas (y no 36) si escoges el número correcto. En algunos casos, también se recortan un poco las demás apuestas (apostar a impares, a pares, a los números del 1 al 18 como grupo, etc.), como puedes ver en la tabla de la figura 16-5.

| 1 | 2 | 3 |
|---|---|---|
| 4 | 5 | 6 |
| 7 | 8 | 9 |
| 10 | 11 | 12 |
| 13 | 14 | 15 |
| 16 | 17 | 18 |
| 19 | 20 | 21 |
| 22 | 23 | 24 |
| 25 | 26 | 27 |
| 28 | 29 | 30 |
| 31 | 32 | 33 |
| 34 | 35 | 36 |
| 0 | | 00 |

← Esta apuesta 12 a 1 a veces se paga 9 a 1

← Esta apuesta 36 a 1 a veces se paga 30 a 1

**Figura 16-5:** Los pagos de la ruleta no siempre corresponden a las probabilidades

¿Cuál es tu valor esperado en una apuesta de 1 $ por un número concreto? Según la tabla, puedes obtener un pago de 30 $ si aciertas el número. Esto quiere decir que tu valor esperado es:

valor esperado = pago × probabilidad

$$= 30 \ \$ \times \left(\frac{1}{2 + 36}\right) = 0.789 \ \$$$

Este pequeño cambio en las reglas incrementa en mucho las probabilidades de que te desvalijen en una sola noche. Con las reglas europeas, cada paso de la rueda te da una pérdida neta estimada de aproximadamente el 3 % de tu apuesta. En el sistema americano, tienes una pérdida neta estimada de 21 % de tu apuesta (eso es 1 $ – 0.79 $, redondeando). Después de 10 apuestas a números concretos, debería quedarte aproximadamente 1/10 de tu dinero.

Como consideración práctica, si quieres jugar a la ruleta en estas circunstancias, apuesta al rojo o negro. En una apuesta 2 a 1 te enfrentas sólo a que la bola caiga en el espacio verde, así que pierdes dinero mucho más lentamente. Recortando las pérdidas potenciales más grandes, el casino reduce drásticamente tus probabilidades de recuperar las pérdidas, incluso con golpes de suerte ocasionales.

# Lo dicen las cartas

Los juegos de cartas ofrecen varias oportunidades para las apuestas justas o casi justas —si juegas correctamente, tienes probabilidades mejores que las de la ruleta—. "Casi justas" quiere decir que el sesgo en contra al que te enfrentas en cada turno es pequeño.

En el juego de los euros del principio del capítulo puedes ver que la probabilidad de ganar en un lanzamiento cualquiera es del 50 %. Después de un número de lanzamientos, puedes ir ganando o perdiendo, con el dinero aumentando o disminuyendo. A la larga, el valor esperado del dinero que ganas en el juego es cero, pero si dejas de jugar en cualquier momento, puedes estar por encima o por debajo.

En las apuestas ideales, tus resultados tienden a la larga a una media de cero. En las apuestas normales de la vida real, en juegos como la ruleta, hay una pequeña tendencia en la dirección de la pérdida en cada apuesta (lo que se lleva la banca). En la ruleta estándar americana tienes dos posibilidades entre 38 de que salga uno de los espacios verdes. $2/38$ es más o menos el 5.3 %, así que lo esperable es que pierdas el dinero con el que empezaste en unos veinte turnos apostando sólo por rojo o negro. Puede que en una serie de rondas de la vida real ganes, pero tu valor esperado, el resultado más probable, es que tengas el 5 % menos de dinero en cada turno. El juego tiene un arrastre integrado en la dirección de las pérdidas. No es un arrastre tan malo como el de los rasca y gana, en el que intentar ganar es como intentar ascender a nado por una catarata, pero no deja de ser un arrastre.

Las máquinas tragamonedas te dejan en una situación parecida. Las buenas se quedan aproximadamente con el 15 %, así que puedes empezar con una reserva de cien monedas de 20 céntimos y jugar un buen rato antes de que la máquina se meriende todo tu dinero. Lo esperable es que puedas jugar unas setecientas rondas en una buena máquina, antes de haber acabado con cien monedas de 20 céntimos (suponiendo que vuelves a meter lo que has ganado en la máquina). El problema, evidentemente, es que una vez que te acostumbras, puedes resolver un turno en unos cinco o seis segundos, así que estás tirando de la manivela durante una media hora mientras babeas perdiéndote en el olvido. La figura 16-6 compara las dos situaciones, un juego justo sin sesgo y un juego del mundo real con un sesgo a favor del casino.

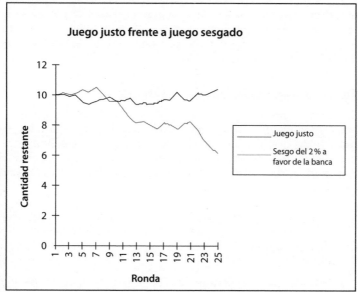

**Figura 16-6:** Comparación entre juegos justos y juegos sesgados

# El caso especial del blackjack

Si no conoces las reglas del *blackjack* (también conocido como veintiuno o veintiuna), me temo que no vas a encontrarlas aquí. Mi consejo es que aprendas los conceptos básicos de esos juegos en casinos pobremente iluminados con bebidas gratuitas y no en los libros de matemáticas. Pero sí tengo algo que decir acerca de las probabilidades.

Hace años, el *blackjack* se ganó la fama de ser un juego en el que un jugador astuto podía hacerse con una ventaja —una ventaja ligera— fijándose en todas las cartas que se habían repartido. En la forma más sencilla de contar cartas, imagina que estás fijándote en todas las cartas repartidas desde una única baraja. Si estás llegando al final de la baraja y has llevado la cuenta de las cartas tan bien que sabes que la última carta es un 10, entonces puedes predecir con certeza cuál va a ser el resultado de una mano. De acuerdo con esto, si el 10 te lo van a dar a ti y tus cartas ya suman once, puede que te sientas inclinado a apostar una buena suma.

Por supuesto, en un juego de *blackjack* real en un casino las cartas normalmente no se reparten desde una única baraja, y si haces una apuesta gigante con una sonrisa en la cara porque has tenido éxito llevando la cuenta, es probable que te encuentres, unos pocos minutos después, acompañado por varios individuos escogidos a causa de su desagradable personalidad. Esta gente te dirá que te marches del casino. Los casinos no tienen intención de perder una gran cantidad de dinero y no les importa lo que tú consideres justo o injusto. Aunque te hayan echado por ser demasiado listo, habrá muchas personas deseando ocupar tu asiento en la mesa para apostar como idiotas.

### Las reglas más sencillas del blackjack

Diferentes tipos de análisis numérico del *blackjack* con computadoras han producido un conjunto de reglas relativamente sencillo. Sólo hay un par de ellas que merece la pena recordar, aunque algunos libros sobre el tema listan de treinta a cuarenta reglas y excepciones. Si estás dispuesto a memorizar todo ese material, entonces puedes usar tu intelecto para cosas mejores. Por ahora, prueba sólo con éstas:

✔ Si el crupier muestra un 7, 8, 9, 10 o as y tienes un total duro de 17, entonces deberías plantarte. (Un *total duro* significa el número de puntos que marcan las cartas; un *total blando* cuenta el as como 11.)

✔ Si tienes un total blando de 18, plántate. Da igual lo que muestre el crupier.

Con las reglas de la mayoría de los casinos del oeste, sólo con seguirlas te quedas con un juego que te da una desventaja de sólo un poco más del 2 % por ronda. Eso está bastante bien para los estándares de la mayoría de las oportunidades para apostar que he estado comentando. Aunque a la larga hay un sesgo en tu contra, es un sesgo bastante modesto.

### Un argumento para no complicarse

Ahora viene el argumento clave. Si te aprendes unas quince reglas más para casos especiales, cubriendo apuestas de doblar y asegurar, y además te animas a llevar la cuenta de las cartas que valen 10 y las que no se han repartido, puedes recortar el sesgo a favor de la banca hasta menos del 1 %. El problema es que todo este conocimiento experto extra no te ha comprado nada significativo. Antes tenías una probabilidad del 52 % de acabar con una pérdida neta en cada turno y ahora tienes una probabilidad del 51 %. Todavía no es una manera genial de hacerse rico.

A partir de que un tipo llamado Edward O. Thorp hiciera público su sistema informático pionero de *blackjack* en los años sesenta (resumido en un famoso libro titulado *Beat the dealer*), hubo unos años en los que los estudiantes diligentes del juego tenían, efectivamente, una ventaja de unos pocos puntos porcentuales contra los casinos. Aun así, todavía tenías una probabilidad cercana al 50 % de perder, pero había un ligero sesgo a tu favor, así que, a la larga, tenías buenas expectativas de ganar al _blackjack_.

Entonces los casinos cambiaron las reglas en respuesta al sistema, y siguen cambiando las reglas siempre que lo consideran oportuno. Ah, y la mayor parte de los casinos grandes tienen unos pocos crupieres que son especialistas en hacer trampas con las cartas. A modo de experimento mental divertido, puedes imaginarte lo que te pasaría en Las Vegas si acusaras a un crupier de _blackjack_ de hacer trampas (aunque sea verdad). No necesitas muchas mates para evaluar tus posibilidades en este caso.

## El caso muy especial del póquer

El póquer no es un juego de azar en el sentido técnico. Según varias decisiones judiciales, el póquer tapado de cinco cartas es un juego de habilidad, no de azar, y por lo tanto se permite bajo una serie de condiciones legales diferentes de las de las máquinas tragaperras y cosas así. Si puedes encontrar algunos colegas con malos hábitos con los que jugar al póquer (si tararean en bajo con escaleras y colores, y fruncen el ceño con las parejas de treses), puedes hacerlo bastante bien sin tener que depender de las matemáticas.

Utilizando un computadora, es posible generar una tabla con las probabilidades de cada jugada de póquer. La pega es que no es probable que recuerdes la tabla en las circunstancias del mundo real. Cuando estéis sentados en torno a una mesa de cocina con kilos de patatas fritas y con latas de cerveza que desaparecen a ritmo constante, necesitarás algo un poco más sencillo (casi puedo imaginar esta situación, excepto que aquí, en el condado de Sonoma, cuando jugamos al póquer tenemos pequeños aperitivos fabricados con papas peruanas moradas y bebemos cócteles de champán con casis, y la ley del condado nos exige que llevemos una bata de terciopelo de color burdeos y pantuflas brocadas con un monograma para ser identificados como jugadores de póquer).

Por lo tanto, hace falta una gran simplificación. Aquí está, especialmente para póquer tapado de cinco cartas, el acostumbrado juego de póquer de verdad.

### Póquer con cuatro jugadores

En una partida con cuatro personas, necesitas una mano con al menos una pareja de dieces para tener una probabilidad del 50 % de ganar.

Si de verdad te gusta tener aseguradas las cosas, deberías disponer al menos de una doble pareja con reyes para tener una probabilidad del 90 % de ganar.

Si eso es demasiada información, simplemente recuerda que si no te dicen algo más (por ejemplo, que tus adversarios están llorando o ahogando una risita, o poniéndose las fichas en los ojos), entonces necesitas al menos una pareja de dieces para ir bien encaminado en una partida de cuatro jugadores.

### Póquer con seis jugadores

En una partida con seis jugadores, necesitas una mano con al menos una pareja de reinas para tener una probabilidad del 50 % de ganar.

De nuevo, si te gustan las cosas seguras, necesitas al menos una doble pareja con ases para tener una probabilidad del 90 % de ganar.

De hecho el número está más cerca del 86 % de certeza. Si eres un verdadero paranoico no te apuestes el apartamento en la sierra en una partida de seis personas si tienes menos de un trío.

La razón por la que prefiero darte estas reglas tan simplificadas es que una idea de las probabilidades, junto con una inspección de la gente que juega contra ti, te proporciona una ventaja mayor que si memorizas una tabla matemática. Hay quien echa faroles constantemente, algunos casi nunca lo hacen, y algunos comienzan a dar ligeros golpecitos con el pie en cuanto pasa algo emocionante. Si me sale algo más que una pareja de seises, yo tiendo a perder los papeles y comienzo a apostar con acento escocés cerrado de las tierras bajas, una especie de parodia del acento de Glasgow. Esto no te lo recomiendo.

Como último consejo matemático estadístico, deberías saber que los resultados de una partida de póquer entre personas determinadas suelen ser reproducibles. Si pierdes a menudo en partidas con el mismo conjunto de personas, dedícate a un juego diferente o búscate otros compañeros.

# Date un respiro: el principio de Wilcox

Este asunto de recortar los pagos grandes es una pista para una lección más importante. Te contaré una historia que servirá de trasfondo y de rodeo, ¡y te prometo un valor esperado muy generoso si la sigues hasta el final!

Hay un juego de tablero sutil llamado *go*, que se juega sobre todo en China y en Japón (se considera el juego nacional japonés). Un informático americano muy inteligente llamado Bruce Wilcox estaba intentando escribir una versión de *go* para el computadora (como los programas de computadora para jugar al ajedrez) y se le ocurrió un principio que se extiende a mucho más que a los juegos.

El problema es que el *go* es considerablemente más difícil que el ajedrez, como demuestra la figura 16-7. Entre otras cosas, hay 361 posiciones sobre el tablero. En los programas de ajedrez, es posible hacer que el computadora evalúe la mayor parte de las jugadas probables para cualquier situación sobre el tablero. La mejor computadora que juega al ajedrez utiliza exactamente este enfoque de fuerza bruta, examinando nueve o diez jugadas futuras. El *go* tiene muchas más jugadas posibles que el ajedrez, y evaluar los resultados de diez turnos futuros está, hoy en día, completamente fuera de las posibilidades de las computadoras, incluso de los más veloces. Entonces, ¿cómo se llegó a generar movimientos razonables de *go*?

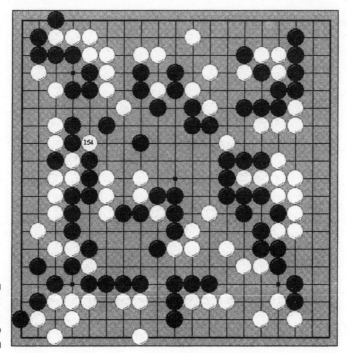

**Figura 16-7:**
Una partida
de *go*

El Dr. Wilcox encontró que si generaba un número suficiente de jugadas al azar, avanzando un par de turnos y eliminando los desastres absolutos, el programa podía jugar casi al nivel de la clasificación profesional más baja (esto es un logro increíble). En otras palabras, el computadora no tenía que encontrar la mejor jugada en cada momento, sólo tenía que evitar las jugadas que resultaban ser verdaderamente estúpidas.

Este descubrimiento es muy significativo. Si lo piensas durante un rato, verás que se puede generalizar a todo tipo de situaciones, no sólo a los

# El principio de Wilcox

En términos sencillos, el resultado estadístico de la investigación de Bruce Wilcox sobre el *go* es que puedes hacerlo bastante bien simplemente evitando los desastres. Quizá debería ilustrar esto con aplicaciones específicas.

✔ **La universidad.** No te montes en el coche con un amigo borracho que te va a llevar a casa desde una fiesta. Es hasta cincuenta veces peor si te montas en la parte de atrás de una camioneta. A estas alturas, dada la caída de las exigencias académicas, casi puedes garantizar que terminarás la carrera siguiendo sólo esta regla.

✔ **Motos**. En realidad, las motos son más seguras de lo que la gente suele pensar. En una noche lluviosa, sin embargo, son más peligrosas de lo que piensan la mayoría de los motoristas ("¿Sabes? He tomado esa curva cientos de veces, pero de repente la rueda trasera derrapó y..."). Las cifras de seguridad cambian radicalmente. No sólo eres invisible, sino que además casi no tienes tracción. Usa el coche o quédate en casa si llueve.

✔ **Tarjetas de crédito**. Nunca mandes a paseo a la entidad de tu tarjeta de crédito. Incluso si te retrasas durante un tiempo y no puedes hacer los pagos mínimos, si llamas todos los meses y anuncias cualquier pago y se te ocurre algún plan para cubrir al menos el interés, no te perderás en el olvido. Si no respondes a las cartas o, peor todavía, les dices que se frieguen, desaparecerás del radar del crédito durante años, y esto te creará muchos problemas horribles.

✔ **Vida**. No te cases con alguien con quien has tenido una discusión violenta mientras eran novios. La gente colecciona estadísticas sobre esa clase de cosas, y los números dicen que no deberías hacerlo. Después de firmar los papeles es cuando de verdad empieza el combate.

Lo que se desprende de los cálculos y las estadísticas sobre la vida real, al igual que en el *go*, es que no tienes que preocuparte por hacer la jugada más correcta. Limítate a no meter la cabeza en la trituradora para ver qué se siente. Termina la carrera en alguna parte, sé puntual a tus citas, sonríe y asiente a menudo, evita a los imbéciles cuando puedas y lo más probable es que todo salga relativamente bien. Aquí no estoy haciendo de adivino ni soy un gurú de la autoayuda; sólo digo lo que dicen las matemáticas.

juegos. Todos los que recogen tu dinero cuando apuestas ya lo entienden (tienen toda clase de reglas que evitan que ganes demasiado). En la vida diaria básicamente estás atascado jugando a un juego complicado con reglas que cambian un poco cada día y con valores esperados para las diferentes decisiones que tienen incorporadas cierta incertidumbre. Y sólo hay una manera de escapar del juego.

Pero por favor recuerda que, si puedes absorber sólo una lección de este capítulo, esa lección debería ser lo que llamaré el "principio de Wilcox". Es éste: evita las pérdidas verdaderamente grandes y te irá bien.

# La lotería

La gente que monta las loterías estatales entiende el principio de Wilcox, incluso aunque nunca hayan oído hablar de Bruce Wilcox. En la lotería, una gran regla es ésta: recauda mucho más dinero del que vayas a pagar.

La principal forma en que siguen este principio las loterías consiste en que, incluso cuando los premios parecen enormes, los pagos son bastante míseros para las probabilidades correspondientes.

Hace ya algún tiempo, en una lotería en California, el premio fue de 17 millones de dólares, una verdadera fortuna en aquel entonces (bueno, y ahora también). Pero siguiendo la historia de la acumulación de ese premio, se supo que la cantidad total recaudada por todos los boletos de lotería vendidos fue de casi 160 millones. Suponiendo que la apuesta estándar fuera de 1 $, esta situación demuestra que, aunque el pago era de 17 millones, las probabilidades en contra eran de 160 millones a 1. Para calibrar esta probabilidad, basta pensar que si eres un treintañero saludable que no fuma, tu probabilidad de morir este año es aproximadamente de un 1%. Tomando un poco de perspectiva y redondeando, como es mi costumbre, puedo decirte esto:

Era cien mil veces más probable que murieras este año a que te tocara la lotería.

Ahora responde, ¿a ti eso te parece una buena oportunidad?

Conozco a mucha gente que compra un boleto de lotería una vez a la semana y lo ven como un gasto de ocio. En lo que se refiere a hábitos, comprar un boleto de vez en cuando es probablemente mejor que echar carreras en moto los fines de semana. Si te das cuenta de que tienes las probabilidades en contra y no estás contando con el dinero del premio, unos pocos boletos son un gasto bastante inofensivo.

# Deportes

Hay material en estas páginas finales del capítulo que puede dar al traste con lo que supones sobre algunas actividades deportivas. Puede que mi conclusión te resulte increíble. Sólo te aviso.

## Estadísticas deportivas

El problema con las estadísticas deportivas tiene que ver con las supersticiones. Muy pocas personas piensan que necesitan amuletos de la suerte para hacer que amanezca. Es más o menos una certeza. Pero a menos de dos kilómetros de mi casa hay un supermercado que vende velas de la suerte para la lotería. La vela está en un tarro grande de cristal con números impresos en el envoltorio. Por el aspecto de los clientes que compran estas cosas, se puede decir que el vendedor hace bien en no ofrecer garantías.

Estas velas muestran dos cosas: 1) La gente piensa mucho en los sucesos azarosos, y 2) harán toda clase de cosas para intentar controlar algunos sucesos azarosos.

El brillante y original estadístico Julian Simon hizo que sus estudiantes fabricaran un paquete de inversiones basado en un conjunto de acciones o participaciones que había elegido. En realidad, estaba intentando demostrar que el comportamiento a corto plazo de los valores es bastante aleatorio. En este caso, los precios de las acciones eran números aleatorios generados por computadora. Cuando intentó detener el experimento después de unas semanas, los estudiantes se quejaron.

Varios estudiantes estaban convencidos de que habían averiguado un sistema para predecir los cambios en los precios de las supuestas acciones y querían ver cómo les iba durante las semanas siguientes. En alguna parte del diseño fundamental del sistema nervioso humano hay tanto una creencia en la existencia de patrones como una determinación absoluta a buscar patrones, existan o no.

Esto nos lleva al tema de las rachas y los bajones en los deportes. Tomemos como ejemplo el béisbol, que al ser un juego con bastantes pausas, inspira a los aficionados a estudiar las estadísticas. Después de todo, tienen mucho tiempo durante el juego. No pierden nada por examinar los números.

Examinaré ahora un mes de la vida de un bateador con una media de 0.250, que es una especie común de jugador de béisbol millonario. Recuerda que 0.250 quiere decir que consigue conectar con el bate en una de cada cuatro ocasiones.

Saca dos monedas y lánzalas. Si salen dos caras, entonces es que el bateador ha conectado. Cualquier otra combinación representa un fallo. Si siguieras haciendo esto hasta anotar los ochenta intentos que tiene un bateador al mes, verías que no obtiene un golpe en cada conjunto de cuatro intentos, como en fallo-fallo-fallo-golpe. Lo que realmente ves es que hay tramos largos de sequía en los que las monedas deberían comenzar a preocuparse y cambiar de actitud, que hay rachas fuertes en las que el bateador acierta en cada intento y les cuenta a los periodistas que, por fin, ha encontrado el secreto para darles a las que van bajas y lejos, y que hay períodos en los que las monedas están teniendo un día normalito con el bate.

La clave consiste en que, al analizar cientos de registros de bateo reales y simulados, la media parece ser un indicador de lo bueno que es el tipo, pero los detalles de una temporada no se pueden distinguir de sucesos al azar.

## Numerología interpretativa

Teniendo en cuenta este registro de golpes y fallos, analiza las siguientes citas:

✔ Joe Dosmonedas a Tim Trallazo en las noticias del canal 7: "Bueno, Tim, hay que dar todos los días el 110 %. Creo que esta mala racha del mes pasado se debía a que me cambié de zapatos, pero ahora que estoy otra vez con los zapatos viejos, creo que las cosas van a cambiar".

✔ Seis-ciervos a Cinco-liebres, en alguna parte de México central, 1350 d. C.: "¿Sabes? La última vez sacrificamos cien prisioneros y tuvimos tres días de lluvia, pero esta vez sólo hemos tenido uno. ¿Qué te parece...?, ¿deberíamos probar con doscientos prisioneros para ver si el dios Tlaloc nos está pidiendo que mantengamos el ritmo de cien prisioneros al día?"

✔ Roberto Intereses, experto financiero, en Debate Económico TV: "Estamos un poco preocupados por las prácticas administrativas del Fondo Schmerdlap. Durante cinco años, superaron, sin cesar, los índices del mercado. Pero éste es el tercer año seguido en el que están ligeramente por debajo de la media. ¿Qué ha pasado? ¿Están perdiendo su toque?".

Aquí hay un principio que es quizá menos controvertido que el que quiero proponer:

Si estás siguiendo una actividad que se puede simular con sucesos aleatorios hasta el punto de que no puedes distinguir un registro real de uno simulado, entonces invierte tu tiempo en algo mejor que generar explicaciones. Quizá más prisioneros te permitan conseguir más lluvia, quizá no. En lugar de sacrificarlos, quizá deberías poner a los prisioneros a trabajar en un sistema de irrigación.

## La verdad sobre ganar y perder

Pero puede que preguntes: "Sr. Seiter, mi distinguido guía en el mundo de los números, si todo es tan azaroso, ¿cómo es que parece que los equipos buenos acaban ganando más frecuentemente?". Bueno, esto se debe a dos efectos: por una parte, hay más jugadores en un equipo, por lo que, si un jugador está pasando un bache, puede que haya otros en racha; por otra, si un equipo tiene jugadores mejores, a la larga acabarán consiguiendo más puntos. Sin embargo, basta con la coincidencia estadística de que haya unos pocos jugadores en racha para que un equipo gane contra otro con mejores estadísticas.

Éste es el resumen de los resultados sobre béisbol: los equipos de béisbol ganan aproximadamente la mitad de los partidos que juegan, más o menos una pequeña cantidad.

Para los sofisticados aficionados del futbol europeo, ésta es una reformulación para vuestro deporte favorito: la mayor parte de los equipos de futbol, en la mayoría de las temporadas, pierden aproximadamente la mitad de los partidos que juegan, más o menos unos cuantos partidos.

Eso es básicamente todo. En los deportes en los que los tanteos son bajos, es más difícil que un equipo domine a sus adversarios. Cuando una puntuación típica es 1-0 o 2-1, y cada tanto es el resultado de varios sucesos con un componente de azar importante, se refuerza la conclusión de que "en un día concreto, un equipo peor puede ganar a uno mejor".

Por eso los juegos con tanteos más bajos, como el futbol, tienen tendencia a asociarse con salarios fabulosos y guerras de ofertas por los mejores jugadores. El enfrentamiento sigue siendo interesante, aunque uno de los equipos sea de superestrellas. En el baloncesto ocurre lo contrario. Un equipo formado eligiendo a los mejores jugadores, podría ganar a un equipo de jugadores algo peores siempre. Cada partido tiene muchos puntos y cada equipo sólo cinco jugadores, así que es fácil construir un equipo dominante escogiendo a las estrellas de la NBA.

## *Apostar*

La esencia de una operación de apuestas deportivas es ésta: formula una apuesta que atraiga la misma cantidad de dinero a favor y en contra, quédate con entre el 5 y el 20 % del dinero y paga lo demás a los ganadores.

Como ha indicado el distinguido analista escocés de apuestas deportivas A. McAlpine, la situación se reduce a una especie de apuesta en el casino en donde te ofrecen una recompensa algo menor de lo que esperarías, dadas las probabilidades. Si has apostado 100 € por tu equipo y ganas, normalmente te pagan algo así como 180 €. Es una recompensa mejor que la de las loterías estatales, pero todavía está garantizado que perderás dinero a la larga, a no ser que tengas la posibilidad de amañar los encuentros.

Conocerás a muy pocas personas corrientes que hayan ganado dinero apostando en los deportes, y esto debería decirte algo. Por otra parte, es casi imposible perder dinero ofreciendo servicios ilegales de apuestas. Esto también debería ser un aviso. La parte de la operación en la que prestas dinero para cubrir deudas de juego a un interés del 50 % por semana también es un aspecto interesante de un servicio de apuestas. Eso es más o menos un 17,000 % de interés a lo largo de un año. Lo digo sólo como curiosidad matemática.

Antes de embarcarte en una nueva carrera como corredor de apuestas, quizá quieras ver si estás cualificado comprobando si sabes calcular los puntos para diez lanzamientos seguidos de dos dados.

# Capítulo 13

# Las estadísticas en las noticias

*En este capítulo*

▶ Distinguir los estudios médicos "buenos" de los "malos"

▶ Comprender cómo se relacionan las escalas y las estadísticas

▶ Leer las noticias con ojo crítico

▶ Comprender los datos de delincuencia

*E*ste capítulo trata sobre los números que aparecen cada día en los medios de comunicación. Lamento decir que no está escrito desde un punto de vista completamente neutral, o al menos no como se representa la neutralidad en las noticias de la televisión.

Mi enfoque, que está basado en los números que se utilizan en los propios reportajes, es que en numerosos casos hay mucho menos de lo que parece a primera vista. Como las agencias de noticias funcionan 24 horas al día, 365 días al año, han incorporado mecanismos para generar noticias a partir de datos de los que, en realidad, no merece la pena informar. Seguro que nunca has visto titulares como éstos:

✔ Un estudio de tres años sobre el colesterol no muestra resultados concluyentes.

✔ La mayoría de las estadísticas de criminalidad están dentro de los rangos esperados.

✔ El trabajo policial es seguro si se compara con el de leñador.

✔ No hay ninguna buena razón para las pérdidas en la bolsa.

✔ No merece la pena informar sobre el tiempo de los próximos días.

✔ El sistema escolar va más o menos igual.

✔ Casi todos los apostadores pierden dinero.

✔ La mayor parte de los inversores en productos básicos pierden hasta la camisa.

No creo que los hayas visto. Nadie quiere contarte estas cosas, y muy pocos quieren oírlas. Por ejemplo, si trabajas en el turno de noche de una tienda de barrio en Estados Unidos, tu trabajo es bastante más peligroso que casi cualquier trabajo policial que no sea en las fuerzas especiales de asalto. Es simplemente cuestión de leer las estadísticas. No obstante, nadie ha conseguido montar una galardonada serie televisiva sobre los peligros de trabajar en las tiendas de barrio (aunque hay una película genial llamada *Clerks*...), mientras que las emociones del trabajo policial se dramatizan varias veces cada noche.

Del mismo modo, puedo decirte, tras décadas de experiencia personal en primera línea de la biotecnología, que la mayor parte de los programas de investigación, incluso los programas bien organizados, con buenos presupuestos y desarrollados a partir de ideas brillantes no suelen proporcionar verdaderos descubrimientos médicos revolucionarios.

Este capítulo no pretende de ninguna manera minusvalorar el trabajo de millones de personas que intentan hacer su trabajo lo mejor posible todos los días. Es una queja sobre cómo se distorsionan los números en las noticias para hacer que todo tipo de sucesos parezcan más importantes de lo que realmente son. Así que este capítulo explica el "cambio de escala" de los números en las noticias para que puedas entender mejor el significado verdadero que se esconde detrás.

# ¡Aviso! Lea la etiqueta con atención

Una vez leí un reportaje alarmante sobre el café. Según el reportaje, que procedía de la agencia de noticias AP, un investigador de los Países Bajos había descubierto que al tragar pequeñas cantidades de posos de café se producía un aumento significativo del colesterol sérico. Las pruebas se hicieron con café turco, que se parece al que te dan en esos bares desagradables donde no han limpiado la cafetera en los últimos treinta años, y te lo sirven con un dedo de barro en el fondo.

¿Quiere esto decir que ha llegado la hora de sufrir un ataque de pánico? Bueno, a primera vista, una razón por la que no deberías preocuparte es que probablemente no tomes demasiados posos de café. En Occidente el café se prepara filtrando cada gota, así que puede que te preguntes por qué esta noticia (si es que es una noticia) se merecía un titular de portada de 2,5 cm de altura. Pero he escogido este estudio porque tiene todos los indicadores numéricos de los estudios a los que no deberías prestar atención. Aquí está la lista.

## *Una muestra pequeña*

Leyendo el artículo, te enteras de que el estudio se hizo con veinticuatro estudiantes universitarios que se dividieron en dos grupos de doce. Esencialmente, le dieron a un grupo el café turco y al otro no.

Es difícil ser educado en este caso. Casi no se puede ni demostrar que los perros ladran con una muestra así de pequeña. El poder estadístico de una prueba está relacionado con el tamaño de la muestra. En las pruebas diseñadas correctamente, las muestras mayores permiten a los investigadores llegar a conclusiones más definidas. Puedes regalarte una gran simplificación en tu consumo de noticias médicas siguiendo la siguiente regla fácil de recordar:

No te molestes en leer resultados médicos obtenidos con muestras de menos de mil sujetos.

Si empiezas a fijarte en el tamaño de las muestras en los artículos, te sorprenderá el número de resultados espectaculares de los que se informa, a pesar de ser estudios llevados a cabo por un único médico con diecisiete, treinta y uno o cuarenta y tres sujetos. Puede que te pierdas unos cuantos resultados valiosos con la regla precedente, pero probablemente no muchos, porque se tiende a repetir los estudios si están dando buenos resultados. De hecho, si alguien encuentra algo de verdad prometedor con una muestra más pequeña, suele ser más fácil conseguir financiación para repetir el estudio a una escala mayor. En la mayoría de los casos, puedes esperar a que el estudio grande confirme o contradiga los resultados del estudio original.

## *Sin controles*

Un buen estudio siempre impone controles muy exigentes sobre las condiciones. Esto quiere decir, por ejemplo, que sólo hay un factor diferente entre los grupos que se están comparando. Si se lee el estudio del café, se descubre que los dos grupos comenzaron con niveles de colesterol comparables y que hubo algún intento de controlar la dieta. Pero si a alguno de los estudiantes le dio por pegarse un atracón de helados inspirado por el café, los resultados del helado sobre una muestra tan pequeña casi serían suficientes para explicar el efecto total observado en la prueba.

Por ejemplo, se realizan muchos estudios sobre personas que toman medicación de algún tipo mientras siguen con su vida cotidiana. Más tarde, los investigadores dependen de la memoria de estas personas sobre qué comieron, qué hicieron, si tomaron o no aspirinas, o cualquier otra cosa. A veces estos otros factores importan y a veces no. Pero la falta de control sobre otros factores es una de las razones por las que puedes descartar la mayoría de los estudios que comienzan con "un médico de Filadelfia descubre que el bicarbonato corriente puede curar el herpes", o cosas de este estilo.

El punto clave es éste: comprueba siempre si el investigador ha descartado cualquier otra explicación posible de los resultados.

Leyendo un poco, en seguida observarás que la mayoría de los reportajes informan de al menos algunas de las condiciones de una prueba, entre las que debería estar la forma en la que se diseñó para controlar otros factores que podrían ser importantes. Si lo piensas detenidamente, puedes averiguar por tu cuenta si se controlaron en la prueba todas las influencias posibles.

Fíjate en el experimento del café. Estadísticamente, si tomas un grupo de estudiantes y mides su colesterol hoy, los divides en dos grupos más pequeños y vuelves a medirlo dos semanas más tarde, lo más probable es que encuentres alguna diferencia entre los dos grupos. ¿Quiere esto decir que ha ocurrido algo especial? Normalmente, no.

# Los efectos de la escala

Puede que te encuentres con algún reportaje de medicina con una muestra de tamaño decente y medidas de control efectivas pero que no mencione el efecto de la dosis (cantidad de un fármaco, de un tratamiento, de manteca de cacahuete...). La ausencia de esta información merma bastante tu habilidad para comprender lo que está pasando, porque generalmente hay dos tipos de efectos de escala. Tienes que saber qué tipo de efecto se aplica al estudio en cuestión.

## Bienes lineales

La figura 17-1 te enseña un tipo de efecto de escala. El doble de exposición a un factor dado produce el doble del efecto.

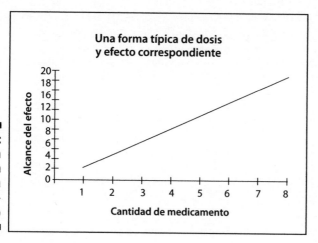

**Figura 17-1:**
Una
relación
sencilla
dosis-
efecto

Un ejemplo de este tipo de relación es la radiación ionizante y el daño en el ADN. A veces esto se expresa como que "no existe una cantidad segura de radiación". Cada exposición a rayos X, por lo tanto, produce una cantidad medible de daño en el ADN. Si tienes una exposición diez veces mayor, entonces tendrás también un daño diez veces mayor.

Cuando los equipos de rescate de Chernobyl intentaban contener la fuga radiactiva, no se puede decir que estuvieran arriesgándose. Con el objeto de detener una nube radiactiva que podría acabar con 100,000 personas, iban a exponerse a una cantidad de radiación que con seguridad iba a matarlos; y lo sabían. Puedes buscar la dosis en milirrems (una medida de la radiación) en una tabla y leer el resultado: muerte segura. No existía la posibilidad de que tuvieran suerte o de que la radiación fallara o de que una constitución personal más fuerte pudiera sobreponerse al daño.

Algunas clases de productos químicos tienen la misma relación con el daño al hígado. En cualquier dosis, producen daños, y doblando la dosis se dobla el daño. Si inhalas demasiados disolventes petroquímicos, se acabó.

## Curvas de dosis-efecto

Sin embargo, el efecto de muchas sustancias en el ser humano no funciona así. Para la mayoría de ellas, especialmente las cotidianas, de las que es más probable que se hable en las noticias con titulares del estilo de "El pan integral causa demencia", la curva de dosis-efecto se parece a la de la figura 17-2.

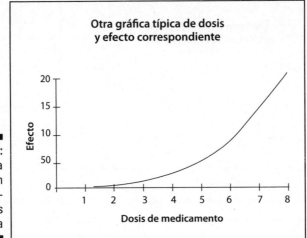

Otra gráfica típica de dosis
y efecto correspondiente

**Figura 17-2:**
Una
relación
dosis-
efecto más
realista

¿Qué significa esto? Varias cosas.

✔ Si bebes un par de copas de vino a la semana, te irá bien desde el punto de vista de la salud. Si llevas unos años bebiendo un litro de vodka todos los días, estás muerto. No es que beber sólo el 5 % de esa cantidad de alcohol tenga el 5 % del efecto (comparado con el litro diario), sino que no tiene ningún efecto adverso. La curva de dosis-efecto es una curva, y no una recta.

✔ Si te comes al día ¼ de kilo de grasa de ternera, puedes desarrollar una panoplia de problemas, uno de los cuales es el rápido incremento en la talla de pantalones (bueno, son muchas calorías de más). Pero comer pequeñas cantidades de grasa no produce problemas. A los europeos que van a Estados Unidos siempre les sorprende que estemos como focas, y no es que las tiendas de ultramarinos de Italia y Francia tengan las estanterías repletas de comidas *light*. Simplemente comen mucho menos de lo mismo, ya se trate de patatas, de mantequilla, de chuletas o de helado, y eso está todo muy bien, siempre que coman suficientes hidratos de carbono y frutas y verduras (pero, cuidado, el porcentaje de personas obesas o con sobrepeso está creciendo a ritmo alarmante en toda Europa y a nivel global, el porcentaje de niños obesos ya se sitúa en el 20 %).

✔ Sorprendentemente, las estadísticas de salud para personas que fuman sólo unos pocos (dos o tres) cigarrillos al día casi no pueden distinguirse de las estadísticas para no fumadores, especialmente en zonas urbanas. Frente a esto, si consumes tres paquetes al día estás en la zona peligrosa de rápido despegue de la curva, seguramente dirigiéndote a un destino bastante feo. El problema con esta información, y la principal razón por la que las autoridades médicas se resisten a discutirla, es que la experiencia demuestra que muy pocas personas se quedan en esos tres cigarrillos diarios. Pero incluso el daño producido por los cigarrillos sigue una curva de dosis-efecto en lugar de una línea recta.

# Leer con ojo crítico

En el verano de 2011, el periódico español *La Razón* sorprendió a sus lectores con un artículo titulado "Los ángeles de la guarda existen, según un estudio matemático". Al parecer, unos matemáticos rusos, dirigidos por un tal Valeri Isákov, habían llegado a la conclusión de que, cuando un avión sufría un accidente grave, el porcentaje de pasajeros que había devuelto antes los billetes era mayor que cuando todo discurría con normalidad. Estas investigaciones parecían corroborar las investigaciones del sociólogo estadounidense James Staunton, que a finales de la década de 1950 había observado el mismo fenómeno en las catástrofes ferroviarias utilizando los datos de más de doscientos accidentes en treinta años.

¿Sería eso una prueba convincente de la existencia de los ángeles de la guarda? En primer lugar, quizá haya otras explicaciones posibles para esta "anomalía" estadística (por ejemplo, podría ser que los pasajeros devolvieran los billetes porque tuvieron una premonición). Pero el problema es que el estudio no parece ser una investigación científica de verdad, aunque se presentara así. Desde luego, la información no venía de una revista científica seria, sino de una página web rusa que mencionaba al tal Isákov (que no parece tener ninguna publicación interesante en matemáticas) como un experto en investigación paranormal. Además, resulta que el eminente sociólogo estadounidense James Staunton en realidad no era más que un personaje de ficción de una novela de Stephen King titulada *The stand*.

Este artículo y otros parecidos sugieren que siempre deberías preguntarte de dónde vienen los datos estadísticos que se mencionan en una noticia.

## Crímenes del siglo

Un caso interesante y bien estudiado de estadísticas sobre delincuencia tiene que ver con los asesinatos en serie. Aquí sólo voy a hablar sobre asesinatos en serie porque hay otros asuntos estadísticos (tasas de encarcelamiento, resultados de leyes del tipo "tres oportunidades y estás eliminado", o los efectos disuasorios, o la ausencia de tales, de la pena de muerte) que no tocaría ni con guantes aislantes y pinzas de fibra de vidrio. Después de todo, deberías poder leer un libro de mates sin demasiadas polémicas insalvables.

A mediados de la década de 1980, muchos periódicos, haciéndose eco de un artículo del *New York Times*, divulgaron el dato de que casi el 20 % de todos los asesinatos cometidos en Estados Unidos eran obra de asesinos en serie. Este número correspondía aproximadamente a unos cuatro mil crímenes, y los periódicos apuntaban, además, que tal epidemia había explotado a partir de principios de la década de 1970. Se sugirió que la mitad de las víctimas eran menores de edad y que en el país había unos cuarenta asesinos en serie paseándose a su aire, y bastante ocupados, al parecer. A mediados de la década de 1980, Estados Unidos tenía unos cinco mil quinientos crímenes sin resolver al año, y una fracción grande de ellos (casi ⅔) se atribuían a asesinos en serie.

Estas cifras sugieren varios razonamientos. En primer lugar, la tasa anual total de asesinatos se ha mantenido más o menos constante. No se duplica de un año al siguiente. Segundo, el número de asesinos identificados como asesinos en serie entre la década de 1950 y la de 1970 era de dos exactamente, y uno de ellos era el famoso estrangulador de Boston. ¿Ocurrió algo muy extraño en el año 1970 que produjo una cosecha grande de maníacos desequilibrados?

No. Siempre hemos tenido más o menos la misma proporción de maníacos desequilibrados en la población. Las cifras reales del Departamento de Justicia dicen tres cosas: 1) Puede haber unos treinta asesinos en serie libres en Estados Unidos en cualquier momento, 2) normalmente se quedan cerca de su casa, y 3) matan entre cuatro y seis personas al año. Esto quiere decir menos de doscientas víctimas por año, lo cual ya es suficientemente grave, pero no se parece mucho a la cifra de cuatro mil. Y quiere decir que los asesinos en serie probablemente son responsables de menos del 1 % de los asesinatos, no del 20 %.

Entonces, ¿qué está pasando? ¿En qué se basan las docenas de espeluznantes parodias de documentales? La explicación tiene que ver con la forma en la que se registran los crímenes en los UCR (Uniform Crime Reports, Informes de Crímenes Unificados). A principios de la década de 1980 hubo un incremento del número de crímenes en los que el informe decía "sin motivos" y "sin sospechosos" y que después quedaban clasificados como "sin resolver". Observando los datos de unas cuantas ciudades y viendo en cuáles había habido un gran aumento de asesinatos "sin resolver" (en un asesinato típico, la pareja está ahí todavía de pie en la cocina con la pistola cuando aparece la poli), se encontró una fuerte correlación entre asesinatos sin resolver y la presencia del tráfico de drogas. Ocurrió que, a mediados de los ochenta, la mayoría de los asesinatos en los que se encontraba el cuerpo de un conocido traficante de drogas en un callejón, sin drogas ni dinero ni testigos, se listaba en el UCR como sin motivos y sin sospechosos. Esto quiere decir que un tipo muerto con media docena de anillos de diamantes y la misma cantidad de agujeros de pequeño calibre en la cabeza, al que se habían cargado dentro de su deportivo de $200,000, se apuntaba en los libros como "víctima de un asesino en serie", otro número más que dejaría acongojadas a las amas de casa de Joplin, en Misuri.

El resultado de todo esto fue que el informe original de un aumento en los asesinatos sin motivo y sin sospechosos del UCR se tradujo directamente a asesinatos en serie en un artículo de periódico que tuvo un fuerte impacto social, y los contenidos del cual se repitieron sin fin. Cualquier poli que patrullara por Miami podría haber sugerido que los cadáveres de los maleteros de los Ferrari probablemente no eran obra de asesinos en serie carentes de motivos que atacaban a ciudadanos al azar, pero esa perspectiva nunca se tuvo en cuenta.

Aquí, la cuestión matemática es doble. Primero, cada vez que lees un artículo, tienes que preguntarte: "¿En qué están basados estos números?". Segundo, no puede hacer daño si te preguntas si las conclusiones del artículo van en contra del sentido común. Esto es bastante difícil de hacer, puesto que el sentido común de la gente está completamente trastornado debido a las distorsiones de los medios de comunicación, pero a veces puedes hacer una pequeña investigación sólo con los números. En este caso, los potenciales asesinos en serie habrían tenido que matar a varias personas a la semana para mantener la tasa (hasta Jack el Destripador tenía una media de menos de uno al mes o así), por lo que es poco probable que algún monstruo sea capaz de producir unos cuantos cientos de muertes cada pocos años en Cincinnati. Alguien se daría cuenta.

# Capítulo 14

# ¡Pasatiempos!

*En este capítulo*
- ▶ Descifrar acertijos lógicos
- ▶ Sustituir letras por números
- ▶ Resolver esos estúpidos acertijos con cerillas
- ▶ Encontrar el número siguiente en una serie
- ▶ Resolver problemas de tipo algebraico

**P**ara mí, este capítulo es un problema. Aparece en este libro como resultado de una petición directa de un colega. A él le gustan los acertijos y pasatiempos, y suele tener más idea que yo de lo que debería ir en un libro. Y alguien debe de haber por ahí a quien le encanten los acertijos. Incluso en los quioscos más modestos encontrarás muchas revistas de acertijos lógicos y numéricos. Y por si no te bastara, existe una gran variedad de páginas de juegos en línea (www.juejosjuegos.com, www.juegos.com, www.minijuegos.com, www.zapjuegos.com...) que además de tener los típicos juegos de plataformas y marcianitos tienen juegos de lógica, de matemáticas, de ingenio y reflexión. Además, están las páginas especializadas como www.juegosdelogica.net. Los estudios científicos demuestran que estos pasatiempos son buenos, especialmente si eres mayor (las personas mayores que resuelven acertijos con regularidad parecen evitar pérdidas de memoria y otros problemas cognitivos).

A mí, personalmente, los acertijos me ponen de nervios. A lo mejor es porque estoy obligado a hacer muchas matemáticas con la computadora a lo largo de la semana, pero nunca pienso en los problemas matemáticos como pasatiempos. Quizá se deba a mi perspectiva horrible y carente de diversión sobre las cosas en general (cuando veo un acertijo, mi primer impulso es el de escribir un programa de computadora que lo resuelva), pero el único juego que puedo aguantar durante un buen rato es un juego funerario egipcio llamado *senet*, una especie de precursor del *backgam-*

*mon.* Bueno, tiene que ser divertido si se supone que tu espíritu tiene que dedicarse a jugar a eso en una tumba durante toda la eternidad.

Así que haré lo que pueda pero, por favor, sé benevolente conmigo. Analizaré algunos problemas típicos de las matemáticas recreativas y compartiré contigo algunas estrategias.

# Cuestión de lógica

Este acertijo de calentamiento es como los que puedes encontrar en los test de inteligencia y otras pruebas estándares.

Lee estas dos afirmaciones:

> Ningún pájaro es un insecto

y

> Todas las águilas son pájaros.

¿Cuál de las siguientes conclusiones es correcta?

1) Hay insectos que no son pájaros.

2) Algunos pájaros no son águilas.

3) Ninguna águila es un insecto.

4) Todos los pájaros son águilas.

Hay varias formas de enfocar este problema, desde el despliegue algebraico con la notación de la lógica formal, hasta usar la intuición para intentar adivinar la respuesta.

Ésta es una de las formas más sencillas: si todas las águilas son pájaros, entonces los pájaros forman parte de un gran grupo de cosas voladoras y las águilas están dentro de ese grupo. Si algo nunca es verdad para un pájaro, entonces esto quiere decir que tampoco será verdad para una águila. Una de las dos afirmaciones del principio es "Ningún pájaro es un insecto". Así que, si un pájaro no puede ser un insecto, también es verdad que una águila no puede ser un insecto. Así que la respuesta es la opción 3.

Como las dos afirmaciones iniciales son verdad, no parece probable que juntas pudieran producir la conclusión 4, que no es verdad. Si alguna vez estás resolviendo una prueba con preguntas como ésta y tienes un límite de tiempo, una de las primeras cosas que puedes hacer es tachar las respuestas que evidentemente son incorrectas. ¡Hacer esto mejora la probabilidad de acertar en el 33 %!

Aquí hay otro ejemplo de un problema de test:

Los señores Pardo, Rojo y Blanco se encuentran en su club. El sr. Pardo comenta que entre los tres llevan trajes de color pardo, rojo y blanco (me imagino trajes espantosos de poliéster con costuras de colores llamativos), pero ninguno lleva un traje del color correspondiente a su nombre. El hombre que va de blanco está de acuerdo. ¿Puedes asignar los colores de los trajes con esta información?

La clave de este problema es averiguar quién va de blanco. Ya sabes que no es el sr. Blanco por la regla de exclusión del color del traje. También sabes que no es el sr. Pardo, porque el sr. Pardo hizo el primer comentario . Esto te deja con el sr. Rojo, así que tienes al sr. Rojo con traje blanco. Como siguiente paso, sabes que el sr. Pardo lleva el traje rojo (probablemente un llamativo rojo neón, que muestra un monograma con una P en el bolsillo). El único que queda es el callado sr. Blanco, que está removiéndose avergonzado en su traje de color pardo. Está avergonzado, claro, porque aunque sólo existe en un problema lógico, puede ver los colores que llevan puestos los demás, así que los comentarios le parecen completamente insulsos.

Existen problemas largos con diez personas diferentes y muchas condiciones (el sr. Azul vive en una casa roja y odia a los perros), pero todos siguen el mismo procedimiento: encuentra el caso en el que puedes asignar una característica definida y luego reparte las características restantes. Es probable que la versión más entretenida de este acertijo sea el juego de tablero Cluedo, porque te da la oportunidad de empuñar un diminuto cuchillo o un candelabro mientras descartas las posibilidades lógicas.

# ¿Sumar letras?

De hecho, algunos de estos problemas son bastante diabólicos, pero como mínimo se pueden resolver por ensayo y error.

Aquí hay un problema que se utilizó una vez en una competencia patrocinada por la revista *Games*.

```
   COCA
 + COLA
 ------
   SODA
```

En esta clase de problema, tienes que averiguar qué número asignar a cada letra para que la suma sea correcta. ¿Dónde empiezas?

1. Bueno, puedes mirar al final del problema y casi adivinar que A = 0; en la mayoría de problemas como éste, encontrar el cero es un buen punto de partida. Tienes A + A = A, así que A no puede ser otra cosa.

2. La siguiente parte sospechosa del patrón tiene que ver con la letra O. Ya has asignado el número cero, así que ése no puede ser. En mitad de este problema, probablemente te estás llevando una en la suma C + L, y te imaginas que probablemente también te estás llevando una en la suma O + O. Eso quiere decir que O es mayor que cuatro, porque, si no, no hay nada que llevarse.

3. Examinando las posibilidades para O + O (5 + 5, 6 + 6, y así sucesivamente), el único número que funciona es 9. La suma 9 + 9 + 1 te da algo que termina en 9, mientras que sumar, por ejemplo, 8 + 8 + 1 te da algo que termina en 7.

4. Así que ahora tienes:

```
   C9C0
 + C9L0
 ------
   S9D0
```

Las opciones para C son 1, 2, 3 y 4, porque si tuvieras un número mayor, entonces habría una cifra extra en la suma, en lugar de sólo una S. C no puede ser 4, porque entonces S sería 9, y el 9 ya está asignado. No puede ser 1, porque entonces C + L no produciría el 1 que hay que llevarse, a no ser que L fuera 9, pero 9 ya está asignado.

5. Así que el problema se reduce a probar 2 y 3 como valores de C, y encuentras que 3 funciona. S se convierte en 7, D se convierte en 1, y L se convierte en 8.

El siguiente es un ejemplo de la variedad de división del mismo tipo de problema.

BGGFA/GGG = CF

De nuevo, se supone que tienes que asignarles números a estas letras. Deberías estar atento a este ejemplo concreto, ya que te da algo de perspectiva sobre la mente del que diseñó el problema. Algunas veces ves problemas en los que las letras deletrean algo mono y a veces no. Como primer intento, si no ves ninguna letra del abecedario más allá de la J, mira a ver si se puede resolver el problema asignando

A = 0, B = 1, C = 2, ... y así sucesivamente,

o

A = 1, B = 2, C = 3, ... con alguna otra letra (por lo general, X o Z) que represente el 0.

Si no funciona esto, la mejor apuesta en los problemas de divisiones es ver si puedes encontrar un 0 o un 5 en una de las letras. Después, normalmente puedes buscar el candidato más adecuado para el 9.

# Problemas geométricos

La mayor parte de estos problemas no están relacionados con la geometría de verdad, tienen que ver con la visión espacial. La visualización en tres dimensiones, en particular, parece ser una habilidad que no es fácil de aprender. Como la habilidad musical o la facilidad para los idiomas, parece que hay una verdadera correlación entre varias estructuras cerebrales y la visualización, así que hay mucha variación en la capacidad para resolver problemas geométricos.

Mira los nueve puntos en la figura 18-1. El problema es conectarlos con cuatro líneas rectas sin levantar el lápiz del papel.

**Figura 18-1:**
El conocido problema de las cuatro líneas

La solución de este problema de nueve puntos está en la figura 18-3. En éste, como en la mayoría de los otros problemas que se desarrollan en el plano o el espacio, el truco está en salirse de los bordes. La mayoría de la gente, cuando se encuentra por primera vez con esta clase de problema, intenta dibujar las líneas contenidas en el conjunto de puntos.

La imaginación geométrica tiene muchas aplicaciones (esto es irse un poco por la tangente pero, por favor, sígueme). Mi suegro estuvo trabajando en una fábrica en la que había un gran soldador de punto. Los circuitos electrónicos de potencia se averiaban un par de veces al año. Cuando pasaba esto, el procedimiento habitual consistía en traer dos carretillas elevadoras para apartar de la pared el gigantesco bloque de maquinaria, de modo que se pudiera acceder al panel trasero. La primera vez que el Sr. Toth vio esta tremenda operación industrial a pleno rendimiento, abrió una puerta en la pared contra la que estaba apoyada la soldadora para ver qué había en la habitación contigua. La respuesta fue *nada*. De hecho, la pared no era más que un panel de pladur instalado para colocar un par de enchufes. El paso evidente que debería haber llevado a cabo el equipo de mantenimiento era el de recortar un panel extraíble en la pared para poder acceder a la parte trasera de la máquina. Esto no se le había ocurrido a nadie en los doce años que habían pasado desde que se colocó ahí la soldadora.

Con el valor que te ha dado este ejemplo de imaginación en tres dimensiones, prueba con esto:

Te doy seis cerillos. Tu tarea es encontrar la manera de construir cuatro triángulos utilizando los seis cerillos a la vez.

Muchos de estos problemas deben de haber surgido como trucos de bar, normalmente con una apuesta sobre el resultado. ¡Esto tiene la ventaja de que los participantes a menudo no recuerdan la respuesta el siguiente fin de semana! Te daré una pista: este truco en concreto funciona mejor si las cerillas se colocan sobre una superficie con moqueta. La respuesta se encuentra al final del capítulo.

Aquí hay otro problema tonto de cerillas. En la figura 18-2 hay una fachada típica de banco construida con cerillas. El primer problema consiste en mover sólo dos cerillas de este patrón para construir once cuadrados. El segundo problema es el de mover cuatro cerillas y conseguir quince cuadrados.

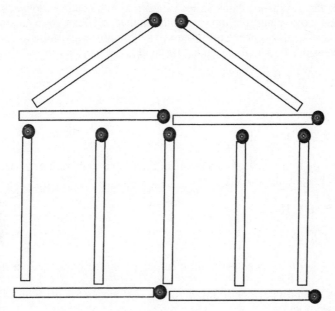

**Figura 18-2:**
Más
reorga-
nizaciones
de cerillas

La respuesta, de nuevo, se muestra al final de este capítulo. En éste, como en todos los otros problemas con truco, tienes que pensar en qué cuenta como cuadrado y cómo de grandes tienen que ser. Al igual que en el problema de conectar los nueve puntos, la solución consiste en salirse de la colocación inicial tal y como se presenta; el truco aquí es evitar que la colocación inicial dicte el alcance de las disposiciones que intentes.

# Series numéricas

Muchos problemas te piden que encuentres el número siguiente en una serie. Mencionaré cuatro y luego discutiré algunos métodos para resolverlos.

1. 2, 3, 4, 6, 8, 12, ... ? ...

2. 46, 55, 64, 73, ... ? ...

3. U, D, T, C, C, S, ... ? ...

4. 1, 1, 2, 3, 5, 8, 13, ... ? ...

La gente que diseña estas series numéricas (una cadena como ésta, con sus comas, en realidad se llama *sucesión* en matemáticas, pero en el mundo de los pasatiempos parece que siempre se llaman *series*) sabe que vas a estar buscando algo sencillo. Con algo sencillo, quiero decir una serie del tipo:

2, 4, 6, 8, 10, ...

o

3, 6, 9, 12, ...

en la que lo que haces es añadir un término a cada número para conseguir el siguiente, o

2, 4, 8, 16, ...

1, 5, 25, 125, 625, ...

en la que multiplicas cada número por un factor para obtener el siguiente.

Sigue leyendo para ver cómo ayuda a resolver estos problemas un poco de psicología:

2, 3, 4, 6, 8, 12, ... ? ...

En seguida puedes determinar que no se añade un número fijo para obtener el siguiente, y que no estás multiplicando por un factor constante. Ésta es la pista que necesitas para darte cuenta de que estás buscando una serie doble. Mira los elementos alternos de la lista. El primer conjunto sería 2, 4, 8, y el segundo sería 3, 6, 12. Eso quiere decir que hay una pareja original de números, 2 y 3, al principio de la serie. Multiplícalos por 2 y obtienes los siguientes dos números, 4 y 6. Multiplica 4 y 6 por 2 y obtienes la pareja siguiente. ¿Puedes seguir tú?

46, 55, 64, 73, ... ? ...

¿Qué está pasando aquí? Es un caso en el que hay dos formas de ver el patrón. Como suma de elementos, cada elemento de la lista es simplemente igual a nueve más que el elemento anterior.

También puedes verlo como que el primer número de una pareja aumenta en uno y que el segundo disminuye en uno. Por supuesto, esto es precisamente lo que pasa cuando sumas nueve. Pero es común encontrar series de números de tres dígitos en los que cada uno de los dígitos de tres números sigue su propia regla.

U, D, T, C, C, S, ... ? ...

Lo sé, lo sé, ésta es verdaderamente tonta. Pero aparece mucho en test de revistas, test de inteligencia y en todas partes. Después de leer este capítulo deberías poder hacerte con ello de un vistazo. Escribe las palabras uno, dos, tres, cuatro, cinco y así sucesivamente y fíjate en las primeras letras de las palabras. Ésa es la historia.

Una variación rara de este tipo de series que vi en una prueba de Mensa era:

T, U, C, U, C, N, D, S, C, ...

la siguiente letra es T. Esta serie representa la conversión de números a letras de la expansión decimal del número $\pi$. (Léelo como "tres uno cuatro uno cinco nueve..."). A veces la gente es demasiado lista para lo que le conviene.

1, 1, 2, 3, 5, 8, 13, ... ? ...

Esta serie no es una bobada, como las anteriores. Se trata de matemáticas de verdad. Para encontrar el número siguiente, se supone que tienes que darte cuenta de que cada número es la suma de los dos números precedentes. Esto se conoce como la *serie de Fibonacci* (Leonardo Fibonacci la describió en torno al año 1228) y se puede demostrar que estos números tienen propiedades fascinantes. Aparecen en problemas de física, informática y en las matemáticas del interés compuesto.

# Problemas de álgebra

Otros pasatiempos y acertijos son los que se reducen a un problema de álgebra.

El gato *Pomposo* es tres veces más viejo que el gato *Apestoso*. Dentro de cinco años, *Apestoso* tendrá el triple de la edad que tiene ahora *Pomposo*. ¿Qué edad tienen los bichos?

Estos problemas los resuelves asignando cantidades y haciendo álgebra. Si la edad de *Pomposo* es $P$ y la edad de *Apestoso* es $A$, puedes traducir el problema a

$P = 3A$

$A + 5 = 2P$

Enchufándole la primera expresión a la segunda, te sale

$A + 5 = 2(3A)$

$A + 5 = 6A$

$5 = 5A$, así que $A = 1$.

Así que _Apestoso_ es un gatito de un año, mientras que _Pomposo_ es un gato maduro de tres años.

Ahora bien, la maquinaria del álgebra que te enseñan en el instituto es completamente adecuada para todos estos problemas del tipo: Carmen tiene diez años más que Lucía, cuya edad es la raíz cuadrada de 81.

Mi queja es que la mayoría de la gente está mal preparada para resolver este problema:

Federico financia un Chevrolet Camaro refinanciando su casa al 9.25 %. Teodoro sigue conduciendo su coche ya pagado y dedica los pocos cientos de euros al mes que antes se usaban para pagar los plazos del coche a amortizar la hipoteca de su casa. ¿En qué estado financiero se encuentran ambos después de cinco años?

Me angustia informar de que muchas de las personas que pueden resolver los juegos con cerillas y la serie U, D, T, C, con la mayor facilidad no tienen ni idea de por dónde empezar con este último problema. Está resuelto en el capítulo 10 de este libro, junto con una colección de enigmas parecidos.

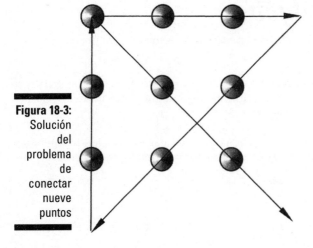

**Figura 18-3:**
Solución
del
problema
de
conectar
nueve
puntos

**Figura 18-4:**
Solución
del
problema
tridi-
mensional
de las
cerillas

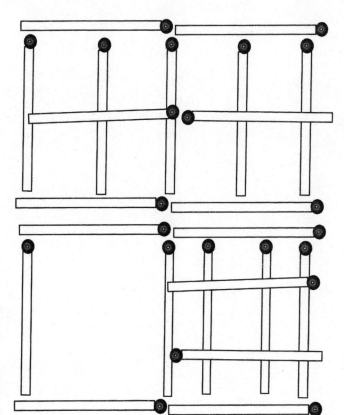

**Figura 18-5:**
Solución
de los
problemas
del banco
de cerillas

# Parte V
# Los decálogos

—ME IMAGINO QUE TODO ESTO TIENE QUE VER CON LA LOE.

## En esta parte...

Esta parte te da muchas listas: diez trucos tontos de mates, diez consejos para usar la calculadora y más.

# Capítulo 15

# Diez trucos rápidos y útiles

*En este capítulo*

▶ Matemáticas en la tienda: redondear y agrupar los precios

▶ Lo que cuesta tener el doble de dinero según la tasa de interés

▶ Comprobar tus respuestas con la regla del nueve

▶ Elevar números al cuadrado

▶ Multiplicar números no cuadrados

▶ Conversiones y otras cuestiones métricas

▶ Comprobar redondeando

*V*ale, no todos los trucos son necesariamente rápidos. Pero por lo menos todos son útiles.

En mi opinión, este capítulo distingue *Matemáticas cotidianas para Dummies* de la mayoría de las otras obras sobre matemáticas. No hace falta decir que, cuando contactaron conmigo por primera vez para que escribiera este libro, salí a comprar cualquier cosa que hubiera en el mercado que se le pareciera incluso remotamente. Estos libros contienen, entre otras cosas, consejos sobre cómo dividir rápidamente y de cabeza un número entre 35. Pero algunos de estos consejos de los libros de matemáticas rápidas hacen que exclames "¡¿Cómooo?!" El consejo para multiplicar rápidamente por 12 en un libro así es éste:

1. Multiplica el número por diez.

2. Dobla el número.

3. Suma estos dos resultados intermedios.

¡El autor parece no haberse dado cuenta de que eso *no es más que la definición de multiplicar por 12*! No es un consejo, no es un truco. Es exactamente lo que te dijeron que hicieras en el colegio. Lo que voy a intentar hacer en este capítulo por lo menos es decirte algo que quizá no sepas todavía.

# Matemáticas en la tienda, primera parte: redondear

La gente que lleva tiendas está firmemente convencida de que cuando lees $299 te parece un precio bastante inferior a $300. Hay estudios que muestran que tiendes a redondear el número hacia abajo en lugar de hacia arriba.

Por supuesto, las tiendas también utilizan un sistema de clases de identificación de las etiquetas finamente calibrado, que va desde las pegatinas naranjas fluorescentes que dicen $100 a los discretos numeritos en negro que dicen $1,500.

De todas formas, en las vastas extensiones de los precios intermedios, reina la tendencia a esos números acabados en nueve. Así que aquí hay un método para sumar fácilmente los precios que también funciona bien para otros números que no se pueden redondear hacia arriba o hacia abajo de manera tan automática.

Supongamos que el problema consiste en sumar estos números:

$$
\begin{array}{r}
13.99 \\
7.98 \\
21.99 \\
+\ \ 4.97 \\
\hline
\end{array}
$$

Lo último que quieres hacer es pasar cinco minutos con eso de "Me llevo una" y..., así que reescribe esto en dos columnas:

$$
\begin{array}{rl}
14.00 & 1 \\
8.00 & 2 \\
22.00 & 1 \\
+\ \ 5.00 & 3 \\
\hline
\end{array}
$$

¿Qué está pasando aquí? Para sacar los valores de la segunda columna, sólo tienes que calcular la pequeña diferencia entre el número de partida y su número entero más cercano. Puedes pensar en la segunda columna como en un factor de corrección.

La respuesta se calcula así: primero, sumas 8 y 22 para obtener 30, le sumas 5 y te sale 35, luego sumas 14 al 35 y te sale 49. Así que el total sería 49 euros, excepto por la columna de corrección para los céntimos. $1 + 2 + 1 + 3 = 7$, así que el total de la suma original es

$49.00 - 0.07 = 48.93.$

En realidad has llevado a cabo más operaciones mentales al separar el problema de esta forma, pero eran todas más sencillas que la suma inicial.

# Matemáticas en la tienda, segunda parte: agrupar

En el ejemplo anterior, colé un pequeño minitruco en la suma: sumé primero el 22 y el 8 en vez de hacer las cosas como en los libros de texto. Encontrarás muy pocos problemas de sumas en los que no se simplifiquen las cosas emparejando números con algo de juicio, sobre todo si primero se han redondeado convenientemente los números. Aquí tienes un problema largo de sumas. Como una forma de demostrar que este método funciona en general, hice que un computadora escogiera todos estos números al azar.

$$
\begin{array}{r}
17 \\
151 \\
23 \\
24 \\
205 \\
39 \\
75 \\
+\ 66 \\
\hline
\end{array}
$$

Para empezar, mira la primera columna y encuentra las parejas que te dan una suma acabada en cero. Si sumas todas estas parejas, reduces el problema a:

$$
\begin{array}{rll}
17 & (17 + 23) & 40 \\
151 & & \\
23 & (151 + 39) & 190 \\
24 & & \\
205 & (205 + 75) & 280 \\
39 & & \\
75 & (66 + 24) & 90 \\
+\ 66 & & \\
\hline
\end{array}
$$

Esta tercera columna no se agrupa fácilmente en este paso, pero sumas primero (90 + 190) para obtener 280 y luego haces (40 + 280) y te sale 320. Estos dos valores sí te dan un buen número redondo 280 + 320 = 600.

La otra ventaja de resolver un problema de este tipo emparejando, aunque no tengas números que se adapten bien a esa estrategia, es que es más fácil comprobar la respuesta. Nunca sumas más de dos números por vez, lo cual supone un esfuerzo menor para tus capacidades, y puedes repasar estas sumas de dos números de un vistazo.

# Jugar a dobles: tasas de interés y tiempo de duplicación

Este apartado sólo te proporciona una pequeña tabla que relaciona las tasas de interés con el tiempo que tardan en duplicar una cantidad. La razón por la que quizá necesites saberlo es que el día que te jubiles, esto puede significar un estupendo complemento.

Necesitarás mucho dinero debido al fabuloso incremento de tu esperanza de vida. Cuando se estableció la edad de jubilación por primera vez a los sesenta y cinco años para los funcionarios públicos del Estado prusiano, a principios del siglo XIX, los frugales prusianos esperaban que sus jubilados murieran a los pocos años de haberse retirado, y las tablas de mortalidad confirmaban esta esperanza. Era un asunto sencillo: trabajabas durante cuarenta y cinco años, ahorrabas un poco cada año, y luego te lo gastabas en un par de años de jubilación y morías antes de tener que ver la primera guerra mundial.

Tú, en cambio, estás pensando en trabajar desde los veintiuno, si tienes suerte, hasta alrededor de los sesenta y cinco y vivir unos veinte años más. ¿Cuánto crees que deberías ahorrar para trabajar durante cuarenta años y luego jubilarte y vivir veinte años más? Vaya. La aritmética de los prusianos no va a funcionar en este caso.

Una manera sencilla de calcular cuánto valdrán tus ahorros en algún momento del futuro es considerar el tiempo de duplicación. La tabla 19-1 es una tabla financiera comprimida que te muestra cuánto tarda tu dinero en duplicarse si se le aplican diferentes tasas de interés:

| Tabla 19-1: Tiempo de duplicación frente a tasas de interés | |
| --- | --- |
| *Tasa de interés anual* | *Años para duplicar la cantidad inicial* |
| 5 % | 14.2 |
| 7 % | 10.2 |
| 9 % | 8 |
| 11 % | 6.6 |

El problema, por supuesto, es encontrar una inversión relativamente segura que tenga una rentabilidad real (ajustada para la inflación) que sea suficientemente alta: un 9 % o más estaría bien. Eso después del primer problema: conseguir el dinero para la inversión inicial.

# Duplicar para multiplicar

Ahora que hablamos de duplicar, puedo aprovechar para contarte un truco basado en duplicar para multiplicar números. Lo he visto con el nombre de *multiplicación del campesino ruso*, pero, de hecho, parece que ya se conocía hace cuatro mil años.

El procedimiento se basa en la observación de que cualquier número puede descomponerse en potencias de 2, es decir, números que salen multiplicando doses entre sí. Mira esta lista de potencias de dos:

- ✔ 1
- ✔ 2
- ✔ 4
- ✔ 8
- ✔ 16
- ✔ 32
- ✔ 64
- ✔ 128

Cualquier número menor que 128 puede descomponerse como una suma de los números anteriores desde el 1 hasta el 64. Aquí tienes algunos ejemplos:

$$43 = 32 + 8 + 2 + 1$$

$$55 = 32 + 16 + 4 + 2 + 1$$

$$17 = 16 + 1$$

Así que si quieres multiplicar 195 por 17, puedes multiplicarlo por 16 y por 1 y luego sumar estos resultados. La única razón para prestarle atención a este galimatías es que puedes multiplicar un número por 16 o 32 o 64, etc., a base de duplicarlo un cierto número de veces. La táctica para multiplicar 195 por 17 funciona así:

$1 \rightarrow 195$

$2 \rightarrow 390$ (doble de 195)

$4 \rightarrow 780$ (doble de 390)

$8 \rightarrow 1,560$ (doble de 780)

$16 \rightarrow 3,120$ (doble de 1,560)

$1 \rightarrow 195$

y sumando luego

$$\begin{array}{r} 3,120 \\ + 195 \\ \hline 3,315 \end{array}$$

De nuevo, la ventaja de este método es que es fácil comprobar los pasos. También menciono aquí este método porque es esencialmente la forma en que multiplican números los computadoras: la computadora convierte todos los números en potencias de dos y luego vuelve a convertirlos en los conocidos números decimales sólo cuando tienes que verlos tú.

# Utilizar nueves para comprobar tu respuesta

Todavía merece la pena conocer un método viejo para comprobar que la respuesta a una multiplicación o división es correcta. El método está basado en la llamada *prueba del nueve*, un truco antiguo para comprobar cálculos. Para obtener un resto del nueve, sumas los dígitos de un número y sigues sumándolos hasta que sólo te queda un dígito. Y si el dígito es nueve, se dice que el resto del nueve es cero.

Sólo resolveré unos ejemplos en lugar de darte una regla:

✔ **756:**

Suma los dígitos 7 + 6 + 5 = 18.

Suma estos dígitos 1 + 8 = 9.

Resto del 9 = 0.

✔ **631:**

Suma los dígitos 6 + 3 + 1 = 10.

Suma los dígitos 1 + 0 = 1.

Resto del 9 = 1.

✔ **175:**

Suma los dígitos 1 + 7 + 5 = 13.

Suma los dígitos 1 + 3 = 4.

Resto del 9 = 4.

Para comprobar una multiplicación, encuentra el resto del 9 para los números que estás multiplicando, y el producto de los dos números debería dar el mismo resto del 9 que estos dos restos multiplicados entre sí. No es tan complicado como parece. Mira este caso:

$$\begin{array}{r} 1,438 \\ \times\ \ 615 \\ \hline 884,370 \end{array}$$

Ahora el resto del 9 de 1,438 es 1 + 4 + 3 + 8 = 16, y 1 + 6 = 7.

El resto del 9 de 615 es 6 + 1 + 5 = 12, y 1 + 2 = 3.

Si multiplicas ambos restos te sale 3 × 7 = 21; la comprobación del resultado es 2 + 1 = 3.

La regla dice que deberías obtener 3 como resto del 9 del resultado 884,370:

8 + 8 + 4 + 3 + 7 + 0 = 30, 3 + 0 = 3.

Parece un poco laborioso, pero es una alternativa mejor que repasar la multiplicación, ya que es probable que cometas el mismo error que cometiste la primera vez.

# Elevar al cuadrado

Es fácil elevar al cuadrado los números de dos dígitos que acaban en cero. Simplemente haces el cuadrado del primer dígito y añades un par de ceros. Es decir,

$$30 \times 30 = 900$$

$$40 \times 40 = 1,600$$

$$70 \times 70 = 4,900$$

y así sucesivamente. El saberse de memoria unos pocos cuadrados no puede hacerle daño a nadie, especialmente dado que te vienen gratuitamente cuando te aprendes las tablas de multiplicar. La información es útil cuando estás decidiendo cuántas baldosas de abultado precio necesitarás para el suelo de tu cocina, por ejemplo.

¿Qué pasa si tienes un número que es casi, pero no del todo, fácil de elevar al cuadrado? Supón que tienes un número como 41, por ejemplo. Para 41, piensa en 1,600 (el cuadrado de 40), suma 80 ($2 \times 40$) a este número para obtener 1,680, y luego suma 1 para obtener 1,681.

Sólo estás siguiendo esta regla del álgebra:

$$(D + d)^2 = D^2 + 2Dd + d^2$$

En el caso de 41, estás diciendo que 40 es la $D$ grande y que 1 es la $d$ pequeña, y luego estás metiéndolos en esta expresión sencilla.

$$(40 + 1)^2 = 40^2 + 2 \times 40 \times 1 + 1^2$$

$$(41)^2 = 1600 + 80 + 1$$

# Multiplicar casi cuadrados

Hay una variación del método que acabo de enseñarte para multiplicar números. Para multiplicar 39 por 41, piensa primero en 1,600 y luego resta 1 para obtener 1.599.

¡Vaya! ¡Eso sí que ha sido fácil! ¿Qué está pasando aquí? Bueno, la expresión algebraica es

$$(D + d) \times (D - d) = D^2 - d^2$$

Una vez más, D = 40 y d = 1. ¿Puedes ver cómo sacar la cifra para 38 × 42 utilizando la misma fórmula? Si te da 1,596, ¡bien hecho!

# Diversión métrica

Como Estados Unidos es un país gigante, podemos permitirnos usar nuestras propias y divertidas unidades medievales para medir cosas. De vez en cuando, sin embargo, nos vemos obligados a convertirlas a las unidades que utiliza el resto del planeta. Lo único que tienes que hacer para llevar a cabo de forma correcta la conversión es conseguir que el factor apunte en la dirección correcta.

Voy a probar con un pequeño dispositivo mnemotécnico, primero para los kilómetros, y después para los kilogramos. Simplemente fíjate en el recuadro siguiente durante unos segundos:

**MILLAS**                                                 kilómetros

Lo que intento decir es que las millas son más grandes que los kilómetros. Cuando hagas una conversión, acabas con más kilómetros que millas. El factor de conversión es 1.6. Ahora explicaré lo que significa esto:

1. Tienes 220 km. ¿Cuántas millas son? Tienes que obtener menos millas que kilómetros, así que divides entre 1.6.

    220 km/1.6 = 137.5 millas

2. Un cartel a las afueras de Londres dice 72 (y está en millas). ¿Cuánto es esto en distancia real, Pepe? Tienes que obtener más kilómetros que millas, así que multiplicas por el factor

    72 millas × 1.6 = 115.2 km

    ¡Pisando a fondo el acelerador de un Citroën-Maserati SM, estarás ahí en media hora!

Mira ahora este segundo recuadro un ratito:

**KILOGRAMOS**                                              libras

Los kilogramos son más grandes que las libras. Cuando haces una conversión, acabas con más libras que kilogramos. El factor de conversión es 2.2. Prueba ahora con más conversiones:

1. Pesas 75 kg. ¿Cuánto es eso en libras? Tienes que tener más libras que kilogramos, así que multiplicas por el factor

   75 × 2.2 = 165 libras

2. Una amiga estadounidense te ha prestado un libro de cocina para hacer pavo frito donde dice que necesitas un pavo de 12 libras (no olvides comprar la manteca de cacahuate). ¿Qué significa esto en una carnicería europea? El número de kilogramos tiene que ser más pequeño, así que divides por 2.2.

   12 libras ÷ 2.2 = 5.5 kg

   Necesitas un pavo de entre 5 y 6 kg (las recetas nunca son exactas, al menos no para el tamaño de un pavo). En cualquier caso, conseguirás que la dirección de la conversión sea correcta si te acuerdas del tamaño de la letra en esos recuadros grises.

# Redondear números

Incluso si usas una calculadora, puedes introducir incorrectamente los números. Quizá la mejor manera de hacer una comprobación de cualquier problema aritmético sea utilizar números redondos para asegurarte de que tienes la respuesta más o menos bien.

Volvamos al ejemplo de la prueba del 9 que vimos antes en este capítulo. Esa prueba es una buena manera de evitar errores tales como pensar que 9 × 9 es 83. Pero deja abierta la posibilidad de cometer errores que, por casualidad, den el mismo resto del 9.

En la comprobación con números redondos de este problema:

$$
\begin{array}{r}
1,438 \\
\times\ \ 615 \\
\hline
884,370
\end{array}
$$

yo escogería como primer número 1,500 y como segundo número 600. Esto me da cuatro ceros que añadir al final, y la multiplicación 15 × 6.

15 × 6 = 90, y luego añado los cuatro ceros para obtener mi respuesta redondeada:

90,0000 = 900,000

De hecho, esto está cerca de la respuesta correcta, con un error inferior al 2%. Este problema es más complicado que la mayoría. Yo sólo me molestaría en quedarme con dos dígitos en uno de los números si el primer dígito es uno. En un problema como éste:

$$\begin{array}{r} 4{,}458 \\ \times\ 3{,}129 \\ \hline \end{array}$$

quédate con el 4 y el 3 y prueba lo siguiente:

4.458 se aproxima como 4,000

3.129 se aproxima como 3,000

4 × 3 seguido de seis ceros = 12 000 000 = 12,000,000

Puedes ir por la vida y sentirte satisfecho con tus cálculos si siempre tienes el número correcto de cifras decimales.

# Multiplicar por 9, o 99, o 999

Multiplicar por 9 realmente es multiplicar por 10 − 1.

Es decir, 9 × 9 es justamente 9 × (10 − 1) esto es (9 × 10) − 9 que es 90 − 9 = 81.

Otro ejemplo: 46 × 9 = (46 × 10) − 46 = 460 − 46 = 414.

Otro ejemplo: 68 × 9 = 680 − 68 = 612.

Para multiplicar por 99, multiplicas por 100 − 1.

Es decir, 46 × 99 = 46 × (100 − 1) = 4,600 − 46 = 4,554.

Multiplicar por 999 es parecido a multiplicar por 9 o por 99.

38 × 999 = 38 × (1000 − 1) = 38,000 − 38 = 37,962.

# Capítulo 16

# Diez trucos numéricos rápidos y absurdos

*En este capítulo*

▶ El truco de las edades

▶ El truco de los cumpleaños

▶ Un problema de broma

▶ El trigo y los faraones

▶ Casi un acertijo

▶ Humor fiscal

▶ Un truco con dados

▶ Milagros mentales

▶ La fecha de nacimiento

▶ Más poderes fabulosos

**A** un libro como éste, le va muy bien un capítulo de este tipo, incluso aunque, como gruñón profesional que soy, esté en contra de cualquier tipo de frivolidad. El hecho es que todas estas listas de diez cosas en los libros *Para Dummies* comenzaron como una especie de homenaje a las listas del programa de David Letterman (un famoso presentador estadounidense que incluye en su programa nocturno la sección satírica "Top ten list"). Y ahora, aquí mismo, en *Matemáticas cotidianas para Dummies*, tienes una sección sobre trucos matemáticos estúpidos. ¿Qué será lo siguiente?

# El truco de las edades

Este truco bobo para las fiestas presupone que tus amigos pueden al menos sumar y restar un poco. Pídele a alguien que multiplique su edad por 10. Luego haz que esa persona reste 9 multiplicado por un número entre 1 y 9, sólo por complicar un poco el reto. Pregúntale cuánto le da.

Suma el último dígito a los primeros dos para sacar la edad.

Vamos a revisarlo paso a paso. Supón que la edad de Esteban es 25. Lo multiplica por 10 y le sale 250. Supón que le resta 45 (5 × 9) para obtener 205.

Cuando te dice el número 205 y lo divides en 20 y 5, y sumas los dos números. Esto te da 25. ¡Lo tienes!

Supón que hubiera elegido otro múltiplo de 9. Por escoger el más complicado, supón que escogió 81 (9 × 9). Esto le da

250 – 81 = 169

como número clave. Lo separas en 16 y 9, los sumas, y anuncias el resultado: ¡25!

¿Qué está pasando aquí? De hecho, este truco es muy parecido al método de ir descartando nueves para comprobar tus sumas o restas. Fíjate en que el truco funciona con edades de dos dígitos (falla para niños de menos de diez años y ancianos de más de cien). Pero los que tienen menos de diez años y los que tienen más de cien rara vez tienen inconveniente en anunciar su edad. Una vez fui a una fiesta en la que una señorita me recordó insistentemente que acababa de cumplir cuatro años el día anterior, y un señor mayor me abordó varias veces para recordarme, meneando la cabeza como si no pudiera creerlo, que tenía ya más de un siglo. "Más de un siglo..., ¿te lo imaginas, hijo?"

# El problema de los cumpleaños

El problema de los cumpleaños es habitual en la teoría de las probabilidades, pero tiene muchas aplicaciones. La pregunta es: ¿cuántas personas tiene que haber en una sala para que empiece a ser probable que dos cumplan los años el mismo día? Primero, fíjate en que esto es diferente de calcular la probabilidad de que aparezca alguien que cumpla los años en una fecha concreta, como el 26 de abril. Así es como se trabaja con este problema:

1. Tienes una persona en una habitación. Entra una segunda persona. La segunda persona tiene una probabilidad de 364/365 (0.997: eso es una probabilidad del 99.7%) de no cumplir años el mismo día.

2. Ahora entra una tercera persona. Para que no coincida su cumpleaños con las dos personas anteriores, quedan excluidos dos días. La probabilidad de que sea así son 363 entre 356 (0.995).

3. Ahora entra una cuarta persona. El cumpleaños de esta persona tiene que evitar tres días del año. La probabilidad es de 362 entre 365 (0.992). Es decir, esa persona tiene 362 posibilidades de entre los 365 días de evitar los otros cumpleaños.

4. La probabilidad de que ninguno tenga el mismo cumpleaños que otro se puede calcular simplemente como:

   Probabilidad de que todos los cumpleaños se eviten =

   (364/365) × (363/365) × (362/365) × (361/365) × (360/365) ×

   (359/365)...

   = (0.997) × (0.995) × (0.992) × (0.989) × (0.986) × (0.984)...

   Todos estos números están bastante cerca de 1, pero puedes estar seguro de que, si multiplicas suficientes números como 0.96 entre sí, rápidamente te sale un número bastante pequeño. ¡Saca la calculadora y multiplica 0.96 por sí mismo diez veces!

5. El producto total de todos estos números del estilo 0.99 cae a menos de 0.5 en cuanto multiplicas 26 de ellos. Para estar seguros (metiendo unos pocos números más en el factor), puedes predecir que dos personas tienen el mismo cumpleaños en cuanto haya unas 30 personas en una sala.

A la gente le parece sorprendente este resultado, pero es que las coincidencias suelen pillarte con la guardia baja. Te encuentras sentado en un avión junto a alguien que estuvo en tu clase de historia en el instituto y a los dos es choca la coincidencia. Pero la probabilidad de que nunca te pase algo así en realidad es bastante baja. Como en el problema de los cumpleaños, lo que estás diciendo es que es probable que haya alguna coincidencia, pero no sabes cuál será (no sabes cuál será el día mágico).

# Lluvia de céntimos

El apartado anterior fue un estallido de matemáticas de verdad, aunque aplicadas a un problema no letal.

Pregúntale esto a alguien (preferiblemente, que tenga menos de nueve años):

De $100 que tenía metidos en la cartera, ¿cuántos puedo sacar ahora?

La respuesta es que puedo sacar $2, porque de los 100 que tenía "metí 2" en la cartera. Esto casi es el equivalente numérico de un juego de palabras muy malo.

# Lo último del 1600 a. C.

Si 7 casas tienen cada una 7 gatos, y a estos 7 gatos les sirven 7 ratones, y cada ratón carga con 7 espigas y cada espiga tiene 7 granos, ¿cuántos granos hay?

$$7 \times 7 \times 7 \times 7 \times 7 = 16,807$$

He metido esto, que viene del *Papiro Rhind*, un texto matemático con el que se formaban los escribas en el antiguo Egipto, sólo por su increíble parecido formal con una conocida rima infantil en inglés "*As I was going to St. Ives, I met a man with seven wives. Every wife had seven sacks, every sack had seven cats, every cat had seven kits. Kits, cats, sacks, wives. How many were going to St Ives*" ["De camino a St. Ives, me encontré con un hombre con 7 esposas. Cada esposa tenía 7 sacos, cada saco 7 gatas, cada gata, 7 gatitos. Gatitos, gatas, sacos, esposas. ¿Cuántos fueron a St. Ives?"]

# Intercambiar dígitos

Averigua qué pareja de dígitos hay que intercambiar para que la siguiente multiplicación sea correcta:

$$
\begin{array}{r}
324 \\
\times \quad 68 \\
\hline
2{,}992 \\
\times\ 2{,}774 \\
\hline
25{,}432
\end{array}
$$

Puedes anotarlo en una hoja de papel y dejarlo por ahí en una oficina hasta que lo encuentre otra persona. Se ha utilizado para volver loca a la gente durante décadas. De hecho, los problemas así no son difíciles de inventar si quieres dedicarte profesionalmente a lo abstruso.

# Money, money

Ofrece pagar $100 a quien pueda darte $20 con diez monedas. Las monedas tienen que ser todas de $2, $1 o 50 centavos, y hay que utilizar al menos una de cada tipo. Lo sorprendente es que hay gente que pasará varios minutos contando monedas sueltas y haciendo pequeños cálculos, y algunas personas no se rinden nunca.

Si la persona pudiera darte diez monedas de $2, eso sería exactamente igual a $20. El requisito de utilizar otras monedas hace que sea imposible.

# El truco de los dados

Esto es esencialmente un truco de matemáticas porque está basado en sumas y restas. Le das a alguien tres dados y le dices que los ponga en una torre. Ahora hay cinco caras *ocultas*. Me refiero a las partes de los dados que no se pueden ver. Dile a tu amigo que cuente el número de puntos en las caras ocultas mientras te giras de espaldas.

Cuando te das la vuelta, te fijas en el número de puntos que hay en la cara en la parte alta de la torre. Después de hacer gestos de esfuerzo y falsa concentración, restas mentalmente este número de 21 y anuncias el resultado.

La historia es que el número de puntos en caras opuestas suma 7. Para tres dados, el número total en las caras opuestas es 21. En este caso, la cara de arriba está a la vista, así que restas el número que ves de 21.

# *Aritmética veloz*

Escoge dos números de un solo dígito. Para este ejemplo, usa 3 y 7. Entonces escríbelos así, y haz una serie de números debajo sumándolos por parejas hasta que tengas diez números. Así:

- ✔ 3
- ✔ 7
- ✔ 10
- ✔ 17
- ✔ 27
- ✔ 44
- ✔ 71
- ✔ 115
- ✔ 186
- ✔ 301

Como has leído *Matemáticas cotidianas para Dummies*, ahora puedes hacer fabulosos cálculos de cabeza. Dices que puedes sumar todos estos números de un vistazo. El truco aquí consiste en multiplicar el cuarto número empezando por abajo, el 71, por 11. 71 por 11 es 781 ($71 \times 11 = 71 \times 10 + 71 = 781$).

Puede que te hayas dado cuenta de que, con la excepción de un par de trucos del apartado anterior, no hay mucha aritmética mental en este libro. Revisando la bibliografía sobre aritmética mental desde 1900 hasta el presente y valorándola, llegué a la conclusión de que un truco para multiplicar rápidamente números por 17 (por supuesto que hay un truco especial para hacerlo) no es muy útil en la vida cotidiana. Si pudiera hacer que recordaras sólo un par de cosas dentro de un año, preferiría que fuera cómo hacer que el interés compuesto trabajara para ti, en lugar de ponerte las cosas más difíciles. Aunque nunca aprendieras trucos para hacer mentalmente divisiones grandes, siempre tendrías una sensación desagradable en las tripas cuando pensaras en financiar unas vacaciones para esquiar con tarjetas de crédito al 22 %.

# La fecha de nacimiento

Nuestra insistencia en los cumpleaños en Occidente probablemente viene de la asociación del calendario con los días de los santos y la práctica, extendida a lo largo de la mayor parte de la historia europea, de nombrar a los niños con el santo del día en que nacen. De hecho, desde el punto de vista práctico, conocer tu edad exacta incluso en días se convierte en bastante poco importante después de los siete años, más o menos, a no ser que vivas en una sociedad como la nuestra que da mucha importancia a las fechas exactas.

Escribe este cuadro a tus amigos:

**Figura 20-1:**
Cum-
pleaños
previsibles

| 1- Enero | 4- Abril | 7- Julio | 10- Octubre |
|----------|----------|----------|-------------|
| 2- Febrero | 5- Mayo | 8- Agosto | 11- Noviembre |
| 3- Marzo | 6- Junio | 9- Septiembre | 12- Diciembre |

Pide a un amigo que piense en su fecha de nacimiento, luego dale una calculadora y pídele que haga las siguientes operaciones.

1. Que escriba el número del mes que eligió según el cuadro.

2. Que multiplique ese número por 5.

3. Que sume 6 a ese resultado.

4. Que multiplique la respuesta por 4.

5. Que sume 9 a ese total.

6. Que multiplique el resultado por 5.

7. Que sume el número del día.

8. Que sume 700 a ese total.

Finalmente, pídele la calculadora con el resultado. Resta 865 y aparecerá la fecha que él eligió. El primer dígito es el número del mes y los dos últimos el número del día.

# La mente que todo lo ve

Éste es un truco de calculadora. Haz que alguien lleve a cabo estos pasos en la calculadora, y di que vas siguiéndolo todo mentalmente.

1. Escoge cualquier número de tres dígitos (el fabuloso número secreto).

2. Multiplica el número por 10.

3. Resta el número secreto.

4. Divide este resultado entre el número secreto.

5. Eleva al cuadrado este número.

6. Suma 19.

Tras el despliegue teatral pertinente, anuncia de manera solemne el resultado: 100. Lo que realmente está ocurriendo aquí es que los primeros cuatro pasos simplemente convierten cualquier número en nueve (efectivamente, estás dividiendo nueve veces ese número entre él mismo). El cuadrado de 9 es 81, que sumado a 19 da 100. Pero si para este truco te buscas una víctima que sea un desastre en aritmética, no verá la trampa.

# Capítulo 17

# Diez (más o menos) números que recordar

- - - - - - - - - - - - - - - - - - - - - - - - - - - - - - - - -

### En este capítulo

▶ Pi

▶ El número de Avogadro

▶ $^1/_{00}$

▶ MCMLXXIV

▶ $^9/_5$ y 32

▶ Megabyte

▶ 666

▶ Raíz cuadrada de 2

▶ 1729

▶ La proporción áurea

▶ Diez elevado a 14

- - - - - - - - - - - - - - - - - - - - - - - - - - - - - - - - -

*V*ale, no tienes que recordarlos todos. Algunos de estos números son útiles; otros son sólo para hablar de algo en las fiestas o para demostrar que tienes estudios. Lo que resulta sorprendente es la forma en que ciertos números particulares tienen biografías largas, asociaciones históricas y propiedades extrañas.

# Pi (π)

Recuerda lo que he comentado sobre geometría, si te parece bien. Pi, o π, es la razón entre la longitud del perímetro de un círculo (o sea, la *circunfe-*

*rencia*) y la distancia de un lado al otro de ese mismo círculo pasando por el centro (el *diámetro*). En otras palabras,

π = circunferencia/diámetro

Por lo tanto,

circunferencia = π × diámetro

Aunque en el colegio te enseñan que $^{22}/_7$ (o $3 + ^1/_7$) es una aproximación suficientemente buena en la práctica, el número 3 no está mal si tienes problemas en recordar las fracciones (al parecer, 3 es el valor recomendado en el Antiguo Testamento). Si tienes un círculo que mide medio metro de lado a lado, al usar 3 en lugar de π, te sale:

circunferencia = 3 × 50 cm (medio metro) = 150 cm

Utilizando el valor del colegio de $^{22}/_7$, te sale

circunferencia = $^{22}/_7$ × 50 cm = 157.1429 cm

La circunferencia exacta (utilizando una aproximación mejor de π) sería 157.0796 cm (redondeando a sólo cuatro decimales). Para una aventura geométrica de este tamaño, la diferencia entre $^{22}/_7$ y π es de sólo 0.063 cm (poco más de medio milímetro). Eso es más o menos el grosor de la tinta en una de las marcas de una cinta métrica.

Un valor común de π en la práctica egipcia era 3.16, que, teniendo en cuenta que es correcto hasta el 1 %, probablemente no causaba muchas discusiones a las orillas del Nilo. El primer cálculo serio de π parece deberse a Arquímedes, que utilizó polígonos regulares de muchos lados para llegar a una estimación de 3.1418. Más tarde, en el mundo griego era común utilizar el número 3.1416.

En China se daban como valores de π el número 3.162..., o la raíz cuadrada de 10. Se reconoció que el valor real estaba más cerca de 3.14, pero como 10 es un número perfecto con mucho simbolismo, los chinos tenían un apego romántico a su raíz cuadrada. Para el 400 d. C., aproximadamente, los astrónomos chinos habían averiguado la aproximación $^{355}/_{113}$. Esta fracción es 3.1415929204. Si la comparas con el valor real de 3.1415926535..., te darás cuenta de que es muy difícil determinar este número mediante medidas, porque es correcto hasta unas pocas partes por millón, y nadie en la China del siglo IV tenía instrumentos con esa precisión. ¿Cómo lo hicieron? ¡A mí me supera!

# El número de Avogadro

Este número conecta el mundo de los átomos individuales con el mundo de las cantidades de material que puedes ver en realidad. Para resumir, este número es sólo $6.023 \times 10^{23}$.

Ésta es una explicación esquemática. El hidrógeno es el elemento más ligero, con una masa atómica de 1. El oxígeno tiene una masa atómica de 16. Una molécula de agua ($H_2O$) tiene dos hidrógenos y un oxígeno, lo que da una masa molecular de 18 ($16 + 1 + 1 = 18$). Una masa molecular de 18 quiere decir, a su vez, que 18 g de agua contienen $6.023 \times 10^{23}$ moléculas, el número de Avogadro. A esta cantidad se le llama un *mol*.

El punto clave aquí es que, como los átomos son muy pequeños, este número es muy grande. Hay más átomos de silicio en un grano de arena que granos de arena en una playa. Sólo por diversión, puedes demostrarlo personalmente escogiendo un número arbitrario de granos de arena por centímetro cúbico de una playa de tamaño decente.

Si un grano de arena mide de alto $\frac{1}{20}$ cm, puedes imaginar que hay $20 \times 20 \times 20$ granos en 1 cm³. Entonces puedes averiguar el número de granos en un segmento de playa que mide 1 km de largo, 50 m de ancho y 6 m de profundidad. En centímetros cúbicos eso es:

$$(1.000 \times 100) \times (50 \times 100) \times (6 \times 100)$$

Esto da unos $2.4 \times 10^{15}$ granos. Un grano de arena es mucho menos que un mol de dióxido de silicio (estoy suponiendo que la arena es normal y corriente, y no la arena negra chula de lava especial o algo así). Si calculas que hace falta aproximadamente medio millón de granitos para tener un mol de dióxido de silicio, entonces

$$\text{átomos de silicio en un grano} = \frac{(6.023 \times 10^{23})}{500,000} = 1.2 \times 10^{18}$$

Así que, de verdad, el número de átomos de silicio en un grano de arena es unas quinientas veces mayor que el número de granos de arena en una playa decente (en concreto estoy pensando en Moonlight Beach en Encinitas, California, y acepto patrocinadores para demostrar experimentalmente esta proposición entre los meses de julio y septiembre; escoge tú el año). Y, sin ir tan lejos, debería señalar que la playa de Carnota, en Galicia, mide casi 7 km, lo cual la convierte en un competidor numérico bastante mejor para enfrentarse a un grano solitario. Pero 6 m de profundidad es bastante profundidad para una playa de arena, así que el grano sigue ganando por un poco.

# 1/1000

En el mundo ideal de las matemáticas griegas, los números existían en un reino puro y teórico. Podían calcularse, en principio, con cualquier grado de precisión, pero existían como una forma perfecta en la mente eterna del universo. Ahora que las computadoras pueden hacer aritmética, hacer cálculos con precisión arbitraria es relativamente fácil. ¿Que quieres $\pi$ con 40 decimales? No hay ningún problema.

La cuestión de la precisión es un punto en el que las matemáticas se apartan del mundo real de las cosas. En el mundo real, suele ser difícil o caro conseguir una medida que tiene una precisión de más de 1 parte por 1000. Piensa en un par de ejemplos:

✔ **Reglas:** Acércate a una papelería y busca las reglas de plástico en la sección de material escolar. Saca seis y alinea los bordes izquierdos. Ahora mira el lado derecho, donde las reglas indican 30 cm. Normalmente hay una discrepancia claramente visible. Después de todo, el proceso de fabricación de estas reglas consiste en imprimir sobre un plástico relativamente blando. ¿Crees que una regla de plástico puede ser precisa hasta 1 parte por 1,000 (eso es tres centésimas de milímetro)? ¡Calienta una en agua y repite la comparación si crees que sí!

✔ **Bloques de Lego®:** Si los objetos de plástico tienen dimensiones tan poco fiables, ¿cómo pueden hacerse bloques de Lego que encajan formando muros suaves con alturas de cientos de bloques? Bueno, Lego necesita fabricar con tolerancias de 1 parte por 10,000 mil, y esto quiere decir que Lego tiene que diseñar sus propios moldes de inyección de plástico usando su propia tecnología especial. Como resultado, la compañía fabrica juguetes que tienen una precisión mayor que la mayoría de las piezas de plástico de la industria aeroespacial o médica.

✔ **Termómetros:** Seguro que has oído decir que la temperatura normal del cuerpo humano es 37 °C. Para que la gente pudiera saber si su temperatura estaba bien, se desarrollaron los clásicos termómetros de mercurio, que mostraban sólo unos pocos grados a lo largo de unos cuantos centímetros. Eso hacía corresponder una décima de grado con un par de milímetros (más o menos), que es, desde luego, una precisión muy alta.

Pero después, a partir de las medidas sobre decenas de miles de personas se demostró que el número 37, repetido durante décadas en los libros de texto, no es, en realidad, un estándar absoluto. Para muchas personas la temperatura normal es 36.1 °C, mientras que otros bailan entre 37.2 y 37.8 °C sin tener fiebre.

✔ **Volumen:** Los instrumentos de vidrio especiales de los laboratorios de química se calibran de modo que tienen una precisión de 1 parte por 10,000, siempre que el volumen sea suficientemente grande. Los instrumentos de cocina (un medidor, por ejemplo) tienen una precisión del 1 %, aproximadamente. Las bombas de los surtidores de gasolina controladas por computadora te dicen cuánta gasolina has comprado hasta la centésima de litro (aunque en el estado de California se hizo una comprobación y se encontró que un surtidor normal se equivocaba en unas pocas décimas de litro). En otras palabras, los surtidores te dan muchos dígitos, pero la mitad de ellos podrían escogerse al azar.

La razón por la que creo que $^1/_{1000}$ es un número importante es que es la definición práctica de "suficientemente bueno". Si sabes cuánto dinero tienes hasta una precisión del 0.1 %, esa precisión de 1 parte por 1,000 debería ser suficientemente buena. 1 parte por 1,000 significa aproximadamente $^1/_5$ de centímetro en un retal de tela de 2 m, y es, más o menos, la anchura de la junta entre baldosas en una habitación de tamaño estándar. Ten esto en mente cuando mires el resultado de la calculadora: aquí, en el mundo real, por lo general sólo puedes relacionar los tres primeros dígitos con las cosas físicas.

# MCMLXXIV

Sorprendentemente, llevó muchísimo tiempo (cientos de años) que el sistema numérico que comenzó en la India se abriera camino hacia Arabia y, después a al-Ándalus, desde donde se introdujo finalmente en el resto de Europa. Los informes de la época sugieren que el concepto de cero era tan desconcertante que llegaba a darle a la gente dolores de cabeza. Desde entonces utilizamos los números arábigos (1, 2, 3...) sin pensarlo dos veces, e incluso los niños de la guardería conocen el cero.

Así que, excepto entre los entusiastas de las matemáticas, la numeración romana (que no tiene cero) siguió usándose bastante más allá del año 1000 d. C. Hasta no hace mucho, todavía aparecían en los títulos de crédito de las películas, en los diplomas de las facultades de medicina y en algunas otras áreas donde se piensa que un pequeño aumento artificial del prestigio resulta útil. Descodificar este número en concreto al menos te ayudará con cualquier número de este siglo o el siglo pasado.

Se lee así:

✔ M = 1,000

✔ CM = 100 antes que el 1,000, que significa 1,000 – 100 en romano. Cuando un número no está "en orden" se le resta al número más grande que hay a su derecha (C es cien, y no está en orden porque aparece antes que la M). Así que CM es 900.

✔ L = 50.

✔ XX = 20. X es 10, XX es 20 y XXX es 30. Si toda tu vida hubieras pensado en términos de esta forma concreta de contar, a ti también te habría parecido un vacío bastante intangible la noción de cero, al igual que a los monjes medievales que sirvieron de custodios de la aritmética.

✔ IV = 4. I es 1, II es 2, y III es 3. ¿Qué más podrías querer? En el 4, hay un poco de confusión. A veces aparece como IIII, la opción evidente, pero a veces es IV, que es 4 de acuerdo con la regla de los signos que no están en orden, porque V es 5.

✔ La fecha MCMLXXIV es, por lo tanto, 1000 + 900 + 50 + 20 + 4 = 1974.

Los romanos, por cierto, solían utilizar un diseño interesante de ábaco para hacer cálculos aritméticos, de manera que no necesitaban escribirlos. Utilizando sus humildes ábacos y mucho sentido común, podían resolver la mayor parte de los problemas de ingeniería. No tenían un flamante sistema numérico, pero los ingenieros romanos tenían un repertorio de trucos y rodeos para los cálculos. Hasta donde se ha podido reconstruir la vida en Pompeya y la ciudad portuaria de Roma, Ostia, los arqueólogos afirman que los romanos de alrededor del año 100 d. C. consiguieron un nivel de vida, por lo menos en algunas ciudades, que no se volvió a igualar hasta cerca de 1900.

# $9/5$, 32, y $5/9$

Bienvenido a Estados Unidos, uno de los últimos lugares en la Tierra en racionalizar sus medidas. En realidad, es casi un milagro que acabáramos con un sistema monetario basado en el sistema decimal, aprobado en un arrebato antibritánico que tardó poco en extinguirse. No voy a enrollarme hablando del estadio, el cuarto de galón y el peck, pero tengo que hacer unos comentarios sobre la temperatura. El hecho de que una porción grande de la clase de ciencias de la escuela primaria se tenga que dedicar a enseñar cómo miden las cosas los científicos y el resto del planeta es un rasgo bastante extraño de la civilización estadounidense.

Todavía usamos temperaturas Fahrenheit y casi todos los demás (llamados aquí TD) usan la escala Celsius (también llamada *centígrada*). Ambas escalas están basadas en los puntos de congelación y ebullición del agua. En la escala Fahrenheit, 32 °F = congelación y 212 °F = ebullición. ¿Bueno, y qué otra cosa podría ser?

En la escala Celsius, 0 °C = congelación y 100 °C = ebullición, lo que en cierto sentido parece bastante más prometedor. Para ir y volver entre las dos escalas, esto es lo que tienes que hacer.

## De Celsius a Fahrenheit

Los números de los demás son más pequeños. En un día miserable y lluvioso de primavera en París, el hombre del tiempo dirá quizá que la temperatura es de 5 °C. La regla es: primero tienes que cambiar la escala y luego tienes que añadir un paso.

Cambia la escala multiplicando el número de París por $^9/_5$. Esto te da

$$5 \times \frac{9}{5} = 9°$$

Luego añades el paso, el escalón de 32°, que introdujo Herr Fahrenheit en sus termómetros. Esto te da

$$9 + 32 = 41°$$

"Día lluvioso en París, con 41° de máxima". Pero ¡si parezco el hombre del tiempo!

Por cierto, si no te apetece multiplicar de cabeza por $^9/_5$, simplemente multiplica por 2. Acabas con un número que se pasa en unos pocos grados, pero, bueno, sólo es el tiempo. De todas formas, yo soy incapaz de distinguir entre 41 y 43 °C.

## De Fahrenheit a Celsius

El proceso inverso es éste: resta el escalón de 32° y luego cambia la escala.

Supón que estás intentando explicarle a un finlandés por qué el suroeste de Estados Unidos es inhabitable sin aire acondicionado (algunos dirán que sigue siendo inhabitable desde el punto de vista de la administración ecológica del agua a largo plazo). Estás ilustrando tu argumento mencionando la semana en Gila Bend (Arizona), en que la temperatura superó los 122 °F cada día durante toda la semana.

Primero, eliminas el paso de 32, así que 122 se convierte en

$$122 - 32 = 90$$

Luego cambias la escala. Recuerda que los números TD son más pequeños que los de los estadounidenses, así que multiplicas por $^5/_9$. Eso te da 50 °C. La última vez que tu amigo finlandés vio ese número así sobre un mapa del tiempo, se refería a algún punto del desierto del Sáhara.

De nuevo, si no te gusta todo este asunto del $^5/_9$, puedes dividir por un factor de 2. En este ejemplo, te salen 45 °C. Eso seguramente todavía suena bastante impactante para cualquier finlandés.

# Megabytes

A partir de la revolución informática han aparecido diversos números emblemáticos. Bits, bytes, y lo demás son términos estándares para medir la memoria de las computadoras.

Un *bit* es o bien 0 o 1, y puede contener tanta información como el estado de un interruptor de encendido/apagado: es un 1 o un 0, así que representa electrónicamente encendido o apagado.

Un *byte* es un número compuesto de ocho bits. Cada bit representa dos estados. Eso quiere decir que un byte puede tomar cualquier valor (representar cualquier número de estados) entre uno y el número

$$2 \times 2 \times 2 \times 2 \times 2 \times 2 \times 2 \times 2 = 2^8 = 256$$

aunque, en las computadoras, el byte se usa para representar los números desde el 0 hasta el 255.

Ése es un rango bastante bueno, porque puede representar todos los caracteres y números que suelen utilizarse en el inglés escrito. En el mundo de los diseñadores de computadoras incondicionales, el inglés y las lenguas europeas se llaman *lenguas de un solo byte,* porque pueden representarse con un alfabeto de un solo byte. Debido a que tienen conjuntos de caracteres mucho más grandes, al japonés y al chino se les llama *lenguas de doble byte*, porque dos bytes pueden representar 65.536 caracteres. Eso es más que suficiente para buscar los 40,000 caracteres utilizados en los libros japoneses y chinos en una tabla de búsqueda informática. Así que puedes asignar un número de dos bytes a cada carácter de un diccionario japonés y representar el japonés (con algunas dificultades) en un computadora.

Un megabyte es aproximadamente un millón de bytes. Más exactamente, es igual a

$2^{20}$ = 1,048,576 bytes

Allá por la década de 1980, una computadora con 2 MB de memoria y un disco duro de 200 MB se consideraba bastante bueno. En la actualidad, su equivalente sería uno con 4 GB de memoria y un disco duro de 500 GB. Aun así, la gente pregunta constantemente si una computadora como éste es suficiente para hacer los deberes del colegio. Es una cuestión muy peculiar, la verdad. La industria de las computadoras ha convencido a todo el mundo de que computadoras que habrían sido las computadoras grandes de la NASA hace una década no son suficientemente buenos para los niños de guardería. Esta actitud tiene más que ver con el marketing que con la realidad.

# *666*

Éste es el número de la Bestia en el "Apocalipsis" (uno de los libros del Nuevo Testamento, en la Biblia), y es un punto de partida genial para las especulaciones místicas. Aquí, el juego consiste en decidir quién es la Bestia asignando números a las letras de un nombre y luego sumando las letras para sacar 666. Hay una creencia bastante extendida de que la primera versión se refería al nombre completo del emperador Nerón.

En la época de la Reforma, los escolásticos católicos habían determinado que una de las maneras de escribir el nombre de Martín Lutero daba el número 666, y los estudiosos protestantes devolvieron el favor encontrando 666 en el nombre del papa León X. Como podrías esperar, los numerólogos han asociado el número con Adolf Hitler, Franklin Roosevelt y un montón de famosos menos verosímiles como Bestia, incluyendo al periodista de radio Rush Limbaugh o a Bill Gates, de Microsoft.

Una asignación convencional para este tipo de cálculo es $a = 1$, $b = 2$, y así hasta $z = 27$. Algunas veces tienes que asignar $a = 27$ y así sucesivamente en lugar de $a = 1$ para hacer que las cosas funcionen, y algunas veces tienes que tachar las letras que no se usan en los números romanos, pero no hay duda de que el esfuerzo merece la pena.

Una especulación parecida está relacionada con las fechas del fin del mundo, basadas en pistas internas de la Biblia. Para los aficionados a lo apocalíptico, diré que es prácticamente seguro que nuestro calendario asignó incorrectamente el año 1 en, al menos, cinco años en un sentido u otro, así que si piensas que el mundo acabará este año, o bien acabó ya hace años y nadie nos lo ha contado, o bien nos queda un poco más de tiempo.

# 1.729

Si te atreves con el inglés, merece la pena que leas el maravilloso libro de Robert Kanigel, *The Man Who Knew Infinity*, una biografía del matemático indio Srinivasa Ramanujan. Puede que estés pensando: "La verdad es que rara vez leo biografías de matemáticos indios". Este libro es diferente.

Confía en mí: te gustará mucho. Ramanujan era casi completamente autodidacta, y descubrió una porción muy grande de las matemáticas modernas él solo, incluyendo muchas materias de interés actual en el diseño de computadoras y la física. En cierto momento de su increíblemente brillante carrera, acabó en Cambridge (Inglaterra), donde ni la comida ni el clima ni el estallido de la primera guerra mundial le vinieron demasiado bien.

Mientras estaba en un hospital en Inglaterra, a Ramanujan le visitó su colega G. H. Hardy, uno de los matemáticos más importantes de Inglaterra en la primera mitad del siglo XX. Hardy comentó que había llegado en el taxi número 1729, que parecía un número poco interesante y que esperaba que no fuera un mal augurio. Ramanujan dijo: "no, es un número muy interesante. Es el número más pequeño que puede expresarse como suma de cubos de dos maneras diferentes".

Es decir, había averiguado en una fracción de segundo que

$$1.729 = 1^3 + 12^3 = 10^3 + 9^3$$

La gracia no es sólo que viera esto, sino que también averiguó que no hay números más pequeños que 1,729 para los que puedas hacer una descomposición parecida. ¡Y, fíjate, el tipo estaba ahí tumbado con gripe! También debería señalar que las contribuciones de Ramanujan fueron todas serias, matemáticas casi extrañamente originales en series infinitas, fracciones continuas y temas afines.

# *La proporción áurea*

Los matemáticos griegos llegaron a la conclusión de que un rectángulo en el que el lado largo es 1,618 veces más largo que el lado corto es especialmente atractivo desde el punto de vista estético. Esta proporción aparece en la construcción de los templos griegos, no sólo en las proporciones globales, sino también en las formas de las puertas y ventanas. Aunque no está claro que los egipcios tuvieran la misma relación mística con este número que fascinaba a los griegos, el número aparece también en la construcción de las pirámides. Un estudio a gran escala del siglo XIX de

todo tipo de figuras rectangulares (ladrillos, cartas, tarjetas de felicita-
ción, etc.) de culturas de todas partes del mundo, llevó a la conclusión de
que la gente tiene una preferencia intuitiva por esta clase de
rectángulo, comparado con rectángulos que son o más cortos o más alar-
gados. Lo chocante es que uno de los tamaños de papel más común en mi
país es el conocido como *legal*, que es 1.64 veces más largo que ancho,
¡eso está bastante cerca!

El número exacto derivado por los griegos es

$$\phi = \frac{(\sqrt{5} + 1)}{2} = 1.61803...$$

Así que 1,618 es una aproximación suficientemente buena si quieres construir tu propio templo griego. La figura 21-1 muestra cómo se usa este
número para construir un rectángulo y una espiral.

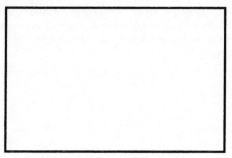

Longitud del lado = 1

Longitud del lado = 1.618

El rectángulo áureo:
proporciones clásicas

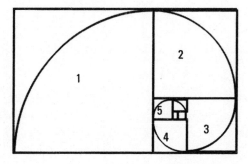

**Figura 21-1:**
Construc-
ción de un
rectángulo
áureo y una
espiral

# $10^{14}$

Hace unos años, los astrofísicos coincidían en que la edad del universo es de unos $10^{14}$ años. Entonces las cosas se volvieron raras. Primero, usando técnicas estándares pero información nueva de los telescopios en órbita, los astrónomos llegaron a la conclusión de que había objetos que parecían más viejos que la edad establecida del universo. Luego observaron objetos que parecían estar más lejos que cualquier otra cosa que se hubiera observado, pero parecían ridículamente jóvenes, a escala de los astros. Según la teoría bastante aceptada del Big Bang, se supone que deberías ver las cosas viejas, no estrellas nuevas, en los bordes exteriores del universo.

Las pruebas científicas razonables (dejando de lado las posibles objeciones religiosas) muestran que la Tierra tiene una edad de unos $4 \times 10^9$ años, así que sólo ha estado aquí durante un destello en términos de la historia del universo. Es en el resto del espectáculo donde las fechas están de momento fuera de control. Pongo este número en la colección porque, a diferencia de $\pi$, 666 o 1,729, verás que aumenta o disminuye en los reportajes periodísticos sobre las últimas teorías en cosmología. Por favor, actualízalo con toda libertad cada seis meses aproximadamente en tu propia copia de este libro.

# Capítulo 18

# Diez consejos de calculadora

*En este capítulo*

▶ Escoger una calculadora

▶ Más sobre la precisión de la calculadora

▶ ¡Cuidado, estudiantes de ciencias! Determinar si tus respuestas tienen sentido

▶ Hallar raíces cuadradas

▶ Calculadoras y calorías

▶ Diversión con el alfabeto de la calculadora

▶ Adaptar recetas

▶ Trabajar con senos

▶ Asombrar a tus amigos con tonterías numéricas

▶ Comprender la notación inversa polaca

Si has leído algo de los capítulos anteriores (espero que sí), ya te habrás dado cuenta de que siento una gran fascinación por esos pequeños y simpáticos aparatitos llamados calculadoras; incluso tengo una pequeña colección de ellas. Existe una gran variedad de calculadoras en el mercado, desde las sencillas con cuatro funciones (+, – , ×, ÷) hasta las calculadoras científicas programables que compiten con las computadoras personales pequeños. Aunque te parezca raro, todavía hay mucha gente que la utiliza. Si quieres parecer importante, preséntate a la próxima reunión de presupuestos de tu departamento con tu libreta y tu bolígrafo, y una gran calculadora básica.

Las calculadoras no fueron creadas todas iguales. Quizá te sorprenda saber que no tienen todas la misma precisión, pero quizá también te sorprenda gratamente darte cuenta de que puedes imitar muchas de las funciones de las calculadoras más sofisticadas con esas tan baratas de cuatro funciones. En cualquier caso, este capítulo te da algunas ideas, trucos y estrategias para usuarios de calculadora.

# ¿Qué tan bueno es suficientemente bueno?

En el extremo bajo de la oferta de calculadoras hay muchas con precisión de ocho dígitos. Cuando tienes en cuenta que se supone que estas calculadoras se usarán sobre todo como máquinas para sumar, esto no es un problema. Puedes hacer un seguimiento de los pesos hasta 99 millones sin equivocaciones. Y, por supuesto, una vez que llegas a la marca de los 100 millones, puedes permitirte salir y gastarte unos $200 en una calculadora financiera modesta, una que tiene teclas para PMT (pagos) y esas cosas. ¡Qué demonios, vive un poco!

Mientras tanto, ésta es la forma de comprobar la precisión de la calculadora que estás usando.

Divide el número 1 entre el número 666 (no porque sea muy bestia, sino porque es una buena demostración). Probablemente verás lo siguiente:

$$1 \div 666 = 0.0015015$$

Ahora, si multiplicas el resultado por 666, debería volver a salir 1, ¿verdad? Es más probable que acabes con lo siguiente:

$$0.0015015 \times 666 = 0.999999$$

La razón es que la calculadora tendría que tener al menos dos dígitos más (dígitos que no aparecen en la pantalla) para tener un número que hiciera que la calculadora "supiera" que tiene que mostrar un 1.

Puede que creas que esta discrepancia no es tan mala. En ese caso, prueba con otro ejemplo: 1 dividido por 1,666.

$$1 / 1,666 = 0.0006002$$

Cuando ahora multiplicas este último número por 1,666, te sale esto:

$$0.0006002 \times 1,666 = 0.9999332$$

Claramente, este resultado no es lo mismo que 1. El problema aquí es que para hacer que este número se redondee a 1 en la pantalla de la calculadora, ésta tendría que almacenar tres posiciones decimales más que las que muestra en la pantalla (tendría los dígitos adicionales en la memoria). Redondea la respuesta a ocho dígitos en la pantalla, y esa precisión no es suficiente para recuperar el número original.

Lo que dije antes sobre utilizar calculadoras como máquinas para sumar sigue valiendo: no vas a obtener errores en las sumas. Pero para series largas de multiplicaciones, este tipo de error pequeño empieza a acumularse. Cada vez que haces una división o multiplicación repetida, poco a poco se va haciendo hueco el error, que en la práctica puede llegar a la tercera posición después del punto decimal. Para calcular los pagos de la hipoteca hasta el último céntimo, es mejor que compres una calculadora financiera de verdad con teclas para el interés y los pagos que usar una calculadora de cuatro funciones y meter los números en fórmulas complicadas.

# Más sobre la precisión

Una calculadora científica, con teclas de seno, coseno, logaritmo, etc. (probablemente usaste una en el instituto), suele ser más precisa que una calculadora de cuatro funciones. ¿Cuántos dígitos guarda la calculadora además de los que muestra en pantalla? Ésta es una manera de averiguarlo. Dale a la tecla de $\pi$. Casi todas las calculadoras tienen una tecla para $\pi$.

Prueba la secuencia

$$3.1415927 - 3,1415926 =$$

A veces te sale el resultado cero. A veces te sale este otro resultado:

$$6.0E - 10$$

Con notación científica (cuando sale el número con una E), esto se traduce como 0.0000000006. Esto significa que, a pesar de haberte mostrado el número 3.1415927, la calculadora en realidad guarda el valor interno 3.141592654. Esto también es verdad en el caso de otros números "misteriosos", entre los cuales éste es el ejemplo principal:

$$e = 2.7182818$$

Este número aparece una y otra vez en las fórmulas de interés compuesto y otros cálculos basados en fórmulas de crecimiento.

# ¡Cuidado, estudiantes de ciencias! ¿Tienen sentido sus respuestas?

Puede que este libro haya caído en tus manos mientras eres todavía estudiante. Su propósito principal no es la enseñanza, sino intentar devolver un poco las matemáticas a personas cuyo único recuerdo es que "en el colegio, me demostraron matemáticamente que soy un caso perdido".

Aun así, he escrito este capítulo como servicio público para mis valientes ex colegas que se dejan la piel enseñando ciencias en los institutos y universidades.

Cuando uses una calculadora, párate a pensar si la respuesta que estás dando es posible y se puede medir.

## ¿Es posible?

He visto estudiantes que han entregado exámenes en los que calculaban la cantidad de calor que liberaba una reacción química que excedía el calor que emitiría una bomba H. En la clase de física, no falta algún ejemplo de estudiantes que han hallado que una piedra que cae de un edificio rompe la barrera del sonido al impactar en el suelo. En la clase de ciencias, esto es equivalente a calcular los pagos de la hipoteca de una casa de 200,000 € y encontrar que tienes pagos de 2.17 € o 53,789 € al mes.

Cuando te encuentres un problema de examen, o incluso en los deberes, que pide una respuesta numérica, asegúrate de que entiendes el problema viendo si puedes escribir un rango razonable en el que podría encontrarse el resultado. Una roca que cae de un edificio alto, por ejemplo, llegará al suelo con una velocidad que estará entre 60 y un par de cientos de kilómetros por hora (es tu trabajo como estudiante saber cuánto son estos valores también en metros por segundo).

No importa lo que diga la calculadora, 0.24 km/h no es una respuesta plausible. Tampoco lo es 24,000 km/h. Si entiendes bien esto, puedes pasarlo genial en los exámenes de tipo test, porque los examinadores suelen incluir un par de respuestas ridículas en cada conjunto de cinco. Descartar inmediatamente las respuestas absurdas prácticamente te garantiza que te irán bien en esos test.

# ¿Es medible?

Otro problema con la calculadora con que se encuentran los estudiantes es que dan los resultados con demasiadas cifras decimales. Prueba con este problema muy básico de física:

Un caracol tiene una prisa desmesurada por cruzar una carretera en un día lluvioso, antes de que lo vea una urraca. Por lo tanto, va a una velocidad poco común, de manera que cubre 10 cm en 3 s. ¿Cuál es la velocidad del caracol?

Si dices que la respuesta es 10/3 = 3.33333333 cm/s, has cometido un error que es casi tan grave como decir que la velocidad del caracol es 30 km/h. Los datos del problema sólo tienen dos cifras significativas, así que sólo está justificado que digas que la respuesta es 3.3 cm/s, no importa lo que diga la pantalla de tu calculadora. De hecho, sería un reto para un laboratorio bien equipado de física de una universidad medir una velocidad como ésta con seis decimales, y no digamos nada de ocho o nueve.

El equivalente químico de este problema te pide la concentración molar de una disolución de 32 g de hidróxido de sodio en 50 ml de agua. Después de calcular la masa molecular del hidróxido de sodio correctamente (es 40), es bastante común que un estudiante diga que la concentración es

$$C = 1.66666666 \text{ M (moles por litro)}$$

Técnicamente, esta respuesta es todavía más ridícula que en el caso de la física. En los laboratorios de estudiantes de verdad, las pantallas de las básculas sólo ofrecen cuatro dígitos, y los propios productos químicos recogen suficiente agua de la atmósfera entre el bote y la báscula para hacer que el peso final de un producto químico sea incierto ya en el tercer dígito que muestra la báscula.

Una operación extremadamente cuidadosa para pesar con una báscula eléctrica en el interior de una cámara de humedad cero te da cinco decimales de precisión para el peso de un producto químico. Obtener una medida precisa de líquido es un problema todavía peor. Utilizando la tecnología existente en el planeta Tierra, no hay manera de hacer una disolución 1.66666666 molar de nada. Cuando te quitan puntos de un trabajo o un examen por escribir una respuesta así, te lo mereces.

# Raíces cuadradas

Algunas calculadoras corrientes de cuatro funciones (+, −, ×, ÷) también tienen una tecla √, pero la mayoría no. Sólo quiero repasar un método de adivinar y dividir para encontrar raíces cuadradas porque es una de las pocas funciones que aparece a menudo en la vida cotidiana. Cada vez que cortas una plancha de contrachapado a lo largo de la diagonal o intentas averiguar cuánto material necesitarás para el tejado, hay una raíz cuadrada acechando por los alrededores.

## La regla

Éste es el método: busca un número para el que necesitas saber la raíz cuadrada, digamos 8. Adivina el número de la raíz cuadrada (el primer intento no tiene por qué ser bueno): podría probar con el 3. Divide el número original entre éste, y te saldrá 8/3 = 2.66. Saca la respuesta de esta operación y haz la media con el número anterior (la media de 3 y 2.66 es 2.83). Repite el proceso usando esta nueva media como punto de partida.

## Un ejemplo

Por poner un ejemplo con los pies en la Tierra (o quizá debería decir con las manos sobre la madera), voy a encontrar la longitud diagonal de una esquina a otra en una plancha corriente de contrachapado de metro y medio por dos metros y medio.

Un lado de la plancha es de

1.5 m = 150 cm

y el otro lado es

2.5 m = 250 cm

Mirando el dibujo de la figura 22-1 e invocando el teorema de Pitágoras ($c^2 = a^2 + b^2$), tengo

diagonal$^2$ = 150$^2$ + 250$^2$

diagonal$^2$ = 22,500 + 62,500 = 85,000 cm$^2$

Ahora bien, no quiero centímetros cuadrados, quiero saber cuánto mide la diagonal en centímetros, así que tengo que encontrar la raíz cuadrada de 85,000. Además, como estoy intentando saber el número en centímetros, me quedo sólo con una cifra decimal. Si alguna vez has usado una sierra circular, te habrás dado cuenta de que los milímetros son difíciles de conseguir en la madera con herramientas de construcción.

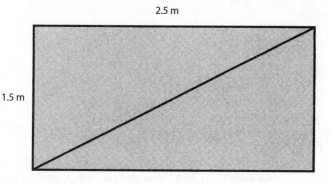

2.5 m

1.5 m

**Figura 22-1:**
Contra-
chapado y
el teorema
de Pitá-
goras

El contrachapado y Pitágoras: la longitud de la diagonal
es la raíz cuadrada de $150^2$ más $250^2$ cm

Para encontrar la raíz cuadrada de un número como 85,000, seguimos los pasos que acabo de esbozar, repetidos aquí:

**1. Intenta adivinar el resultado**

Voy a probar con 300, porque uno de los lados del triángulo era 250, y la diagonal es un poco más larga.

**2. Divide el número del que quieres averiguar la raíz cuadrada (en este ejemplo, 85,000) entre el número del paso anterior**

85,000/300 = 283.3

De hecho, si no tienes calculadora, no es tan difícil hacer esta división. Es simplemente 850 entre 3 (puedes tachar tantos ceros en el dividendo como en el divisor).

**3. Haz la media entre tu primer intento y el número que te ha salido de dividir el radicando (85,000) entre el primer intento**

$$\frac{(300 + 288.3)}{2} = 291.7$$

Esto significa que 291.7 es el siguiente intento.

**4. Repite el proceso**

Eso significa que hay que dividir 85,000 entre 291.7:

85,000/291.7 = 291.4

En realidad, la calculadora dice 291.39527, pero lo he redondeado a 291.4 porque 0.09527 cm de contrachapado no significa mucho para el carpintero medio.

El proceso *converge*, como dicen los matemáticos, en sólo unos pocos pasos. Eso quiere decir que produce una respuesta que se puede usar en la práctica. Y la produce muy rápidamente.

# Comida, gloriosa comida

Probablemente no podrás creerte que voy a sacar el tema de las dietas después de todo este rollo de las raíces cuadradas, pero voy a hacerlo. Este apartado está aquí a petición de mi alegre grupo de estudio del condado de Sonoma, que insistió en que lo incluyera.

Tu cuerpo (comienzo portentosamente) es como una cuenta corriente. Esa frase sería genial como introducción para un documental sobre salud en el instituto, ¿a que sí? Haces ingresos (comida), retiras efectivo (actividad) y pagas una especie de comisión diaria constante (el metabolismo basal).

Para mantener tu peso corporal, necesitas un cierto número de calorías aportadas por la comida (suponiendo una ausencia práctica de actividad física). Si ingieres más calorías que ese nivel de mantenimiento, comienzas a deslizarte suavemente hacia pesos superiores hasta que te despiertas una mañana a los cuarenta con unos 15 kg más de los que tenías en la universidad.

Tus opciones en este momento son bastante básicas: ingiere menos comida o aumenta tu actividad física. El ejercicio relativamente activo (caminar a buen paso) quema aproximadamente unas 200 cal/h. Matándote de verdad conseguirás unas 500 o 600 calorías. Si ingieres 3,500 calorías menos que el nivel basal (o quemas el equivalente con actividad extra), pierdes medio kilo. Este es el problema de calculadora:

Tres tarrinas de cremoso helado de nueces de pecán caramelizadas de Haagen Dazs tienen 1,896 calorías. De acuerdo con la pantalla digital de la fabulosa nueva bicicleta estática que te has comprado, poniendo el 3 en "cuestarribidad" vale 580 cal/h. ¿Cuántas horas tienes que mover tu triste y sudorosa carcasa sobre este endiablado artilugio para quitarte de encima esa miserable ración de helado?

Es un problema sencillo de división:

horas = 10,896/580 = 3.27 h

Para asegurarte de quemar todas las calorías, podrías hacer que fueran cuatro horas. Bien, te da tiempo a ver la película *Gettysburg* mientras pedaleas.

 Lo mismo que no deberías hacer pagos mínimos con balances grandes de tarjetas de crédito al 21 %, tampoco deberías comer helado de verdad si quieres perder peso. ¿Que el helado no te tienta? Un pack de seis latas de cerveza tiene unas 870 calorías. Es más fácil no consumirlas que quitárselas de encima con esfuerzo. Son simplemente las cuentas.

 Por cierto, uno de los problemas verdaderamente molestos de la fisiología humana es que tu cuerpo se adapta un poco a las dietas. Deja de comer y tus necesidades calóricas caerán un poco. Pero no caerán mucho, porque todavía necesitas comer para mantener tu temperatura corporal y que opere tu sistema nervioso. El hecho notable sobre tu sistema nervioso es que resolver ecuaciones diferenciales no requiere más calorías que ver *Sálvame*.

# El alfabeto de la calculadora

Los caracteres de siete segmentos de la pantalla de la calculadora se prestan a una interpretación alfabética al darles la vuelta. La correspondencia es esta:

- ✔ B = 8
- ✔ E = 3
- ✔ G = 6
- ✔ H = 4
- ✔ I = 1
- ✔ L = 7
- ✔ O = 0
- ✔ S = 5
- ✔ Z = 2

Con el paso de los años, la gente se ha inventado toda clase de problemas entretenidos y bobos usando este código de letras, aunque a veces resultan un poco 2525085/5.

# Adaptar recetas para más o menos personas

Si de verdad, de verdad, tienes problemas para convertir recetas (como una receta para cuatro que quieres convertir en una receta para seis) tienes dos opciones. En las recetas te encontrarás con un sinfín de asuntos peculiares, desde cucharaditas de esto a 5¼ tazas de aquello.

Si te es más sencillo, pasa de las fracciones. Si la receta te dice 5¼ tazas, conviértelo en 5.25 tazas. Para ampliar esto de 4 a 6 personas, simplemente multiplícalo así:

cantidad = 5.25 × (cantidad nueva/cantidad vieja) = 5.25 × ⁶⁄₄ = 7.875

Es poco probable que tengas tazas marcadas con fracciones decimales, así que tendrás que usar un poco de sentido común. Por ejemplo, 7.875 tazas es un poco menos de 8 tazas (vale, es 7⅞ tazas). Así que usa simplemente un poco menos de ocho tazas. Cualquier receta que merezca la pena probar puede sobrevivir con por lo menos un 10 % de imprecisión.

# Encontrar senos

Con una humilde calculadora de cuatro funciones, puedes aproximar de manera bastante decente las funciones trigonométricas.

Mira esta lista de ángulos en grados:

- ✔ sen 0 = 0
- ✔ sen 15 = 0.259
- ✔ sen 30 = 0.5
- ✔ sen 45 = 0.707
- ✔ sen 60 = 0.866

✔ sen 75 = 0.966

✔ sen 90 = 1

Incluso esta lista corta es suficiente para interpolar los senos de otros ángulos. Supón que necesitas el seno de 7.5°. Buscas en esta lista, encuentras 0 para 0 grados, 0.259 para 15°, y te imaginas que el seno de 7.5° estará a mitad de camino. Además, tienes razón. Conseguir que los senos sean correctos con ocho decimales de precisión exige algo de ingenio por parte de los fabricantes de calculadoras, pero conseguir un número "suficientemente bueno" con dos decimales de precisión es sencillo. Nunca he entendido por qué los fabricantes de transportadores de ángulos no escriben los valores de los senos y cosenos ahí mismo, sobre el plástico. Harían que el transportador fuera útil tanto en las clases de geometría como en las de trigonometría.

# Tontería numérica

Haz que alguien escriba un número de tres dígitos, como el 714, y luego lo repita, escribiendo 714.714.

Haz que esa persona meta el número en una calculadora y explica que, como resultado de haber asimilado los contenidos del libro *Matemáticas cotidianas para Dummies*, ahora puedes identificar los factores de los números (los factores dividen exactamente los números en cuestión), entre otras muchas proezas numéricas.

Mira fijamente el número durante unos segundos y di: "Bien, así de entrada, puedo decir que 7, 11 y 13 son factores de ese número y, por cierto, esos números (7, 11 y 13) son todos primos". La persona con la calculadora puede confirmar que estos factores dividen exactamente el número 714.714. ¡Asombroso!

Lo que está pasando aquí es que escribir el número de esta manera viene a ser lo mismo que multiplicarlo por 1001; y 7, 11 y 13 son factores de 1001.

# Notación polaca inversa

Las calculadoras comunes del mercado siguen el estilo algebraico habitual de introducción de los cálculos. Si quieres multiplicar 23 por 15, introduces 23, luego pulsas la tecla ×, luego introduces 15, y luego pulsas la tecla =.

Hewlett-Packard, una compañía pionera de las calculadoras desde hace mucho tiempo, fabricó y sigue fabricando calculadoras con un estilo de introducción de los datos llamado *notación polaca inversa* (NPI, *RPN* en sus siglas en inglés). El nombre es un tributo al trabajo de un lógico polaco llamado Lukasiewics, pero esta forma de introducir los datos es de hecho el descendiente directo del funcionamiento de las viejas calculadoras mecánicas Friden.

Las teclas para el problema anterior serían

23

[Enter]

15

×

En ese orden. Te ahorras una pulsación haciendo el problema de esta manera y uno de los motivos por los que Hewlett-Packard escogió NPI es que el uso de NPI en calculadoras programables te permite empaquetar programas más sofisticados en un espacio mucho más pequeño. Estoy contándote esto sólo como un consejo sobre calculadoras. Las calculadoras HP están hehas casi a prueba de balas (¡yo tengo una de 1977 que sigue funcionando!) y tienen toneladas de funciones útiles, pero los modelos NPI requieren que hagas una pequeña adaptación en tus métodos de cálculo.

# Capítulo 19

# Diez temas
# de matemáticas avanzadas

*En este capítulo*

▶ Números complejos

▶ Tipos de infinitos

▶ Lo que hace el cálculo

▶ Programas de matemáticas simbólicas

▶ Un poco de estadística

▶ Teoría de juegos

▶ Caos

▶ Fractales

▶ El teorema de Fermat

▶ Demostraciones y computadoras

Cuando hayas terminado de leer este libro, espero que sepas por qué no quieres dejar un balance negativo gigante en una tarjeta de crédito al 21 % de interés. También me imagino que mantienes en orden tus cuentas y que estás evitando las apuestas arriesgadas.

Este capítulo, por otra parte, es más como una visita guiada de temas que en realidad son propiedad de otros. No te puede hacer daño el haber oído hablar de estas cosas, algunas de las cuales son materias estiradas del currículum tradicional y otras son el último grito en matemáticas de computadora.

# *Números complejos*

Oficialmente, podría haber hecho algunos comentarios sobre los números complejos en el capítulo de álgebra o en el de trigonometría, dado que probablemente oíste hablar de ellos en el instituto. No lo hice por la sencilla razón de que, aunque son importantes, no suelen verse a menudo en la vida diaria, a no ser que te dediques a la ingeniería electrónica.

Ésta es la historia. Ya sabes algo de raíces cuadradas. Sabes que

$$\sqrt{4} = 2$$

y con una calculadora puedes ver que

$$\sqrt{10} = 3,162$$

Los *números imaginarios* te dan una definición de la raíz cuadrada de un número negativo. El número *i* se define como

$$\sqrt{-1} = i$$

Para ilustrar la clase de distinciones de las que te he librado hasta ahora, te diré cuál es el formato preferido de esta definición.

De hecho, se considera que es mejor decir que la raíz cuadrada de –1 en realidad no está definida, pero que el cuadrado de *i* sí lo está. Análogamente, la cantidad ¹/₀ oficialmente no está definida, pero en términos prácticos informales es infinito (eso es lo que dirá tu calculadora, eso o desbordamiento). El infinito tampoco está definido en realidad, pero al dividir 1 entre números cada vez más pequeños, el resultado se hace cada vez más grande, sin límite.

Una de las principales aplicaciones de los números imaginarios es la definición de un nuevo plano numérico (llamado de los números complejos) que tiene un rango de propiedades y aplicaciones sorprendente. Mira la figura 23-1. La dirección *y* del plano cartesiano habitual de la geometría o las gráficas se ha renombrado como la dirección *iy*. El punto (3,4) que antes representaba *x* = 3, *y* = 4, ahora indica *x* = 3, *iy* = 4*i*. Todos los números de este plano se pueden representar de esta forma:

$$a + bi$$

Multiplicar números complejos así no es particularmente difícil. Mira este ejemplo:

$(2 + i) (3 + 2{,}5i)$

$= 2 \times 3 + i \times 3 + 2 \times 2.5i + 2.5 \times i \times i$

$= 6 + 3i + 5i + 2.5(i^2)$

$= 6 + 8i + 2.5(-1)$

$= 3.5 + 8i$

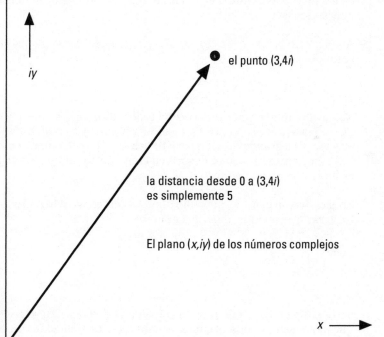

el punto (3,4*i*)

la distancia desde 0 a (3,4*i*)
es simplemente 5

El plano (*x*,*iy*) de los números complejos

**Figura 23-1:**
El plano
de los
números
complejos

Cuando los números complejos se expresan de otra manera, que refleja la distancia en el plano desde el cero y el ángulo con el eje *x*, es todavía más fácil multiplicarlos; pero eso ya no son matemáticas cotidianas.

# Tipos de infinito

Ya en la sección anterior dije que el infinito en realidad no está definido. Eso no es exactamente verdad, porque muchas grandes mentes matemáticas han pasado mucho tiempo intentando hacerse con este concepto. Una escuela moderna de matemáticas llamada *constructivismo* rechaza explícitamente el concepto de infinito; su planteamiento es que si no puedes mostrar cómo llegas a una conclusión en un número definido de pasos, entonces en realidad no tienes una conclusión. Se admite que este enfoque descarta una gran cantidad de matemáticas, pero encaja con las realidades de las matemáticas con las que trabaja una computadora, donde los procesos infinitos llevan un tiempo infinito y por lo tanto no son muy valiosos.

Aquí hay un par de cosas sobre las que pensar. Piensa en los números naturales

$$1, 2, 3, 4, 5, 6, \dots n$$

No hay un número más grande que todos los demás cuando te enfrentas de este modo al problema. En cualquier momento, puedes sumarle uno al número más grande que tengas y tienes el siguiente número más grande. Los números naturales se describen como un conjunto infinito porque no es posible acabar la serie.

Ahora, ¿hay más fracciones que números enteros? Si lo piensas un minuto, verás que puedes poner los números

$$1\frac{1}{3}, 1\frac{2}{3}$$

entre el 1 y el 2. Así que ¿hay más fracciones, en concreto tercios, dado que puedes meter dos después de todos y cada uno de los números naturales? ¿Son el doble?

A finales del siglo XIX, el matemático Georg Cantor formuló el argumento mostrado en la figura 23-2. Este argumento sugiere que hay tantas fracciones como números naturales porque puedes emparejarlos uno a uno. El conjunto de los números naturales y el de las fracciones son ambos infinitos, pero se dice que tienen el mismo orden de infinidad debido a esta correspondencia.

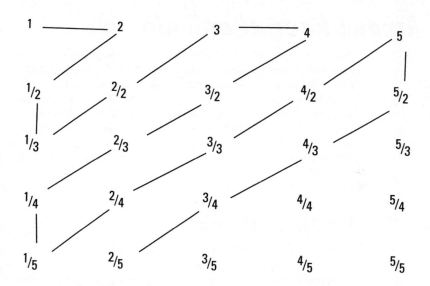

Cantor demostró además que no puedes definir este tipo de correspondencia entre los números reales (el conjunto de las fracciones más los números irracionales como $\sqrt{2}$ y $\pi$) y los números naturales. Argumentó que el intervalo entre cero y uno contiene infinitamente más números que el conjunto completo de números enteros y pasó a caracterizar órdenes de infinidad todavía más elevados. Al igual que los números reales son de alguna manera "más infinitos" que los números naturales, es posible construir conjuntos "más infinitos" que los números reales.

Y eso está tan lejos del enfoque constructivista como se puede llegar a estar con estos argumentos y, en cierta medida, el constructivismo surgió como una reacción a las paradojas que aparecen como resultado de los razonamientos indirectos sobre el infinito. Los constructivistas decidieron que en algunos casos sería muy difícil saber si los argumentos sobre diferentes tipos de infinito eran correctos, así que decidieron no meterse en berenjenales. Sin intención de ser irrespetuoso con el gran matemático, diré que muchos de los que se pelearon con los artículos originales de Cantor se dieron cuenta alarmados de que acabó sus días confinado en un hospital psiquiátrico.

# Lo que hace el cálculo

Puede que no hicieras cálculo en el instituto pero, si te sirve de consuelo, el cálculo es más fácil de lo que parece. Este apartado te ofrece sólo una visita de museo, para que sepas el aspecto que tiene. Probablemente no sepas mucho de rinocerontes, pero podrías distinguirlos de los hipopótamos. Del mismo modo, incluso si no sabes mucho de cálculo, serás capaz de darte cuenta de que la mayor parte de las fórmulas de los tebeos de Far Side son de hecho un galimatías sin sentido. Nunca entenderé por qué los dibujantes no copian fórmulas reales de los libros de texto.

## Cálculo integral

En la aplicación a la física y las ingenierías en su ámbito más simple, el cálculo integral resulta ser un conjunto de fórmulas que calculan áreas, volúmenes y sumas de series. Uno de los casos más sencillos es el área bajo la recta $y = x$ (mira la figura 24-3). Uno de los argumentos se basa en dividir el área en pequeños rectángulos de altura y anchura conocidas y luego sumar todas estas áreas rectangulares hasta un valor concreto de $x$ (observa la figura 23-4). Este argumento da:

$$Área = \frac{x^2}{2}$$

como el área hasta cualquier valor dado de $x$. Puedes darte cuenta de que la fórmula es correcta fijándote en que el área debajo de la recta $y = x$ es siempre un triángulo rectángulo de altura $x$ y base también igual a $x$. Como sólo es un triángulo, la fórmula para el área del triángulo se aplica y es, simplemente,

$$Área = \frac{base \times altura}{2} = \frac{(x)\,(x)}{2}$$

La gráfica y la fórmula en la figura 23-5 resumen toda esta información.

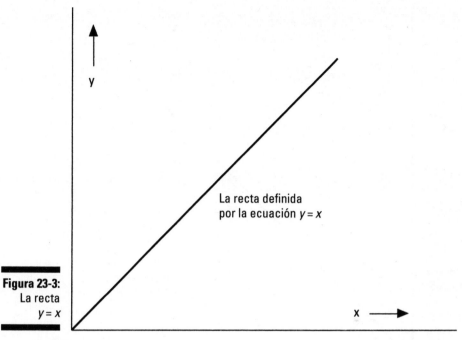

La recta definida
por la ecuación $y = x$

**Figura 23-3:**
La recta
$y = x$

Puedes encontrar el área bajo
la recta $y = x$ sumando las áreas
de los pequeños rectángulos

También puedes encontrar el área bajo
la recta $y = x$ dándote cuenta de que
tienes un triángulo de base x y altura
$x$, así que el área es $x(x/2)$

**Figura 23-4:**
El área bajo
una recta

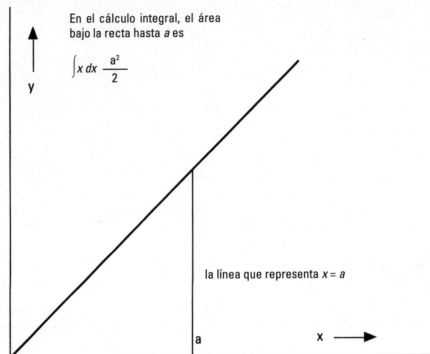

En el cálculo integral, el área bajo la recta hasta *a* es

$$\int x \, dx \quad \frac{a^2}{2}$$

la línea que representa $x = a$

**Figura 23-5:**
Una
integral
y una
fórmula

Los ingenieros usan el cálculo integral para determinar el volumen de conos, cilindros, esferas y estructuras en forma de huevo, aunque las fórmulas para muchos objetos voluminosos se conocen ya y nadie tiene necesidad de resolver problemas de cálculo para determinar estas fórmulas. Puedes distinguir el cálculo integral a leguas de distancia simplemente detectando la pesada S alargada: el signo de la integral.

## Cálculo diferencial

El cálculo diferencial tiene que ver con las tasas. Uno de los ejemplos más sencillos relaciona la velocidad y la distancia que recorre una roca que se deja caer desde una torre (éste es el problema básico del que se ocupó Isaac Newton). Observa la figura 23-6, donde se expresa el problema y la terminología en notación tradicional.

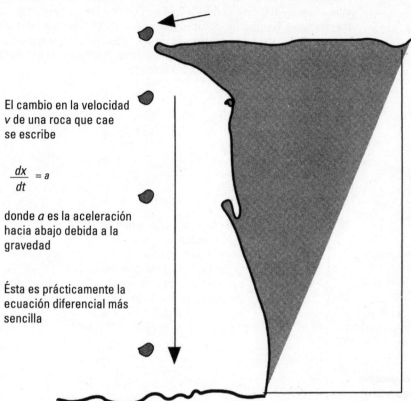

El cambio en la velocidad *v* de una roca que cae se escribe

$$\frac{dx}{dt} = a$$

donde *a* es la aceleración hacia abajo debida a la gravedad

Ésta es prácticamente la ecuación diferencial más sencilla

**Figura 23-6:**
Una roca
que cae

Según los resultados determinados en esta figura, la roca siempre sigue aumentando su velocidad. En la vida real, la resistencia del aire le da a la roca una *velocidad terminal*, una velocidad que permanece constante para lo que queda de caída. Una pluma tiene una velocidad terminal muy pequeña, una roca tiene una muy grande, y tú personalmente, si saltaras desde lo alto de una torre, tendrías una velocidad terminal que estaría entre estos dos valores (tu densidad es menor que la de una roca).

Una *ecuación diferencial* es sólo una expresión que define una relación entre tasas. El método estándar de resolución en los viejos tiempos (de nuevo, por supuesto, todas las ecuaciones simples están ya resueltas) era intentar adivinar una expresión que cumpliera la ecuación. En la era de los computadoras, el método habitual es poner una condición inicial e interpretar la ecuación como una instrucción de un programa, siguiendo literalmente los cambios que se especifican en la ecuación diferencial paso a paso (fíjate en la figura 23-7). El hecho de que algunas ecuaciones diferenciales tengan un comportamiento asombrosamente malo resultó ser una de las grandes sorpresas de las últimas décadas: pequeños cambios en las condiciones iniciales producen cambios muy grandes muy rápidamente en las curvas de las soluciones.

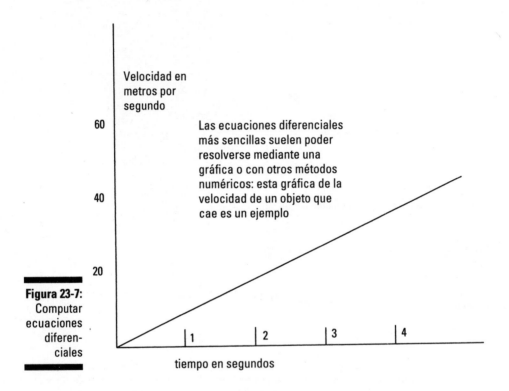

**Figura 23-7:**
Computar ecuaciones diferenciales

Velocidad en metros por segundo

Las ecuaciones diferenciales más sencillas suelen poder resolverse mediante una gráfica o con otros métodos numéricos: esta gráfica de la velocidad de un objeto que cae es un ejemplo

tiempo en segundos

# *Programas de matemática simbólica*

Ya sabes que si quieres encontrar la raíz cuadrada de 17, puedes hacerlo con una calculadora de bolsillo. También esperas que si tienes que encontrar la forma óptima para un camión cisterna (probablemente te habrás dado cuenta de que suelen tener formas matemáticas interesantes) puedes encontrarla con algún tipo de programa de computadora.

El nuevo lema es "Computadoras, ya no son únicamente para números". No sólo puedes pedir a un programa de computadora que te expanda una expresión como

$$(a + 5)^9 =$$

sino que puedes pedir a un programa así que te calcule la solución de la ecuación

$$ax^3 + bx + c = 0$$

en términos de las constantes sin especificar $a$, $b$ y $c$.

Las figuras 23-8, 23-9 y 23-10 muestran algunas de las capacidades de los programas de matemática simbólica Mathematica, LiveMath y Maple, respectivamente. Escogí éstos porque funcionan en todos los computadoras personales comunes y porque están todos disponibles en versiones baratas para estudiantes. Es seguro apostar que incluso si estás haciendo asignaturas de matemáticas en la universidad, estos programas pueden enfrentarse a cualquier problema que puedas encontrarte.

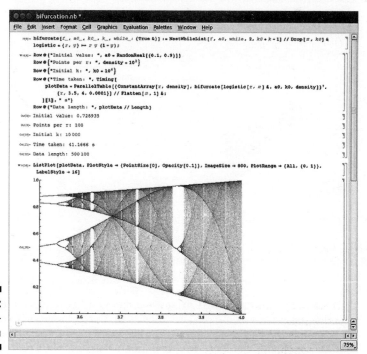

**Figura 23-8:**
Mathematica

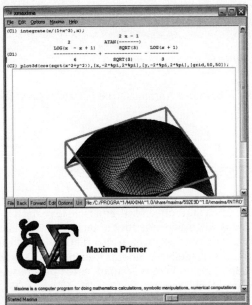

**Figura 23-9:**
LiveMath

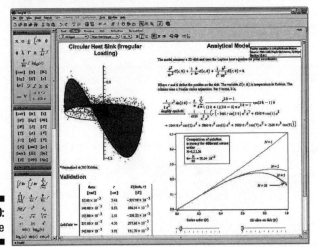

**Figura 23-10:**
Maple

Curiosamente, aunque estos programas pueden hacer trucos que los grandes matemáticos del pasado apenas pudieron soñar, sólo un puñado de personas los han usado para producir matemáticas originales y nuevas. La conclusión evidente es que el talento matemático real es bastante poco común. De alguna manera, al igual que la máquina de escribir no produjo una revolución en la poesía y los procesadores de texto no parecen haber incrementado la calidad de las novelas modernas, los programas de matemáticas no parecen estar produciendo una era del renacimiento de las matemáticas puras, pero están haciendo cosas geniales en las matemáticas aplicadas y en la ingeniería.

# Un poco de estadística

Suele decirse que la estadística es una disciplina difícil. En la vida casi consigues suficiente experiencia corriente como para adivinar una gran cantidad de los resultados estadísticos más importantes, pero casi seguro que te desalienta la mayor parte de la terminología estadística.

## Coeficientes intelectuales normales y cosas así

La curva de la figura 23-11 se llama *curva gaussiana* o *distribución normal*, y a veces se refieren a ella de manera informal como *campana de Gauss*.

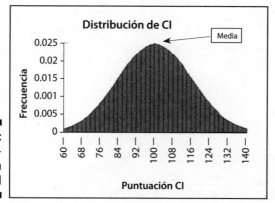

**Figura 23-11:** La distribución normal

La curva se caracteriza por tener un valor *medio* (observa la figura) que es el punto medio de la distribución. También está caracterizada por una *desviación estándar*, que es una medida de la anchura de la distribución. Por poner un ejemplo concreto, la distribución que se ajusta a los test de coeficiente intelectual tiene un valor medio de 100 (en términos informales, el CI medio es 100) y una desviación estándar de 16 puntos. Como la curva tiene una forma matemáticamente definida, es posible encontrar el área que hay debajo para distintos valores de $x$ usando la fórmula de la curva y el cálculo integral.

Esto, a su vez, quiere decir que es posible determinar la fracción de la población con un CI por encima o por debajo de algún número fijo dado. La organización Mensa, que intenta seleccionar miembros con altos valores de CI, acepta resultados de test que estén a partir de dos desviaciones estándar por encima de la media, lo que significa 2 veces 16 puntos (32 puntos) por encima de la media de 100, o valores del CI a partir de 132. Ocurre que aproximadamente el 2 % de la población tiene un CI de 132 o más, lo que implica que el 98 % de la gente tiene un CI por debajo de 132. Esta definición (el 2 % más alto) es normalmente la definición que dan los tutores de instituto para aplicar el término *superdotado*, aunque nadie que estudie ciencias cognitivas estaría ya de acuerdo con esta definición.

## *Aros de pistón normales y calidad*

Este asunto de los CI resulta ser un uso cotidiano de la distribución normal. Otro uso común se encuentra en el control de calidad. Supón, por ejemplo, que estás fabricando aros de pistón. Si mides el diámetro de un conjunto grande de aros de pistón, encontrarás un poco de variación en la fabricación, como se observa en la figura 23-12.

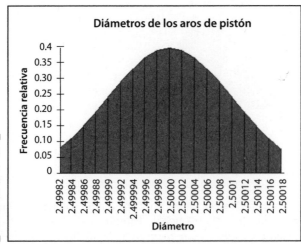

**Figura 23-12:** La distribución normal de aros de pistón

Aquí, la media es de 2.5 cm y la desviación estándar es 0,0001 cm, o una diezmilésima de centímetro. Con sistemas de fabricación mejores, puedes ponerte el objetivo de reducir esta desviación estándar, haciendo que las partes sean más estrictamente uniformes. De hecho, ésta es básicamente la filosofía de los métodos de control de calidad industriales perfeccionados por el estadístico estadounidense W. Edwards Deming.

Deming propuso que con especificaciones técnicas con estadísticas más precisas, sería más fácil producir diseños superiores. Tuvo una gran influencia sobre los métodos de producción durante la segunda guerra mundial. Después de la guerra, en los fabulosos años cincuenta, los mercados estadounidenses mostraban un apetito casi ilimitado por los bienes, así que los servicios de Deming como consultor dejaron de ser populares en Estados Unidos. Por eso se fue a Japón y gestionó programas que consiguieron convertir la producción de este país, que antes había sido un sinónimo de chatarra, en bienes manufacturados con el control de calidad más riguroso del mundo. El galardón anual japonés de control de la calidad se llama el premio Deming.

En cierto momento de la década de los setenta, la compañía Ford Motor compró una participación en la compañía Toyo Kogyo, que suministraba el pequeño camión que se vendía en Estados Unidos como el Ford Courier. Un equipo de Ford visitó Toyo Kogyo varias veces y preguntó finalmente, sólo por curiosidad, quién era el caballero de pelo blanco de las fotos que tenían todos en las oficinas en los edificios de Toyo Kogyo (Deming se parecía un poco al coronel Sanders, famoso por el Kentucky Fried Chicken). Los ejecutivos japoneses no podían creer que no reconocieran al famoso experto de calidad estadounidense Deming. Quizá se lo habrían creído si hubieran tenido la oportunidad de conducir mi propio Ford Mustang II de 1978. Desde los tiradores de las puertas hasta el acabado de la pintura, las juntas universales o el sistema eléctrico era un verdadero laboratorio de (falta de) control de calidad. Me alegra decir que las cosas en Ford ahora se hacen mejor que en la década de los setenta.

# Teoría de juegos

Afortunadamente, hay un libro muy bueno sobre este tema que tiene muchas aplicaciones en la vida diaria. El libro es en parte la biografía del brillante matemático del siglo XX John von Neumann y en parte una explicación de la teoría de juegos.

Se titula *El dilema del prisionero*, de William Poundstone (Alianza, 2012), y lleva el nombre del primer juego básico de estrategia que analizó Von Neumann. Se puede ver una tabla de las opciones en la figura 23-13. La situación es ésta: la policía ha detenido a dos sospechosos de un crimen. Si ambos aguantan y se niegan a confesar, sólo pueden acusarles de un delito menor y tendrán una pena pequeña. Si el sospechoso A se chiva del sospechoso B, el sospechoso B tendrá un castigo grande y A podrá marcharse libremente. Si B se chiva de A, ocurre al revés. Pero si ambos se chivan del otro, entonces a los dos les caerá una pena grande (aunque no tan grande como si la culpa se la llevara uno solo). El problema es que cada sospechoso tiene que decidir sin saber lo que ha decidido el otro. En el mejor de los casos, aguantan y se niegan a confesar, pero siempre está la tentación de cooperar para tener una pena menor. ¿Qué hacer? Bueno, por eso se llama un dilema.

### El dilema del prisionero

La policía ha detenido a dos atracadores (A y B) y sospecha que han estado trabajando juntos. Llevan a los atracadores a habitaciones separadas para interrogarles. ¿Cómo decidirán si chivarse y cargarle el muerto al otro o negarse a hablar? Aquí está la tabla de resultados:

|  | B delata | B no delata |
|---|---|---|
| A delata | Los dos tienen penas de cinco años | A es libre, a B le caen diez años |
| A no delata | B es libre, a A le caen diez años | Los dos tienen penas de tres años |

**Figura 23-13:** Un poco de teoría de juegos

Resulta que un gran número de transacciones de la vida real se pueden modelar con un conjunto de cajas como las de la figura 23-13. Muchos resultados óptimos aparecen cuando hay cooperación pero hay muchos casos en los que intentas protegerte de las trampas que pueda hacer la otra parte. La teoría de juegos de Von Neumann no sólo es responsable de una ronda reciente de premios Nobel de Economía (incluyendo a otro húngaro, además), sino que además es la base de la mayor parte del pensamiento geopolítico que se lleva a cabo en los llamados *think tank*, o grupos de discusión.

En elaborados estudios por computadora, se ha hecho patente que una de las mejores estrategias que se puede seguir en este tipo de juegos cuando hay múltiples rondas se llama toma y daca (*Tit-for-Tat*, en inglés). Escoges la estrategia de cooperación que dice: coopera, sigue cooperando hasta que te den una puñalada, luego dale tú una puñalada al oponente, y si el oponente vuelve a cooperar, coopera tú también. Esta estrategia es mejor que las estrategias egoístas, y supera a las estrategias de cooperar o traicionar de manera aleatoria. Recuerda que lo leíste aquí primero: sé una buena persona en la medida que puedas, pero dales un pepinazo siempre que sea necesario. Es bueno saber esto dado que, para todos los propósitos prácticos, estás jugando continuamente a docenas de juegos de muchas rondas todos los días.

# Caos

En los siglos XVIII y XIX, los matemáticos que desarrollaron el estudio de las ecuaciones diferenciales se vieron obligados a buscar ecuaciones con soluciones que se podían investigar con lápiz y papel. Hicieron un trabajo maravilloso resolviendo versiones lineales de las ecuaciones que son importantes en física, como la ecuación de ondas. Lineal en este contexto significa básicamente "de buen comportamiento": unos cambios pequeños en las condiciones producen cambios pequeños en los resultados de las ecuaciones.

Con la aparición de las computadoras de alta velocidad, los matemáticos pudieron empezar a investigar las ecuaciones diferenciales no lineales, que a menudo muestran comportamientos extraños. Por poner un ejemplo, un meteorólogo estadounidense llamado Edward Lorenz decidió investigar un sistema sencillo pero no lineal de ecuaciones para modelar ciertas condiciones meteorológicas. Descubrió, para sorpresa de todos, que diferencias minúsculas, apenas medibles, en las condiciones iniciales del sistema meteorológico producían resultados diferentes irreconocibles en el modelo después de un par de días. Se dice que las ecuaciones del modelo son caóticas, a diferencia de las ecuaciones en los modelos de buen comportamiento del pasado.

Se han publicado muchas tonterías chocantes sin sentido sobre el caos en las últimas décadas. Si te interesa lo más mínimo, el mejor punto de partida para lectores novatos es el libro *Caos* de James Gleick (Seix Barral, 1998). Nuestra nueva habilidad informática para modelar ecuaciones difíciles viene con muchas implicaciones serias, pero las implicaciones son casi opuestas a la generalización que suele encontrarse en la prensa sobre que "el caos demuestra que la mayoría de los procesos son aleatorios e impredecibles".

# Fractales

Las curvas fractales son un tema popular en las computadoras personales debido a que una computadora con colores decentes (millones, con un sistema de 32 bits, aunque con uno de 24 bits ya obtenemos el llamado "color verdadero") puede producir imágenes espectaculares, casi hipnóticas, de curvas fractales bidimensionales. Incluso en blanco y negro, una imagen fractal compleja es fascinante, como muestra la figura 23-14.

**Figura 23-14:**
Un fractal
ostentoso

La figura 23-15 es un dibujo de un fractal muy sencillo llamado la *curva de Koch*. Empieza con un triángulo y ponle pequeños triángulos en las caras. Luego, sobre cada triángulo en los lados, pon más triángulos pequeños. Sigue haciéndolo hasta que delires.

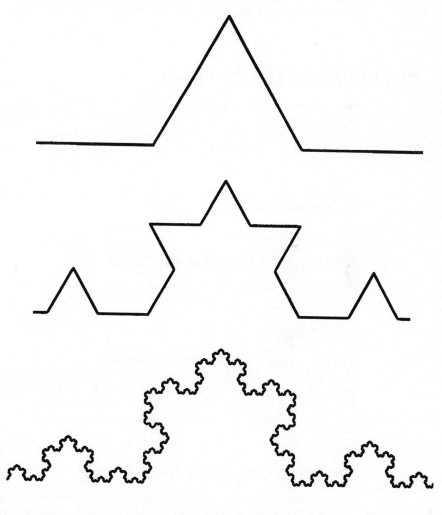

**Figura 23-15:**
Un fractal
sencillo

¿Cuál crees que es la longitud de la línea que dibuja la frontera en la figura 23-15? Al ampliar, ves que cada pequeña parte de la curva es parecida a la curva completa, porque cada parte se construye siguiendo la misma regla. Cada vez que se ponen triángulos nuevos, la línea crece un poco, pero ¿se acerca esta longitud a un límite o sigue creciendo indefinidamente?

Esta pregunta se responde en *The beauty of fractals* (La belleza de los fractales), de H. O. Peitgen y P. H. Richter (Springer, 1986), y además debería satisfacer tu paladar ávido de imágenes fractales chulas. Como dato curioso, diré que mucha gente cree que el matemático en el libro de Michael Crichton, *Parque Jurásico* (interpretado por Jeff Goldblum en la película) estaba basado en Herr Dr. Peitgen.

# El teorema de Fermat

Pierre Fermat, un jurista francés del siglo XVII que fue responsable de una gran contribución a las matemáticas, dejó como parte de su legado una afirmación particularmente sencilla. Sabemos que, por ejemplo,

$$3^2 + 4^2 = 5^2$$

y podemos encontrar también otros ejemplos en los que la suma de dos cuadrados es igual a otro cuadrado.

## Fermat presenta el caso

Fermat dijo no sólo que no habría ningún ejemplo con números enteros para

$$a^3 + b^3 = c^3$$

sino que tampoco habría ejemplos para potencias más altas. Escribió esta observación en el margen de un texto y luego, en una de las grandes salidas por la tangente de las matemáticas o de cualquier otra empresa, dijo que había descubierto una prueba maravillosa de esta afirmación pero que el margen era demasiado pequeño para contenerla.

## Trescientos años más tarde

Sólo puedes desear que el libro hubiera tenido márgenes del tamaño de una sábana porque, trescientos años más tarde, nadie había conseguido ni siquiera hincarle el diente a la prueba de esta afirmación. No es que nadie la pusiera en duda (las búsquedas por computadora hasta exponentes altísimos nunca habían encontrado un contraejemplo que demostrara que fuera falsa). Pero todos los grandes matemáticos de tres siglos fracasaron intentando demostrar este teorema tan notablemente sencillo, y la mayoría supuso que Fermat había descubierto una de las muchas demostraciones sencillas que luego resultan no ser demostraciones cuando se examinan de cerca. Si Gauss, Euler, Hilbert, Ramanujan y Von Neumann fueron incapaces de demostrar este resultado no es un insulto para el viejo Fermat conjeturar que él tampoco había encontrado una demostración.

Finalmente, después de una salida en falso, en 1994 el matemático inglés y profesor de Princeton Adrew Wiles produjo una demostración que han verificado otros matemáticos. La demostración no es en absoluto sencilla (en forma compacta ocupa unas doscientas páginas) y no tiene prácticamente nada que ver con otras demostraciones elementales en la teoría de números (ésta es la rama de las matemáticas que contiene este problema concreto). Esta demostración no ha resuelto ninguno de los destacados problemas materiales de la humanidad pero, como ejercicio intelectual y fin en sí mismo, es un verdadero logro para el espíritu humano.

# Demostraciones y computadoras

La demostración del llamado *último teorema de Fermat* es una de las demostraciones matemáticas tradicionales más impresionantes de los últimos años. En estos días, una gran parte de la investigación matemática se lleva a cabo sobre objetos que existen en los computadoras, y las demostraciones tienen frecuentemente un componente importante de computación.

Pocas personas cuestionan que las matemáticas experimentales con la computadora tengan muchos usos válidos. En una computadora, por ejemplo, un matemático puede explorar las propiedades de objetos geométricos en un espacio de siete dimensiones, un reino en el que a la mayor parte de las personas les empieza a fallar la imaginación. Los gráficos por computadora son muy útiles para visualizar la geometría, incluso en problemas ordinarios en tres dimensiones.

Sin embargo, hay preguntas muy serias sobre las demostraciones en las que la mayor parte es el resultado de un programa de computadora. Si la computadora ha investigado todos los casos necesarios para demostrar un teorema, ¿estamos seguros de que hay algún humano que entiende lo que está pasando? ¿Cómo se demuestra que el programa de computadora que se utilizó operaba de manera completamente correcta? La demostración de corrección es un problema de dificultad notoria, al menos en cuanto los programas dejan de ser muy sencillos.

Nada de esto supone una preocupación en las matemáticas cotidianas, en las que la mitad de las preguntas tienen que ver con el dinero y se responden con cuentas que ya eran viejas cuando enterraron al faraón Tutankamón, pero lo menciono aquí porque las matemáticas del instituto pueden dar a menudo la impresión de que, en general, las matemáticas están ahí, que ya está todo terminado y que no están ocurriendo muchas cosas nuevas. Nada podría estar más lejos de la realidad: las matemáticas siguen estando en un estado de conmoción, con temas nuevos y controversias que aparecen cada pocos meses. En las fronteras de las matemáticas están ocurriendo muchas cosas, y las fronteras no quedan muy lejos de las materias centrales.

# Índice

**Símbolos**
*(asterisco), en el listado de cheques bancarios
carios
ϖ, 239-240
1/1000, 242-248
1.729, 248
$10^{14}$, 250
666, 247

# • A •

acciones, 38-43
  anual, 42
  caracterizar, 41
  comportamiento aleatorio, 42
  dividendos, 41
  expansión de, 40
  PER (price to earnings ratio), 42-43
  pronósticos, 40-41
  tablas en el periódico, 41
  variabilidad, 42-43
  Véase también inversiones, 40
  volatilidad, 43
adaptación de recetas, 260
alfabeto de la calculadora, 259-260
álgebra, 85-105
  enteros, 86-87
  exponentes, 101-102
  expresiones cuadráticas, 103-104
    definición, 103
    solución general, 103-104
  fracaso del temario del curso, 107
  fuentes de problemas con, 85
  función log, 103
  impacto cotidiano de, 162-165

logaritmos, 101-103
  base, 101-102
  tabla de, 101-102
  usos, 101
números irracionales, 90-91
números racionales, 88-90
pasatiempos, 214-215
polinomios, 104
  resolución numérica de ceros, 105
  definición, 104
problemas, 94-98
  comprobar los resultados, 98
  problema 1 (llegar), 94-96
  problema 2 (edad), 96-97
  problema 3 (mezcla), 97-98
reglas de, 91-93
saldar deudas y, 163-165
símbolos numéricos, 92-93
tipos de, 91
traducción de palabras a símbolos, 97
umbrales de rentabilidad y, 162-163
*Véase también* geometría; trigonometría
Amplitud Modulada (AM), 149
análisis de regresión, 62
  aplicación, 62-63
  aplicada a ventas, 65-67
  calculadoras y, 63
  ilustración, 62
  realidad, 63
  tiempo y, 63
  *Véase también* tendencias
ángulos, 138
  distancia, 143-144
  en la Tierra, 142-143
  funciones de, 142
  ilustración, 138
  latitud, 144-145

longitud, 144
medición egipcia de, 141
no rectos, 144
zonas horarias y, 144-145
*Véase también* trigonometría
anual (acciones), 54
anualidades, 10-11
definición, 10
ejemplos de, 11
aproximación racional, 101
área del círculo, 115-117
fórmula, 119
cuadrado del radio y, 116
utilizando un hexágono, 117
utilizando cuadrados, 116
*Véase también* círculo; geometría
área del rectángulo, 108-110
deducción, 109
fórmula, 119
ilustración, 110
torcido, 111-112
*Véase también* geometría
áreas, 119-128
calcular, 126
de círculos, 115-117
de rectángulos, 108-110
de rectángulos torcidos, 111-112
de triángulos, 112-114
volumen y, 118-119
*Véase también* geometría
aritmética veloz,
axiomas, 126

## B

baloncesto, 192
bancos, funcionamiento de, 48
béisbol, 190-192
estadísticas, 190-191
estadísticas de bateo, 191
porcentajes, 192
victorias y derrotas, 192
*Véase también* deportes
blackjack, 183-185

croupier, 184-185
probabilidades casi iguales, 184-185
reglas, 184
*Véase también* juegos de azar

## C

calculadora científica, 102, 251
precisión de, 252
*Véase también* consejos para la calculadora; calculadoras
calculadoras financieras, 19
fórmula de pagos, 17-18, 32
*Véase también* consejos para la calculadora; calculadoras
calculadoras, 3
análisis de regresión y, 62-63
científicas, 102
financieras, 19, 32
precisión de, 250-252
programas de computadora, 20
respuestas de, 254-255
decimales y, 254-255
posibilidad de medir de las respuestas, 254-255
posibilidad de las respuestas, 266
tecla de porcentaje, 55-56
*Véase también* consejos para la calculadora
cálculo diferencial, 270-272
ejemplo, 270-272
velocidad terminal y, 271
cálculo, 268
diferencial, 270-272
integral, 268-270
cálculo integral, 268-270
definición, 268
identificación, 270
usos, 270
campana de Gauss. *Véase* distribución normal
caos, 279-280
cero, 86
cifras decimales, 255
círculo

circunferencia de, 239-240
diámetro de, 240
en plano cartesiano, 132
triángulos en, 138-140
coches. *Véase* vehículos
comida
adaptar recetas, 260
matemáticas de cómo comer, 258-259
comisiones
cálculo de, 26-27
tarjetas de crédito, 26-27
compras, 51-53
descuentos adicionales, 53
fracciones y porcentajes, 52
margen de beneficios, 54
consejos para la calculadora, 252-263
adaptación de recetas, 260
alfabeto de la calculadora, 259-260
calculadora científica
precisión, 254
comida, 258-259
identificar factores de números, 261
notación polaca inversa, 261-264
posibilidad de la respuesta, 254-255
precisión, 251-253
raíces cuadradas, 256-258
senos, hallarlos, 260-261
constructivismo, 266
conversión a Celsius, 245-247
de Celsius a Fahrenheit, 245
de Fahrenheit a Celsius, 245-246
conversión métrica,
kilogramo, 227-228
kilómetro, 227
libras, 227-228
millas, 227
cosenos, 140-142
ondas, 147
triángulos en el círculo
definición, 151
*Véase también* senos
créditos de consumo
intereses sobre, 14-16
valor principal de, 15
cronómetros, 144
cuadrado

área. *Véase* área del rectángulo
para estimar el área del círculo, 116
cuota de mercado, 69

## D

demostraciones y computadoras, 283-284
deportes, 190-193
apostar, 193
baloncesto, 192
béisbol, 190-192
estadísticas, 190-192
porcentajes, 190-192
estadísticas de bateo, 190-192
futbol, 192
victorias y derrotas, 192
depósitos bancarios, 38-39
Descartes, 127-128
deuda
consolidación a tipos de interés altos, 10
dígitos, 86
distribución normal, 275-277
aros de pistón, 276
definición, 275
desviación estándar, 275-276
ilustración, 275
media, 276
*Véase también* estadística (mates)
división, prueba del nueve, 224-225
dosis, 97, 100-102
curvas, 199
estadísticas sanitarias y, 201
relación dosis-efecto, 199

## E

ecuaciones diferenciales, 271
lineales, 279-280
no lineales, 79-80
educación matemática, 2-3
elevar al cuadrado, 226
regla algebraica, 226
multiplicar casi cuadrados, 226-227

*Véase también* raíces cuadradas
enteros, 86-87
   definición, 86
   negativos, 87
enteros negativos, 87
estadística (mates), 275-277
   distribución normal, 275-277
   especificaciones técnicas, 277
   premio Demming, 277
estadísticas (noticias), 195-203
   controles en los estudios, 197-198
   crímenes, 201-203
   curvas de dosis, 199-201
   efectos de escala, 198-201
   ejemplos, 195
   posos de café, 196
   relación dosis-efecto, 199
   resultados de pruebas médicas, 201
   salud, 200-201
estadísticas de criminalidad, 201-203
   asesinatos, 201-203
   asesinos en serie y, 202-203
   informes de crímenes unificados (UCR),
     202-203
Euclides, 124-125
   Elementos, 124
exponentes, 101
   fracciones, 101
expresiones cuadráticas, 103-104
   definición, 103
   solución general, 104
   *Véase también* álgebra

## F

factores de números, 261
Fahrenheit. *Véase* Convertir a Celsius
*Finanzas personales para Dummies,* 9, 26,
   37
fondos de inversión, 43-45
   definición, 43
   índice, 43-44
   mutuos, 44-45
   *Véase también* inversiones; acciones

fondos de inversión índice, 43-44
fondos de inversión mutuos, 44-45
   gestores de fondos, 45
   seleccionar, 45
   *Véase también* inversiones
fórmulas
   área del círculo, 119
   área del rectángulo, 119
   área del triángulo, 113, 114, 119
   distancia, 133
   interés, 12-13
   margen de beneficios, 54
   pagos, 17, 19, 164
   pagos de la tarjeta de crédito, 31
   valor esperado, 174
   volumen, 118-119
   volumen de la esfera, 119
   volumen de un ladrillo, 119
   volumen del cilindro, 119
   volumen del cono, 119
fracciones, 88-90
   compras y, 52
   decimales, 90
   infinidad de, 267-268
   porcentajes y, 50-51
   reducir, 89
   tabla, 51
   *Véase también* porcentajes; números
     racionales
fractales, 280-282
   fractal de Koch, 281
   ilustración, 280-282
función log, 103
función PMT (hoja de cálculo), *véase* Hojas
   de cálculo
futbol, 192

## G

geometría analítica, 127
geometría, 107-134
   analítica, 127
   amanecer de, 108-109
   áreas, 108-117, 119-128

rectángulos torcidos, 111-112
  cálculo, 115-116
  círculos, 115-117
  rectángulos, 108-109
  triángulos, 112-114
axiomas, 107
baldosas poco comunes en, 167-168
cartesiana, 128
  definición, 128
  hipotenusa, 129
cuerda anudada, 109-110
egipcia, 136-138
  truco del triángulo, 139
euclidiana, 107-108
  conceptos básicos, 124
  problema clásico, 125
  definición, 124
  teorema, 126
gráficas, 133-134
griegos, 120-126
línea recta, 109
nuevo mundo de, 127-134
pasatiempos, 205-207
  imaginación y, 211
  cerillos, 211-212
  nueve puntos, 209-210
  soluciones de, 214-215
plano cartesiano, 127
  círculo en, 132
  coordenadas, 128
  ejemplos, 130-132
  ilustración, 130-132
  cartografiando, 127
  línea recta en, 131
sección cónica, 133
teorema de Pitágoras, 121
trapezoide, 112-113
  definición, 112
  ilustración, 113
uso cotidiano de, 165-168
  problema del cemento, 165-168
  problema de cubrir una área, 167-168
volúmenes, 118-119
*Véase también* álgebra; trigonometría
geometría cartesiana, 127-134
  definición, 128

hipotenusa, 129
geometría egipcia, 136-137
  el truco del triángulo, 139
geometría euclídea, 107-108
  conceptos básicos, 124
  definición, 124
  problema clásico, 125
  teorema, 126
Go (juego), 187-188
gráficas, 133-134
griegos, 120-126
  Euclides, 124-126
  Pitágoras, 120-122
  transformación de las matemáticas, 162
  Zenón, 123

## H

hexágonos
  definición, 116
  para estimar el área de un círculo, 117
  interés, deducible, 92-93
  refinanciación, 89
  hipotenusa, 129
hojas de cálculo,
  función PMT, 19

## I

iconos, este libro, 5-6
infinito, 266-268
  de números enteros y fracciones, 266-267
  tipos, 266-267
informes de crímenes unificados (UCR), 202-203
intercambiar dígitos, 234-235
interés compuesto, 10
  definición, 18
  tabla, 14
  *Véase también* interés
interés, 9-24
  calcular, 11-14

comisiones por pagos regulares, 14-15
compuesto, 10
  definición, 18
  tabla, 14
definición, 14-15
fórmula, 17-19
mensual, 18
"real", 16
sobre créditos de consumo, 14-16
tabla, 15
*Véase* también pagos; valor principal
interpolar, 24
inversiones
  acciones, 39-40
  depósitos bancarios, 38-39
  fondos de inversión índice, 43-44
  fondos de inversión mutuos, 44-45
  interés fija, 38-39
  matemáticas de, 37-45
  tipos de ahorros, 37
investigaciones
  controles, 197-198
  curvas de dosis, 199-201
  efectos de las escala 199-200
  relación dosis-efecto, 199
  tamaño de la muestra, 197

*keno*, 177
loterías, 176, 189-190
  probabilidades, 189-190
  premios, 189
  reglas para, 189
principio de Wilcox, 188
rasca y gana, 175-177
  definición, 175
  probabilidades, 175-177
  ejemplo de pérdidas, 175-177
resultados poco probables y, 177-178
ruleta, 178-182
  definición, 178
  disposición de la ruleta americana, 180
  disposición de la ruleta europea, 179
  valor esperado, 181-182
  probabilidades de perder, 182
  probabilidades, 180-181
  premios, 181
tragaperras, 177-178
  probabilidades de ganar, 178
valor esperado, 174
  en el juego de la vida, 188
  en la ruleta, 181
*Véase también* deportes

# J

juegos de azar, 173-193
  conceptos básicos, 173-175
  en los deportes, 190-193
  Go, juego, 229-230
  Volados, 173-175
    explicación, 174
    resultados posibles, 175
    reglas y probabilidades de, 174-175
  juegos de cartas, 174-175
    blackjack, 183-185
    póquer, 185-186
  juegos de lógica, 206-207
    Cluedo, 207
    color del traje, 207
    pájaros, 206
  juegos justos frente a sesgados, 183

# K

*keno*, 177

# L

latitud, 144-145
lenguas de doble byte, 246
lenguas de un solo byte, 246
liquidaciones, tarjeta de crédito
  fórmula, 32
  pagos mínimos, 32-35
  rápidas, 30-32
logaritmos, 101-103
  base, 14
  tabla, 102

usos, 103
longitud, 144

# *M*

Maple, programa informático, 273-274
margen de beneficio, 84
    fórmula, 54
masa atómica, 241
masa molecular, 241
matemáticas de las tiendas, 221-222
    agrupar, 221-222
    redondear, 222-223
Matemáticas cotidianas para Dummies
    cómo usar, 4
    iconos, 5-6
    objetivos, 1
    organización, 4-5
mates avanzadas, 263-284
    cálculo, 268-272
    caos, 279-280
    demostraciones y computadoras, 283-284
    estadística, 275
    fractales, 280-282
    números complejos, 264-265
    programas de mates simbólicas, 272-273
    teorema de Fermat, 282-283
    teoría de juegos, 277-279
    tipos de infinito, 266-267
*Mathematica*, (programa informático), 18, 274
*MathView*, (programa informático), 273-274
megabytes, 246-247
Modelo 103, 49
    multiplicación
    comprobar las respuestas utilizando la prueba del nueve, 224-225
    de casi cuadrados, 226-227
    duplicar, 223-224
        ejemplos, 224
        ventajas de, 224
multiplicación del campesino ruso, 223

# *N*

navegación, 143-144
    estrellas fabricadas por el hombre, 145
notación polaca inversa, 261-262
noticias
    estadísticas, 195-203
    porcentajes, 50-51
número de Avogadro, 241
numerología interpretativa, 191-192
números arábigos, 244-245
números complejos, 264-265
números, 86-91
    cero, 86
    complejos, 264-265
    elevar al cuadrado, 227
    en una recta, 87
    enteros, 86-87
    enteros negativos, 87
    factores de, 261
    imaginarios, 264
    irracionales, 90-91
    racionales, 88-90
    reales, 267
    redondear, 228-229
    redondos, 267
    restar, 87
    romanos, 243-244
    sumar, 87
números imaginarios, 264-265
    aplicaciones, 264
    multiplicar, 264
    plano, 265
números irracionales, 90-91
    forma de, 90-91
números para recordar, 239-250
    1/1000, 242-243
    $10^{14}$, 250
    666, 247
    1.729, 248
    conversión a Celsius, 245-246
    número de Avogadro, 241
    computadoras, 247-248
    proporción áurea, 248-249
    pi, 239-240

romanos, 243
números racionales, 88-90
    aproximación racional, 90
    definición, 88
    ejemplos de, 88
    *Véase también* fracciones
números reales, 91-267
números redondos, 267
    infinidad de, 267
números romanos, 243-244

# *O*

ondas, 145-149
    coseno, 147
    electromagnéticas, 148-149
    portadoras, 148
    seno, 145-149
    simples, 147-149
    sonoras, 149-150
    *Véase también* trigonometría
ondas sinusoidales, 146-147
    amplitudes, 147
    ciclo ilustrado, 146
    definición, 146
    electromagnéticas, 148-149
    extendidas a varios ciclos, 146
    hercios, 146
    librería de, 147
ondas sonoras, 146-148
operaciones con letras, 207-208
computadoras
    álgebra en, 161
    demostraciones, 283-286
    fractales y, 280-282
    números de, 246-247
    soluciones de ecuaciones, 104
    *Véase también* programa informático
        Quicken

# *p*

pagos a plazos, 16

pagos
    calcular, 19-23
    comprender, 15
    fáciles, 16-17
    fórmula, 17-19, 163
        plazo, 164
        valor principal, 164
    plan de *leasing* de un vehículo, 22-23
    plan de compra de un vehículo, 20-21
    tabla para préstamos para el coche, 23-24
    tarjeta de crédito, mínimo, 32-35
        calcular, 26-27
        ejemplo de un año, 30
        liquidación, 27-30
        liquidación más rápida, 30-32
    *Véase también* interés
*Papiro Rhind*, 88
pasatiempos, 205-215
    álgebra, 213-214
        Camaro, 214
        *Pomposo* y *Apestoso*, 213
    geometría, 209-211
        imaginación y, 210
        cerillas, 211-212
        nueve puntos, 210-211
        soluciones, 214-215
    letras, 207-209
    lógicos, 206-207
        Cluedo, 207
        color del traje, 207
        pájaros, 206
    series numéricas, 211-212
        ejemplos, 212
        serie de Fibonacci, 213
        series dobles, 212
        resolución, 211-213
        variación de letras, 214
    test, 209
    valor de resolver, 208-209
PER (price to earnings ratio), 41-42
pi (3,14), 239-240
piezas de lego, 242
Pitágoras, 120-122
plan de compra, 20-22
plan de *leasing*, 22-23

depreciación, 23
plan de pagos, 22
ventajas fiscales, 22
variaciones, 23
plano cartesiano, 131
cartografiar, 131
círculo en, 132
coordenadas, 128
ejemplos, 130-131
ilustración, 130-131
recta en, 130
polinomios, 104
cálculo numérico de ceros, 105
definición, 104
póquer, 185-186
para cuatro personas, 185-186
para seis personas, 186
probabilidades generadas por computadora, 186
*Véase también* juegos de azar
porcentajes, 49-57
calcular, 56-57
comprar y, 51-53
convertir a fracciones, 50-51
definición, 49
ejemplos, 52-53
en las noticias, 56-57
fracciones y, 50-51
subidas y bajadas, 55-56
tablas, 51-52
teclas (calculadora), 54-55
utilizar, 21
precisión, calculadora, 252-253
calculadora científica, 253
predicciones, 59-74
definición, 59
ejemplos, 59
*Véase también* tendencias
primas de seguros, 76-77
cambios, 77-78
definición, 76-77
ejemplo, 76
pólizas, 77-78
*Véase también* seguros
principio de Wilcox, 186-187
problema 1 (llegar), 94-96

problema 2 (edad), 96-97
problema 3 (mezcla), 97-98
problema de los cumpleaños, 233-234
problemas, álgebra, 213-214
comprobar los resultados, 215-216
programas de computadora de matemáticas simbólicas, 272-273
*LiveMath*, 273-274
*Maple*, 273-274
*Mathematica*, 273-274
proporción áurea, 248-249

# R

radio AM, 148-149
ancho de banda, 149
raíces cuadradas, 256-258
ejemplo, 256-257
pasos para calcular, 257-258
reglas, 256
*Véase también* cuadrados de números,
rasca y gana, 175-177
definición, 175
ejemplos de pérdidas, 176
probabilidades, 176-177
rectángulo, áureo, 248
redondear, 228-229
comprobar los resultados conclusiones, 229-230
matemáticas en la tienda, 221-223
tipos de interés, 23
reglas, 243
riesgos, 168-169
índice, 169
ruleta, 178-182
definición, 178
disposición de la ruleta europea, 178
disposición en la ruleta americana, 180
explicación, 180
premios, 180
probabilidades, 179, 181
probabilidades de perder, 181
valor esperado, 179, 181
*Véase también* juegos de azar,

# S

sección cónica, 133
seguro de vida, 76-78
    plazo, 76-78
    tipos de, 78
    *Véase también* seguro,
seguro de vida temporal, 76-77
    ejemplo,
    *Véase también* seguros,
seguro médico, 81
seguros contra inundaciones, 79
seguros contra terremotos, 79
seguros, 76-81
    coche, 79
    franquicias, 80-81
        definición, 80
        ejemplo, 81
    inundaciones, 79
    probabilidad, 80-81
    salud, 80
    tablas actuariales, 78
    tasas de mortalidad, 76-77
    terremotos, 79
    vida temporal, 76-77
senos, 140-141
    calcular, 261
    precisión de, 261
    tabla, 141
    triángulos en un círculo
        definición, 140
    *Véase también* cosenos,
series numéricas, 211-213
    ejemplos, 212
    resolución, 212-214
    serie de Fibonacci, 213
    series dobles, 212
    variación de letras, 212
símbolos numéricos, 92-93
suavizar los datos, 71-73

# T

tablas actuariales, 78

tamaño del mercado, 69
tarjeta de crédito,
    comisiones en,
    pagar,
tarjetas de crédito, 25-35
    algoritmo del precio de compra, 30
    comisiones, 34
    fórmula de pagos, 31
    letra pequeña, 26-30
    liquidar, 27-30
    lo bueno y lo malo de, 25
    pagar más rápidamente, 30-31
    pagos mínimos, 32-35
        calculo de, 32-33
        ejemplo de un año, 33
        realizar, 32-35
        realizar más rápido, 33
    saldo, 15
    tipos de interés, 16
tasa aplicable de impuestos, 55
tasas de inflación, 15
    actuales, 16
    de dos cifras, 16, 34
    tasas de mortalidad, 75-76
    primas de seguros y , 76-77
tecla $y^x$ (calculadora), 19
tendencias, 59-74
    análisis de regresión y, 62
        aplicación de, 62-63
        ilustración, 62
        realidad y, 63
        tiempo y, 63
    ejemplos de, 60-61,
    fluctuación de, 60
    patrones de, 61
    presencia cotidiana de, 59
    representación gráfica, 61-62
    tiempo y, 63-64
    ventas y, 64-67
    *Véase también* pronósticos,
Teorema de Fermat, 282
    demostración de, 283
teorema de Pitágoras, 121
    contrachapado y, 257
teoremas euclídeos. *Véase* geometría,
teoría de juegos, 277

ejemplo ilustrado, 278
Von Neumann, 278
termómetros, 242
tiempo,
    análisis de regresión y, 63
    en intervalos pequeños, 73
    escala, 73
    suavizar datos, 71-72
    tendencias y, 71-72
    ventas frente a, 64
tiempo de duplicación, 222
tipo preferencial de interés, 16
    tarjeta de crédito, 16
    tiempo de duplicación frente a, 222-223
    real, 14-16
    redondear, 23-24
tragamonedas, 177
    probabilidades, 182
trapezoides, 112-113
    definición, 112
    ilustración, 113
triángulos,
    descomposición, 141
    en un círculo, 139-140
      definición seno, coseno, 140-141
    rectángulos, 138
    truco de, 139
trigonometría, 135-149
    ángulos, 138
      distancia y, 143-144
      función de, 140-142
      ilustración, 138
      latitud y, 144
      longitud y, 144
      medidas egipcias, 136-137
      no rectos, 140
      sobre la ierra, 142-145
      zonas horarias y,
    cosenos, 140-143
    definición, 135
    ondas, 145-149
      coseno, 149
      electromagnéticas, 148-149
      portadoras, 148
      seno, 145-149
      simples, 145-146

sonoras, 146-148
senos, 140-143
*Véase también* álgebra; geometría,
truco de la edad, 233
truco de la mente que todo lo ve, 238-239
truco del dinero, 236
truco de los céntimos, 236
truco de los dados, 236
trucos (matemáticas), 220-230
    comprobar resultados con la prueba del
      nueve, 225-226
    conversión métrica, 228-229
    duplicar para multiplicar, 224-225
    elevar al cuadrado, 227
    matemáticas en la tienda: agrupar, 222-223
    matemáticas en la tienda: redondear, 221-222
    multiplicar casi cuadrados,
    no trucos, 227-228
    redondear números, 229-230
    tiempo de duplicación, 223-224
trucos, números, 230-239
    aritmética veloz, 237
    céntimos, 235
    cumpleaños, 233-234
    dados, 236
    dinero, 236
    edad, 233
    intercambiar dígitos, 235-236
    la mente que todo lo ve, 238-239

## U

umbrales de rentabilidad, 162-163

## V

valor esperado, 173-174
    en el juego de la vida, 188
    fórmula, 174, 179, 181
    ruleta, 181
    *Véase también* juegos de azar,

valor principal, 164
    *Véase también* interés,
valor tiempo del dinero, 16
variabilidad (acciones), 42-43
    alta, 42
    baja, 42-43
vehículos todoterreno, 20
vehículos,
    plan de compra, 20-21
    plan de *leasing*, 22-23
    seguros, 79
    tabla de pagos, 23-24
velocidad terminal, 272-273
ventas, 59-74
    con éxito, 68
    consecuencias, 67-66
    cuota de mercado, 69-70
    curvas, 68-69
    datos, 65
    fallar por poco, 69
    la realidad humana y, 70-71
    mundo real, 68-71
    pronósticos, 65-66
    regresión aplicada a, 66-67
    tendencias y, 64-67
    tiempo frente a, 64
    *Véase también* pronósticos; tendencias ,
volatilidad (acciones), 42-43
volumen, 118-119
    de cilindros, 118-119
    de conos, 119
    de esferas, 119
    de ladrillos, 118-119
    en el problema del cemento, 166-167
    fórmulas, 119
    precisión, 244
    sumar, 166
    *Véase también* geometría

## Z

Zenón, 123
    paradoja, 123
zonas horarias, 144

¡El libro de alemán *para todos!*

# Alemán
### PARA
## DUMMIES

**Aprende a:**

· Conversar en el idioma con más hablantes nativos de la UE
· Pronunciar con un buen acento
· Utilizar el vocabulario propio de los negocios
· ¡Disfrutar más de tus escapadas a zonas de habla alemana!

**Paulina Christensen**
**Anne Fox**

¡El libro de chino *para todos!*

# Chino
### PARA
## DUMMIES

**Aprende a:**

· Hablar chino sin dificultad
· Incluye vocabulario básico, normas de pronunciación y gramática, referencias culturales y pautas de etiqueta
· Dirigida a viajeros, estudiantes de relaciones internacionales, gente de negocios y aficionados a los idiomas

**Wendy Abraham**
*Profesora de chino y directora asociada del Centro de Estudios Budistas de Stanford*

¡El libro de francés *para todos!*

# Francés
### PARA
## DUMMIES

**Aprende a:**

· ¡Hablar francés en un abrir y cerrar de ojos!
· Comunicarte en francés usando palabras y expresiones actuales

**Berlitz**
*Líder internacional en la enseñanza de idiomas*

**Dodi-Katrin Schmidt**
**Michelle M. Williams**
**Dominique Wenzel**

¡El libro de frases en francés *para todos!*

# Frases en francés
### PARA
## DUMMIES

· Conoce rápidamente los fundamentos del idioma
· Habla sin dificultad con la ayuda de las guías de pronunciación
· Encuentra el vocabulario que necesitas en las secciones "Palabras para recordar"

**Dodi-Katrin Schmidt**
**Michelle M. Williams**
**Dominique Wenzel**
*Autoras de Francés para Dummies*

¡El libro de frases en inglés *para todos!*

# Frases en inglés
### PARA
## DUMMIES

· Conoce rápidamente los fundamentos del idioma
· Habla sin dificultad con la ayuda de las guías de pronunciación
· Encuentra el vocabulario que necesitas en las secciones "Palabras para recordar"

**Gail Brenner**
*Autora de Inglés para Dummies*

¡El libro de inglés *para todos!*

# Inglés
### PARA
## DUMMIES

**Aprende a:**

· Hablar inglés desde el primer día con esta guía fácil y divertida
· Comunicarte eficazmente en inglés
· Pronunciar correctamente, aprender un poco de gramática, diálogos y muchos trucos sencillos

**Gail Brenner**
*Creadora y profesora del programa de inglés de Nivel Intensivo en la Universidad de California*

¡El libro de ajedrez *para todos!*

# Ajedrez
### PARA
## DUMMIES

¡El libro de póquer *para todos!*

# Póquer
### PARA
## DUMMIES

**Aprende a:**

· Combinar la habilidad y la suerte
· Interpretar las probabilidades
· Dominar el farol, administrar el bote y leer el lenguaje corporal

**Richard D. Harroch**
**Lou Krieger**
**Gerard Serra**

¡El libro para entender a tu perro *para todos!*

# Entiende a tu perro
### PARA
## DUMMIES

**Aprende a:**

· Mejorar la comunicación con tu mascota
· Descubrir cómo piensa tu perro y a educarlo mejor
· Mostrarle quién es el líder

**Stanley Coren y**
**Sarah Hodgson**
*Expertos en comportamiento canino*

**Carlos Rodríguez (asesor)**
*Veterinario, presentador del programa Como el perro y el gato (Onda Cero)*

¡El libro de guitarra *para todos!*

# Guitarra
### PARA
## DUMMIES

**Aprende a:**

· Dominar todas las bases técnicas para tocar la guitarra
· Utilizar los mejores trucos y tocar fácilmente bonitas melodías
· Distinguir los estilos musicales más diversos: rock, jazz, folk, guitarra clásica...

**Mark Phillips**
*Director musical de Cherry Lane Music Company*

**Jon Chappell**
*Guitarrista y escritor*

¡El libro de magia para todos!

# Magia

### PARA
## DUMMIES

**Aprende a:**

- Hacer magia increíble de manera práctica y sencilla
- Desentrañar el misterio de cada truco con fotos paso a paso
- Asombrar a tus amigos, a tu familia y a tus colegas

**David Pogue**
*Mago y columnista de The New York Times*

*Recomendado por la Fundación Abracadabra de Magos Solidarios*

¡El libro sobre vino para todos!

# Vino

### PARA
## DUMMIES

**Aprende a:**

- Disfrutar más de un buen vino
- Desarrollar tu propio criterio a la hora de degustar una copa
- Elegir con acierto en la tienda o en la carta de un restaurante

**Ed McCarthy**
*Profesor de cata y enología*

**Mary Ewing-Mulligan**
*Enóloga*

*Revisado y adaptado por*
**Miguel Á. Rincón e Isaac Fernández**
*periodistas especializados en vino*

**NOVEDAD**

¡El libro de coaching para todos!

# Coaching

### PARA
## DUMMIES

**Aprende a:**

- Cómo equilibrar tu vida y darle más sentido con el coaching
- Motivarte, tomar el control de tu vida y desarrollar todo tu potencial

**Jeni Mumford**
*Experta en coaching y PNL*

**Alfredo Diez (asesor)**
*Coach, especialista en habilidades directivas*

¡El libro de PNL para todos!

# PNL

### PARA
## DUMMIES

**Aprende a:**

- Equilibrar tu vida y darle más sentido con la programación neurolingüística
- Liberar tus pensamientos negativos y potenciar tus creencias positivas sobre ti y sobre el mundo que te rodea

**Romilla Ready**
**Kate Burton**
**Xavier Guix (asesor)**

¡El libro de Excel para todos!

## Microsoft®
# Excel 2010

### PARA
## DUMMIES
#### GUÍA RÁPIDA

**Aprende a:**

- Navegar como pez en el agua por la nueva interfaz
- Utilizar la cinta de opciones y la barra de herramientas de acceso rápido
- Crear fórmulas y funciones
- Guardar, proteger y recuperar tus libros de Excel

**Colin Banfield**
**John Walkenbach**

¡El libro de sexo para todos!

Nueva edición

# Sexo

### PARA
## DUMMIES

**Aprende a:**

- Gozar de una sexualidad sana durante toda tu vida
- Descubrir tu cuerpo y el de tu pareja, para una relación más satisfactoria
- Hablar de sexo con tus hijos con toda naturalidad

**Dra. Ruth Westheimer**
*Terapeuta sexual de fama mundial y profesora universitaria*
*con Pierre A. Lehu*
**Dra. María Pérez Conchillo (revisión)**
*Sexóloga*

¡El libro sobre la seducción para todos!

# El arte
# de seducir

### PARA
## DUMMIES

**Aprende a:**

- Ganar confianza en ti mismo y transmitir seguridad
- Descubrir si alguien está interesado en ti
- Conectar con la gente y sostener una charla animada
- Interpretar y utilizar correctamente el lenguaje corporal

**Elizabeth Clark**
*Experta en seducción y carisma*

¡El libro de pilates para todos!

# Pilates

PARA

# DUMMIES

**Aprende a:**

- Aplicar la filosofía básica del método pilates
- Progresar con fluidez en las series de suelo (prepilates, principiante, intermedia y avanzada) y tonificar abdomen, trasero, espalda, muslos y otros músculos, además de lograr un mayor control corporal
- Tratar dolores y lesiones
- Beneficiarte de las máquinas específicas para trabajar pilates

**Ellie Herman**
Instructora certificada del método pilates

¡El libro sobre perder peso para todos!

# Perder peso

PARA

# DUMMIES

**Aprende a:**

- Perder peso sin pasar hambre
- Identificar los pros y los contras de las dietas más populares
- Elegir la dieta más sana para ti, según tu edad, tu ritmo de vida y tus necesidades
- Combatir los malos hábitos alimentarios

**Ramón Sánchez-Ocaña**
Periodista especializado en salud y nutrición

¡El libro de yoga para todos!                    Nueva edición

# Yoga

PARA

# DUMMIES

**Aprende a:**

- Diseñar tu propio programa de yoga
- Escoger la enseñanza más adecuada según la edad: para niños, adolescentes, adultos o mayores
- Integrar los beneficios del yoga en tu programa habitual de ejercicio y bienestar

**Georg Feuerstein**
Profesor e historiador de yoga, autor de más de 40 libros

**Larry Payne**
Profesor y terapeuta de yoga

**José Fco. Argente (rev.)**
Formador de profesores de yoga

¡El libro de enigmas y misterios para todos!

# Enigmas y misterios

PARA

# DUMMIES

**Aprende a:**

- Descubrir la lógica oculta de los acontecimientos
- Conocer qué ciencias estudian los enigmas y qué métodos emplean
- Distinguir qué misterios mantienen en vilo a los investigadores
- Cuestionarte las versiones oficiales sobre los grandes hechos históricos

**J. J. Benítez**
Periodista, escritor de bestsellers e investigador de fenómenos extraños

**NOVEDAD**

¡El libro de budismo para todos!

# Budismo

PARA

# DUMMIES

**Aprende a:**

- Aplicar las enseñanzas milenarias de Buda en pleno siglo XXI
- Practicar la meditación y el despertar espiritual
- Alcanzar la serenidad y la paz interior

**Jonathan Landaw**
Antiguo editor de las traducciones al inglés del Dalai-lama

**Stephan Bodian**
Maestro budista Zen y psicoterapeuta